有效辩护

江西刑事辩护经典案例

周兴武 —— 主编

胡彬 毛巧云 谢智勇 廖军民 肖亮斌 —— 副主编

法律出版社
LAW PRESS · CHINA
—— 北京 ——

图书在版编目(CIP)数据

有效辩护：江西刑事辩护经典案例/周兴武主编
. --北京：法律出版社，2024(2024.6重印)
ISBN 978-7-5197-8587-1

Ⅰ.①有… Ⅱ.①周… Ⅲ.①刑事诉讼-辩护-案例-江西 Ⅳ.①D927.560.521

中国国家版本馆CIP数据核字(2023)第228486号

有效辩护
——江西刑事辩护经典案例
YOUXIAO BIANHU
—JIANGXI XINGSHI BIANHU JINGDIAN ANLI

周兴武 主编

责任编辑 李争春 赵雪慧
装帧设计 李 瞻

出版发行 法律出版社
编辑统筹 法规出版分社
责任校对 张红蕊
责任印制 耿润瑜
经　　销 新华书店

开本 710毫米×1000毫米 1/16
印张 18.25 **字数** 242千
版本 2024年4月第1版
印次 2024年6月第2次印刷
印刷 北京建宏印刷有限公司

地址：北京市丰台区莲花池西里7号(100073)
网址：www.lawpress.com.cn
投稿邮箱：info@lawpress.com.cn
举报盗版邮箱：jbwq@lawpress.com.cn

销售电话：010-83938349
客服电话：010-83938350
咨询电话：010-63939796

书号：ISBN 978-7-5197-8587-1　　**定价**：68.00元

凡购买本社图书，如有印装错误，我社负责退换。电话：010-83938349

编 委 会

序

曾经有一位知名律师说过，对于刑辩律师而言，案例为王！他所讲的案例当然是指成功的辩护案例。那么什么才是成功的辩护案例？进而什么又是有效辩护？两者之间是什么关系？这是需要广大律师深入思考和研究的问题。在我看来，律师的辩护能否成功，取决于律师能否在全面熟悉案情，深入研究法律的基础上提出具有充分事实依据和法律依据的辩护意见。

律师能够做到和应当做到的就是在法律赋予的诉讼权利条件下和法律允许的空间范围内，通过认真、全面研究案件事实、证据材料，熟练掌握和运用相关法律规定，提出确有充分事实和法律依据的辩护意见，并向办案人员、办案机关充分表达出来。

律师正确的辩护对于案件正确结果的取得，具有非常重要的基础性作用和现实影响力，是辩护成功的重要要素，也是促成辩护成功的重要力量。如果从这个意义上界定律师的有效辩护，则是可以理解和接受的。由江西省律师协会组织编写的《有效辩护——江西刑事辩护经典案例》以雄辩的事实说明各位律师在办案中确实做到了有效辩护，足以称为律师辩护的案例之王！

认真拜读《有效辩护——江西刑事辩护经典案例》书稿后，我充分感受到了所有案件的辩护律师在办案中所体现出来的敬业精神和专业水平。这些案件的成功不仅对于当事人是幸事，对于办案律师付出的巨大努力是充分的肯定，而且对于广大刑事律师特别是青年刑事律师具有重要的示范作用和引领意义。

本书呈现给读者的这些成功案例具有以下明显特点：

一是辩护类型的全面性：既有无罪辩护，包括事实上的无罪辩护、法律上的无罪辩护，也有有罪辩护，包括轻罪辩护、罪轻辩护、罪数辩护、量刑辩护；既有量刑只有拘役几个月的轻罪辩护，也有被告人一审被判处死刑后律师参与二审、死刑复核程序并取得改判死缓结果的辩护；既有主要是以辩护为主旨的刑事辩护案件，也有个别以刑事控告为诉求的刑事代理案件；既有在审前程序中辩护并获得结案的案件，包括侦查阶段撤销案件的辩护和审查起诉阶段不起诉的辩护，也有在审判阶段辩护并结案的案件，包括无罪、轻罪、从轻、减轻、缓刑的辩护；既有围绕定罪量刑实体问题的辩护，也有针对涉案财产问题的辩护，还有就管辖问题提出异议并获得成功的程序性辩护，如此等等。

二是少数案例具有突出的典型性：在辩护理论和实务中，通常实体辩护主要是无罪辩护、罪轻辩护、量刑辩护，很少提及轻罪辩护和具有特殊含义的罪轻辩护。在本书中有两起案件属于轻罪辩护，一起是公安机关认定为开设赌场罪，审查起诉阶段律师提出不应构成开设赌场罪而属帮信罪的辩护意见，被检察机关采纳起诉到法院后获得轻判；另一起是在一审已被定性为制造毒品罪并判处十五年有期徒刑重刑的二审案件中，律师提出不构成制造毒品罪而应是非法买卖制毒物品罪的辩护意见。该意见被二审法院采纳并发回重审后，最终被一审检察机关和法院完全采纳，对被告人判处五年有期徒刑。轻罪辩护是在指控罪名错误并且重于实际罪名的情况下，律师经当事人同意后提出应当构成轻罪的一种辩护。这种辩护本质上对当事人是有利的。但是，以往辩护理论界和实务界有人认为辩护律师不应该充当第二公诉人提出这种轻罪辩护，而应当仅就指控的罪名不成立提出无罪辩护。这种主张似乎有一定道理甚至冠冕堂皇，但严格地讲是一种不负责任的辩护。因为我国法律明确规定，在指控罪名不成立但构成其他罪名的情况下，法院应当改变指控罪名。试想在此情形下，只提出无罪辩护却不提出轻罪辩护的律师如何面对当事人？

严格意义上的罪轻辩护是指在认可指控罪名的情形下，办案机关指控或认定被告人的罪行因情节、结果、金额等比较重而适用较重的法定刑并可判处重刑，但实际上案涉罪行并没有那么重，应当适用较轻的法定刑并在该法定刑幅度内进行量刑的辩护。当然在进行这种辩护时往往还需要配套量刑辩护，也就是从量刑情节上提出从轻、减轻、缓刑甚至免刑的辩护。通俗地讲，两者的区别和关系是：罪轻辩护解决的是应当适用较轻法定刑的问题，量刑辩护则是在应当适用哪个法定刑确定后在既定的法定刑幅度内提出从轻、减轻等量刑情节，以取得具体的量刑的辩护。罪轻辩护是量刑辩护的前提，量刑辩护是对罪轻辩护进一步的深化。显而易见，这里的罪轻辩护有着严格的含义，既不同于量刑辩护，更不同于理论界和实务界经常提到的一般意义上或抽象意义上的罪轻辩护。在本书中也有几个案件的辩护属于此类辩护。比如被告人M猥亵儿童案，检察机关认定被告人“具有其他恶劣情节”，即使在确认被告人认罪认罚的条件下也提出判处五年有期徒刑的量刑建议，并且这是该法定刑幅度内最轻的量刑。但经辩护律师深入细致地分析研究后，认为办案机关关于“具有其他恶劣情节”的认定不能成立，并结合提出量刑辩护，被法院采纳判处被告人有期徒刑二年十个月。应该讲这是一起罪轻辩护与量刑辩护相结合取得成功的典型案例。

三是审前阶段与审判阶段辩护成功的案件数量几乎平分秋色。传统上刑事辩护的“战场”主要是审判阶段，辩护结果的形成也主要是审判阶段。但随着近年来刑事诉讼制度的修改变化和审前办案机关的角色调整，审前阶段的辩护成为律师辩护的一个“新战场”，特别是认罪认罚从宽制度实行以来更是如此。本书的辩护案例不仅与当前刑事辩护的发展具有共性，在审前阶段和审判阶段辩护结案的数量基本相当，而且也有个性或特殊性，这就是不仅认罪认罚案件如此，而且哪怕是不认罪的案件也是如此。在审前结案的案件中，并不都是认罪认罚案件，其中多数还是不认罪案件，但是办案机关也采纳了律师的辩护意见，对案件作出了终结性的处理，其中检察机关作出不起诉决定的十八起，其中多数是证据不足的不起诉，检察机关作出撤回起诉并决定不起诉的五起。此外，还有两起公安机关作出了撤销案件处理。这说明，刑辩律师不仅要重视审判阶段的辩护，也要重视审前阶段的辩护；而在审前阶段的辩护中，不仅要重视认罪认罚案件的辩护，力争在审查起诉阶段获得不起诉处理，同样也要重视不认罪案件的辩护，只要条件具备，具有事实、法律依据，即使不认罪案件同样可以在审前阶段获得终结性处理，辩护取得成功。

在应邀为《南昌律师二十年》撰写的序文中，我曾表示二十多年前由于一个特殊案件的机缘，我有机会与当年那批江西资深刑辩律师认识并合作，建立了友谊，并对他们的专业水平和敬业精神充满敬意。而今看到本书中的成功辩护案例，我对活跃在刑辩战线并取得如此成功业绩的各位江西刑辩律师也心生敬意。在此，借本书的出版由衷地向你们表示祝贺！也热切地希望本书的出版对广大刑辩律师产生积极的示范、引领作用。

是为序。

顾永忠

2024 年 1 月 22 日于北京

目　录

找准细节　辨明因果

——黄某涉嫌交通肇事罪一案

北京市盈科（南昌）律师事务所　柏少金　李尧君

一、案情简介

2020年1月18日清晨6时7分许，黄某驾驶“五菱”牌小型面包车（以下简称面包车）在J省N市Q区S路由北向南行驶至Y桥路段时，与由东向西横过马路的被害人魏某发生碰撞，致魏某倒地，面包车前挡风玻璃左下部破裂。同日6时7分36秒，黄某驾驶的面包车减速并短暂停留；6时7分40秒，黄某继续驾车行驶60余米后，将车辆停放在某街。6时8分30秒，被害人魏某被罗某驾驶的“奇瑞”牌微型轿车碾轧、拖行；同日6时9分，罗某报警处理；6时12分，罗某拨打急救电话，救护车到达现场后确认被害人魏某已经死亡。同日6时42分52秒，黄某拨打110报警，称其驾车撞倒行人，并称其在派出所等待处理，之后黄某返回事故现场，并由民警带回公安机关接受调查。

2020年2月28日，黄某经电话通知到公安机关接受调查而归案。2020年9月23日，Q区人民检察院根据依法审查查明的事实，认为黄某的行为触犯了《刑法》第133条，以交通肇事罪追究其刑事责任。

因黄某认罪认罚，同时具有《刑法》第67条第1款规定之情节，建议判处有期徒刑10个月，可适用缓刑，提请Q区人民法院依法判处。

2021年4月23日，Q区人民检察院变更起诉，认为被告人黄某行为构成交通肇事罪并具有逃逸情节，撤回对被告人黄某的量刑建议。

2021年8月13日，一审人民法院认为被告人黄某违反交通运输管理法规因而发生重大事故，且肇事后为逃避法律追究逃离事故现场，致被害人魏某因无法及时得到救助，继而被其他车辆碾轧、拖行致死，其行为已构成交通肇事罪，且属因逃逸致人死亡。经审判委员会讨论决定，依照《刑法》第133条、最高人民法院《关于审理交通肇事刑事案件具体应用法律若干问题的解释》第5条及《刑事诉讼法》第125条之规定，判处被告人黄某有期徒刑7年8个月。

被告人黄某对一审法院的判决结果不服，遂依法提起上诉。

二、辩护思路

（一）未进行尸体解剖而得出的法医学鉴定意见，无法认定死者是在得不到救助后而死亡的事实

死因鉴定在命案的侦查、起诉、审判中具有至关重要的作用，不仅影响犯罪事实的查明，而且直接影响在审判过程中刑事责任的认定。死亡鉴定系指需要通过尸体外表检查、组织切片观察、尸体解剖检验等方式进行鉴定，具体包括死亡原因鉴定、死亡方式鉴定、死亡时间推断、致死物以及生前伤与死后伤鉴别等。而根据该案法医学鉴定意见书中“分析说明”部分可知，该案并未对被鉴定人魏某进行尸体解剖，仅是根据尸表检验以及结合委托方提供的案情，进行综合分析说明，最终作出“被鉴定人因交通事故致颅脑及胸腔脏器等多器官损伤导致死亡”的鉴定意见。

因此，辩护人认为该案法医学鉴定存在以下几点“可攻之处”：

1. 该案法医学鉴定意见书仅是根据尸表检验作出，并未对尸体进

行解剖。

法医学尸体检验包括现场尸体检验、尸体外表检验和尸体解剖三个步骤。鉴定意见是在尸体解剖的基础上，依据相应鉴定检验标准从而确定死因。通常而言，法医学尸体检验鉴定书能够直接、客观地明确受害人死因，继而成为命案证据中核心的证据之一。而该案中，由于客观原因鉴定人并未对被鉴定人进行尸体解剖，仅是依据尸表检验作出鉴定意见。毫无疑问，不进行尸体解剖，对死者的死因只能是理论上的推断，将会直接影响被鉴定人死因的科学鉴定意见。

2. 该案法医学鉴定意见书只能说明被鉴定人的死亡原因，并未鉴定出具体死亡时间，难以明确被鉴定人究竟是因被第一次撞击后死亡，还是因被第二次碾轧、拖行后死亡。

该案法医学鉴定意见书只能说明被鉴定人的死亡原因，即因交通事故致颅脑及胸腔脏器等多器官损伤而导致死亡的结果，但并未明确鉴别出被鉴定人的生前伤和死后伤，亦未鉴定出被鉴定人具体的死亡时间。概言之，对该案法医学鉴定的正确理解应该是：鉴于被鉴定人生前确实因交通事故使颅脑及胸腔均遭受损伤，且足以致死，继而可以得出被鉴定人的死亡结果符合颅脑及胸腔脏器等多器官损伤所致的鉴定意见。但仍然存疑的是，该鉴定意见无法明确被鉴定人的具体死亡时间，即无法确定被鉴定人魏某究竟是因第一次遭受被告人黄某驾车碰撞后死亡，还是因之后被罗某驾车碾轧后死亡。

综上，该案中的法医学鉴定意见并不能证明被害人魏某遭受被告人黄某驾车碰撞后，由于黄某的逃逸行为，使其得不到救助，进而又遭受罗某驾车碾轧而导致死亡结果的发生。

（二）根据该案各环节的时间以及相关事实分析，被害人已经当场死亡

根据该案事实可知，2020 年 1 月 18 日 6 时 7 分许，黄某驾车与被害人魏某发生碰撞，致魏某倒地；6 时 7 分 40 秒，黄某继续驾车行驶

约60米后，将车辆停放在某街；6时8分30秒，被害人魏某又被罗某驾车碾轧、拖行。罗某以及在罗某驾车碾轧被害人之前经过事故发生地的证人均未发现被害人有所动静。

首先，从时间的角度分析。罗某驾车碾轧被害人的时间是清晨6时8分30秒，与被告人黄某驾车碰撞被害人的时间相隔1分钟左右，结合罗某的供述可知，当罗某发现被害人躺在路面上时，并未发现被害人有任何动静，因此，难以认定被害人遭受第一次撞击后仍然存活。

其次，结合该案的证人证言分析。虽然证人刘某陈述自己在清晨6时6分（实际上应该是6时7分左右）经过事故发生地时发现被害人有所动静，但其发现被害人的时间与被告人黄某驾车驶离事故发生地的时间，前后相隔的时间并不足1分钟，而后在短时间内，即在罗某驾车碾轧死者之前，陆续经过事故发生地的证人彭某、黄某、罗某，均未发现被害人魏某有所动静。因此，可认定被害人在第一次被碰撞之后，便已当场死亡。

（三）该案不具有结果可回避性，被害人的死亡与被告人的逃逸行为无因果关系

根据前文所述，被告人黄某驾车碰撞被害人的时间是2020年1月18日清晨6时7分左右，罗某驾车碰撞被害人的时间是同日的6时8分30秒左右，在该段时间内，被害人已无任何动静，存在被害人在第一次被撞击后便已死亡的可能性。即便罗某在碰撞被害人之前，被害人并未死亡，仍能够将其送医救治，但也存在无法避免死亡结果发生的可能性。因此，难以判断被害人的死亡与被告人的逃逸行为具有因果关系。根据存疑时有利于被告人的原则，不宜认定被告人黄某存在逃逸致人死亡的行为。

三、裁判结果

二审人民法院认为，上诉人黄某的行为已构成交通肇事罪，且属

交通肇事后逃逸。原判认定事实清楚，但适用法律错误，量刑不当，故对量刑部分予以调整。撤销一审人民法院的判决，改判由原先的有期徒刑7年8个月降至有期徒刑4年3个月。在原量刑基础上，减少有期徒刑3年5个月。

四、经验总结

交通肇事罪属于常见罪名，但是每一起案件的情况不尽相同，需要辩护人深入研究，寻找辩点。该案的刑期经历了四次调整。在一审阶段时，公诉机关建议适用缓刑，后认为被告人黄某有逃逸行为，遂变更起诉，法定刑期升档至有期徒刑3年以上7年以下，在经过一审人民法院开庭审理后，不仅认定该案具有逃逸行为，且属于逃逸致人死亡情形，一审人民法院判处被告人黄某有期徒刑7年8个月。该案经过上诉后，Q区人民检察院和二审人民法院认为被告人黄某具有逃逸行为，但不宜认定为逃逸致人死亡，最终撤销一审人民法院的判决，改判被告人黄某有期徒刑4年3个月。

通过该案，辩护人认为，在刑事案件辩护中应当做到以下几个方面。

（一）充分质证是最有效的辩护

质证是律师应当具备的专业技能。作为一名刑事辩护律师，应当熟悉运用质证方法，除对证据的“三性”提出自己的意见外，同时应当注重对证据的证明目的提出自己的意见。在诸多案件当中，虽然证据的“三性”并没有任何问题，但是在证明目的的认定上，往往会存在偏差，得出的结论不尽相同，继而对行为人的定罪量刑也会有所影响。因此，为了案件得以公正处理，在对证据进行质证时，应当以质疑的态度进行质证，只有经过充分的举证和质证，才能更好地查明事实真相，才能使案件得以公正处理。

该案中，法医学鉴定意见本身并无问题，但当该份证据被用于证明被害人是在得不到救助的情况下而死亡之时，其证明目的存在一定的偏差，此时辩护人应当对该组证据的证明目的提出充分的质证意见，并结合案件事实予以充分论证，使司法机关采纳辩护人提出的质证意见，让案件得到公正的处理。

（二）细节决定成败

每一个案件的细节都将会影响案件结果，如时间、地点、人物、环境等。结合该案，影响该案结果的细节便是时间。该案中两车前后碰撞被害人的时间间隔在1分钟左右，存在被害人第一次被撞击后死亡和即便送医救治也无法避免死亡结果发生的可能性，最终无法认定被害人的死亡系被告人逃逸的行为所导致。因此，在辩护时，从相应的细节上入手，将会取得良好的辩护效果。

综上所述，辩护人认为，作为刑事辩护律师应当专注质证、精于质证，同时注重对案件当中每一个细节的分析，从中寻找出辩点，终将会使案件得到公正的处理，以实现维护当事人合法权益的目的。

别让道路交通事故认定等同刑事判决

——陈某某涉嫌交通肇事罪一案

国浩律师（南昌）事务所　张代平

一、案情简介

2020年7月12日7时51分许，刘某某无证驾驶后轮制动性能不符合安全技术要求的无号牌“雅迪”两轮电动车（经鉴定属于机动车）由北向南逆行至105国道某某县某镇某土菜馆门口路段时，与陈某某驾驶的正在非机动车道上暂停等候的两轮电动车的后备厢发生相向碰剐后，无号牌“雅迪”两轮电动车又碰倒站在道路东侧非机动车道内的行人饶某某，造成饶某某受伤经医院抢救无效于同年7月14日2时30分死亡的道路交通事故。陈某某未直接碰撞被害人，认为与其无关就离开了现场。2020年7月14日15时50分许，某交警中队在陈某某家中将其抓获。2020年8月24日，A县公安局交通管理大队出具的道路交通事故认定书认定陈某某属于肇事逃逸，承担此次事故全部责任。2020年8月26日，A县公安局认为陈某某涉嫌交通肇事，予以立案侦查。

二、辩护思路

（一）该案刑事立案的基础是A县公安局交通管理大队道路交通事故认定书中认定陈某某承担全部责任，该事故责任认定存在明显错误，应当予以排除

1. A县公安局交通管理大队对事故形成原因分析错误，应依法认定刘某某承担事故的全部责任。

刘某某无证驾驶后轮制动性能不符合安全技术标准的、主要特征参数符合机动车属性条件的两轮电动车在狭窄的非机动车道上逆向行驶是造成此次事故的主要原因。监控视频显示，两辆车发生剐蹭时，陈某某在原地暂停等候，刘某某在逆向行驶，正是刘某某的违法行为导致剐蹭的发生。剐蹭发生后，刘某某驾驶两轮电动车向左侧偏去，以较快的速度撞倒饶某某，并造成了饶某某最终的死亡结果。在此过程中，陈某某不存在任何违法行为，也未与饶某某发生任何接触。因此，应当认定刘某某承担此次事故的全部责任。

2. A县公安局交通管理大队对此事故认定适用法律错误，陈某某行为不属于交通事故逃逸，更不应承担全部责任。

根据《道路交通事故处理程序规定》（以下简称《事故处理程序规定》第60条第1款的规定，公安机关交通管理部门应当根据当事人的行为对发生道路交通事故所起的作用以及过错的严重程度，确定当事人的责任。只有在一方逃逸导致无法确定事故责任的前提下才适用第61条的规定，即推定逃逸的一方承担全部责任。根据《事故处理程序规定》第60条的规定，此次事故通过现场监控及事故形成原因分析足以认定刘某某承担事故全部责任，不存在无法确定事故责任之情形。陈某某驾车离开的行为不属于交通事故逃逸，交通事故逃逸是指在交通事故发生后，当事人明知自己发生了交通事故，不履行法律规定的事故现场义务，为了逃避责任，故意逃离事故现场的行为。此次事故

由刘某某行为造成，刘某某应承担全部责任，陈某某无须承担责任，更谈不上逃逸。因此，依法不能对陈某某适用《道路交通安全法实施条例》第92条或《事故处理程序规定》第61条。

（二）道路交通管理法上的责任与刑事责任存在明显的区别，从交通肇事罪构成要件对该案进行分析，陈某某显然不构成犯罪

刑事责任的认定、是否构成犯罪、构成何种犯罪必须遵循罪刑法定原则，即根据犯罪构成要件对事实进行实质性判断：陈某某是否实施了违法犯罪行为，其行为与事故发生和结果是否存在刑法意义上的因果关系，其对于事故的发生和结果是否存在故意或过失。笔者对此次事故分析如下：

1. 关于客观。

陈某某驾驶两轮电动车在非机动车道上暂停等候，该行为不属于违法犯罪行为，系日常生活行为，不具有引起交通肇事危害后果的普遍性，即陈某某并未实施违法犯罪行为，其行为与事故的发生无刑法意义上的因果关系。与陈某某行为相对应的是，刘某某无证驾驶后轮制动性能不符合安全技术标准的、主要特征参数符合机动车属性条件的两轮电动车在狭窄的非机动车道上逆向行驶，显然刘某某的行为属于违法行为，并且具有引起交通肇事危害后果的普遍性。虽然在该案中，二者行为相结合导致了事故的发生，但刘某某的行为才是导致事故发生的必然原因，其行为与事故发生存在刑法意义上的因果关系。

2. 关于主观。

陈某某不存在任何故意或过失，其对于事故的发生完全无法预知。此次事故的发生存在诸多巧合，在日常生活中属于小概率事件，在非机动车道上暂停等候的行为与交通事故的发生不具有普遍的引起与被引起的关系，陈某某作为一个普通人，完全无法预料到此次事故的发生。

3. 关于因果关系。

陈某某驾车离开现场的行为与饶某某的死亡结果无刑法意义上的

因果关系。陈某某对于饶某某不存在救助义务，陈某某并未实施违法犯罪行为，主观上也无过失，其不应对此承担责任。陈某某驾车离开现场的行为不属于交通事故逃逸。根据道路交通事故认定书显示，饶某某被撞后及时送医，但还是因抢救无效而死亡，饶某某的死亡与陈某某的行为无任何刑法意义上的因果关系。

（三）辩护人通过在裁判文书网上进行类案关键字检索，找到如下类案便于参考

1.（2017）粤01刑终1128号刑事判决书。

裁判要旨：尽管上诉人刘某某在该案中有实施违反交通运输管理法规的行为，也发生了重大交通事故致一人死亡，但是二者之间不存在刑法上的因果关系，即重大事故不是上诉人刘某某的违章行为所引起的，其行为不构成交通肇事罪。

2.（2020）粤51刑终169号刑事判决书。

裁判要旨：承担刑事责任的根据是行为与结果存在刑法意义上的因果关系。当事人事后的逃逸行为，并不是引起事故发生的原因，与危害结果没有刑法意义上的因果关系，除法律或者司法解释明确规定可以作为构罪要件外，一般均不得作为犯罪构成要件予以评价。因而，该案道路交通事故认定书的责任认定以刘某某肇事逃逸为由，推定刘某某负该事故的主要责任与法相悖，且与其他证据矛盾，不能予以采信。

3.（2018）粤01刑终2168号刑事判决书。

裁判要旨：《道路交通安全法实施条例》第92条第1款的规定是在因当事人一方逃逸，客观证据无法判定责任的情况下才适用，属于责任推定，而非刑法中因果关系的认定。但该案事故并没有因为逃逸行为影响事故原因的查明，监控视频及证人证言、上诉人供述等证据都可查清事故的主要原因是违法施工所致，并非上诉人违章所致，上诉人严某某承担此次事故主要责任不符合客观事实。

参考上述判例，陈某某客观上未实施任何违法犯罪行为，主观上不存在任何过错，其行为与事故发生、死亡结果无任何刑法意义上的因果关系，完全不符合交通肇事罪构成要件，不构成犯罪，恳请 A 县公安局依法为陈某某变更强制措施，并对该案作出撤案处理。

三、处理结果

A 县公安局于 2021 年 4 月 20 日作出南公（交）撤字（2021）0008 号撤销案件决定书，公安机关认为不应对犯罪嫌疑人追究刑事责任，故根据《刑事诉讼法》第 163 条之规定，决定撤销此案。

四、经验总结

（一）从交通肇事案件看行政责任认定与刑事责任认定

1. 交通肇事属于典型且常见的行刑交叉案件。

最高人民法院 2000 年发布的《关于审理交通肇事刑事案件具体应用法律若干问题的解释》中将重大交通事故中的事故责任大小作为入罪前置条件并予以细化规定，因此实践中，公安交管部门作出的道路交通事故责任认定往往成为交通肇事刑事案件的立案标准，甚至成为交通肇事刑事判决的定案依据，造成行政责任认定与刑事责任认定界限模糊、行政责任刑事化等问题。

2. 行政责任认定与刑事责任认定具有本质区别。

“就交通事故责任而言，交通事故由公安交管部门认定行为人的责任，而公安交管部门只是根据交通运输管理法规认定责任，这种认定常是出于交通管理需要，并不是刑法上的责任。”①

该案陈某某便是因驾车离开行为而根据《道路交通安全法实施条例》第 92 条或《事故处理程序规定》第 61 条被推定为承担全部责任，

---

① 张明楷：《刑法学》，法律出版社 2016 年版，第 720 页。

继而被刑事立案。交通肇事刑事责任认定应当从案件的客观事实、主观过错、因果关系、危害结果、事故责任等多方面进行全面审查，对于公安交管部门作出的事故认定书，应当从证据的真实性、合法性、关联性出发进行实质审查，而不是机械适用。行政责任与刑事责任在立法目的、认定主体、证明标准、法律后果等方面均有不同，不能简单认为二者只是程度轻重关系，更不能直接将行政责任简单转化为刑事责任。

3. 刑事辩护律师在办理行刑交叉案件时，应当紧扣犯罪构成要件，避免行政责任刑事化。

“办理交通肇事案件时，除要考虑公安交管部门认定的事故责任的大小外，当事人的交通违法行为与事故发生是否具有因果关系以及当事人主观上是否具有刑法上的过失都需考虑。”①

该案中，虽然公安交管部门认定陈某某承担全部责任，但陈某某的行为与事故发生并无因果关系以及主观上并无过失，因此陈某某不构成犯罪。

其他行刑交叉案件中，同样存在行政责任刑事化的问题，比较典型的就是虚开发票案件。例如，《发票管理办法》规定的“开具与实际经营业务情况不符的发票”往往与虚开发票犯罪行为界限模糊，前者系行政法意义上的虚开，若行为人不具有偷逃税款的目的也未发生税款损失的后果或危险，则不应承担刑事责任。

（二）从交通肇事案件看如何运用规范判断思维出罪

“法律人在处理案件的时候，有时候眼见未必为实，一定要有规范判断的观念，尤其要对运用规范来判断出罪这一问题给予充分关注。”②

---

① 杨欢：《交通肇事罪因果关系的司法认定》，西南政法大学2017年硕士学位论文。

② 周光权：《刑法方法论的实践展开》，载江溯主编：《刑事法评论》第42卷，北京大学出版社2020年版，第34页。

该案中，刘某某骑车逆行和停在路边的陈某某的车发生剐蹭，撞倒铙某某，导致事故发生，陈某某随后离开。在事实判断上，该事故确实是刘某某与陈某某共同造成的，陈某某确实在事故发生后离开了。但是，该案还需要根据法律区分责任，区分责任的分析过程就是一种规范判断：谁可以通行非机动车道？或者说谁具有非机动车道上的"路权"？答案是正向行驶的非机动车。"路权"意味着符合规范的行为人在特定区域具有权利，而不符合规范的行为人如果进入该区域，则要承担相应的风险或责任。故正向行驶的陈某某在此段非机动车道上具有"路权"，而逆向行驶的刘某某则没有，当刘某某选择逆行时，其创设了风险，应当控制车速，应当注意观察前方路况安全，但其没有这么做，那么当事故发生时，刘某某的逆行行为创设的风险最终实现，其应当对此次事故承担主要或者全部责任。陈某某则承担次要责任或者不承担责任，即使认定了逃逸情节，也不构成犯罪。在这起案件中，谁具有"路权"，是规范判断的一个重要标准。

实践中，有的办案机关甚至辩护律师，往往只注意事实判断，而忽略了规范判断。例如，一个司机驾照刚过期，第二天出门开车被撞，公安交管部门必然认定其违反《道路交通安全法》，因为其没有合格的驾驶证，但从规范判断的角度来看，其驾照是否过期，在刑法上并不重要，此处规范判断的标准是：谁实施了违法的具体驾驶行为。从规范判断的角度出发，往往可以穿透事件的表象，更加精准地找到出罪路径。

（三）利用权威论据与类似案例进行有效辩护

1. 引用专家学者著作或教科书的观点进行辩护。

专家学者著作或教科书的观点具有一定的权威性，既可以启发辩护律师的辩护思路，也可以为夯实辩护观点添砖加瓦，增强说服力。"刑事司法机关在审理行为是否构成交通肇事罪时，不能直接采纳交通管理部门的责任认定，而应根据刑法所规定的交通肇事罪的构成要件进行实质的分析判断，避免直接将道交法责任转移为刑事责任”,[①] 笔者在该案办案过程中引用了张明楷教授的观点，得到了办案民警的认可。

2. 引用指导性案例进行辩护。

主要参考的案例包括最高人民法院、最高人民检察院发布的指导性案例，最高人民法院刑事审判第一庭至第五庭共同主办的《刑事审判参考》等。根据 2021 年 12 月 1 日生效的《最高人民法院统一法律适用工作实施办法》第 8 条第 2 款的规定，审理过程中公诉机关、当事人及其辩护人、诉讼代理人提交指导性案例或者最高人民法院生效类案裁判支持其主张的，合议庭应当将所提交的案例或者生效裁判与待决案件是否属于类案纳入评议内容；第 9 条第 1 款规定，待决案件在基本案情和法律适用方面与检索到的指导性案例相类似的，合议庭应当参照指导性案例的裁判要点作出裁判。

3. 引用地方人民法院已经生效的判决进行辩护。

一方面，可以提取生效判决的裁判要旨作为辩护论据的支撑，增强辩护说服力；另一方面，可以大量检索案件事实和量刑情节与在办案件类似的案例，绘图制表，作为量刑辩护的依据，最好选择与在办案件地域相同的生效判决。该案中，笔者向办案机关提交了（2020）粤 51 刑终 169 号刑事判决书等案例作为参考，最终取得了侦查阶段刑事撤案的结果，实现了有效辩护。

① 张明楷：《交通肇事的刑事责任认定》，载《人民检察》2008 年第 2 期，第 8 页。

刑法因果关系理论的司法实践

——杨某涉嫌重大责任事故罪一案

江西南芳律师事务所　谢智勇

一、案情简介

2018年2月20日上午，J省某运输公司某客运班线司机钟某驾驶中型普通客车，至N县某村路段时，车辆失控向左驶出路外翻覆，发生车上人员9人当场死亡、2人经医院抢救无效后死亡、20人不同程度受伤、车辆严重受损的重大道路交通事故。3月9日，G市N县公安局交通管理大队认定：司机钟某（已在事故中死亡）违反道路交通安全法律、法规的有关规定，承担事故的全部责任，黄某等30名乘客，不承担该事故责任。车辆失控原因为严重超载（核定载客人数19人、事故发生时实载31人）、超速行驶、驾驶员操作不当。

这一重大交通事故发生后，国务院、国家有关部门领导和J省省委及省政府领导分别作出重要指示批示，J省政府成立了由相关部门组成的事故调查组，案件社会影响重大、舆论关注度高。

经调查发现，该客运班线安全管理薄弱，某运输公司及其挂靠的某祥公司未尽到安全生产主体职责。被告人杨某作为事发车辆挂靠单位某祥公司负责营运安全的副总经理，因涉嫌重大责任事故罪，于

2018年2月21日被公安机关刑事拘留，后经N县检察院批准逮捕。一审法院判处被告人杨某有期徒刑3年，被告人杨某不服，依法提出上诉，并委托笔者进行二审辩护。

二、辩护思路

（一）根据该案实际情况，辩护人为上诉人力争二审改判缓刑

该案属于重大责任事故罪，存在发生重大伤亡事故或者造成其他严重后果的情节，从维护当事人权益的角度，应当注重以下几个辩护要点：（1）注重寻找事故发生的真实原因及业务的相关性；（2）证明充分履行职责、降低规范违反性；（3）确定上诉人的法律地位，削弱其行为与事故后果在刑法意义上存在的因果关系。

（二）因该案系重大交通事故，社会影响重大。故辩护人认为此案应争取二审开庭才能更加全面深入地向合议庭阐述观点

《刑事诉讼法》第234条第1款规定："第二审人民法院对于下列案件，应当组成合议庭，开庭审理：（一）被告人、自诉人及其法定代理人对第一审认定的事实、证据提出异议，可能影响定罪量刑的上诉案件……（四）其他应当开庭审理的案件。"尽管有《刑事诉讼法》的明确规定，但是在实践中，因为案多人少等客观因素，二审法院一般不采取开庭审理，绝大部分采取书面审理。

对于上诉人杨某而言，区分其在该案中的地位和作用以及在刑法因果关系链条中的位置非常重要，显然一审法院没有细致区分，而是一视同仁，与该案的实际情况有出入。辩护人敏锐地察觉此事实，认为此事实可能会影响上诉人杨某的量刑。

辩护人接受委托后，将二审争取开庭作为前期工作中的重点。同时为说服二审法院法官，一方面准备了相似案例的判决书；另一方面对各上诉人的地位和作用以列表方式一目了然地展现，说明上诉人杨某上诉事实和理由的正当性。经与二审法院承办法官多次沟通，同时

考虑该案的重大影响，二审法院最终决定予以开庭审理该案。

（三）认真准备二审开庭，庭审中围绕上诉人杨某的焦点问题进行主动进攻辩护以达到全面展示辩方观点的目的，在庭后及时向二审法院提交书面辩护意见

经过全面分析案卷与整理资料，辩护人确定了以下辩护观点：

1. 事故的发生是多因一果，杨某承担的应当是间接责任。发生事故时，驾驶员对车辆速度的控制等因素才是导致事故发生的直接原因，同时还有天气因素等，事故发生是多种原因造成的。事故调查报告中认定的相关责任单位存在的问题：某客运班线采取司乘人员收入与营业收入挂钩的模式，鼓励并要求司乘人员超员运营，对超员罚款予以报销的经营方案并没有向被挂靠公司某祥公司备案。所以，上诉人杨某作为被挂靠公司某祥公司的分管安全的负责人，其承担的责任应当是间接责任。

2. 上诉人杨某代表公司已履行其相关职责。上诉人杨某在某祥公司担任副总期间，每月均组织驾驶员（包括挂靠在某祥公司的驾驶员）参加不少于两次的安全例会，安全例会由杨某主持，其中仅有两次是因公出差未能当面主持，但是上诉人杨某也通过视频通话予以指导。上诉人杨某已经代表公司履行了相关职责，尽到了相应的义务。

3. 管理责任有区分，导致事故发生的原因力有区分，量刑上也要有区分。某祥公司只是运输挂靠公司，对于事故发生来讲，在因果关系的链条上处于边缘化的地位，相对于案涉车辆实际日常管理人某客运班线的管理责任应当更小，具体反映到量刑上也应有所区分。负责安全管理的某客运班线的安全员谢某量刑 3 年，而作为挂靠公司的某祥公司副总杨某也量刑 3 年，这种与管理责任不相对称的量刑是不公平的。

4. 上诉人杨某归案后认罪态度良好，而且事发后积极与遇难者的家属协商赔偿事宜，安抚了遇难者家属的情绪，避免了群体事件的发

生，这些都应当作为法院对上诉人杨某量刑的重要参考依据。

5. 上诉人杨某具有自首情节。公安机关出具的证明证实杨某的归案经过符合《刑法》第67条关于自首的规定，依法可以从轻或者减轻处罚；犯罪较轻的，可以免除处罚。

6. 参照国内众多判例，该案显然量刑畸重。我国虽不是判例法国家，但司法判例可以作为裁判指导，依然具有参考性。较多判例中被告人明知车辆不符合运营规定或者根本不能够上路，但为了谋取利益依旧允许其经营载客，最终导致发生死伤多人的重大事故，这类被告人的主观方面及客观行为性质均十分恶劣，但法院依旧对其宣告缓刑。

与同类案例相比，一审法院对上诉人杨某的量刑明显畸重，因为案涉车辆发生事故是由于驾驶员当时对车速的控制、天气因素等方面直接导致，并非由于上诉人杨某对驾驶员的安全培训未到位。该案的情形不如其他判例这么严重，从“举重以明轻”的角度，上诉人杨某的量刑应当更轻。

三、裁判结果

J省G市中级人民法院于2019年作出终审判决书，认定上诉人杨某作为被挂靠单位公司负责营运安全的副总经理，对被挂靠的车辆的运营安全负有监督和相应的管理责任，但疏于监督和管理，致使肇事司机缺乏安全意识，违规超载，未能安全驾驶客运车辆，造成重大伤亡事故，其行为均已构成重大责任事故罪。同时，二审法院也采纳了辩护人的辩护观点，认定上诉人杨某作为被挂靠车辆企业的管理人员，其业务过失行为与重大伤亡事故结果发生原因力较其他人弱，在事故发生的因果链条上所处位置较远，挂靠公司对客运班线司乘人员收入与营业收入存在挂钩、鼓励并要求司乘人员超员运营、报销驾驶员超员罚款等违法行为，且客观上有肇事司机违反操作规范超速、超载驾驶，发生事故且承担事故的全部责任的情形，上诉人杨某责任较轻，量刑也可轻于其余三被告人，且有自首情节，赔偿了被害人损失，取得了被害人亲属谅解，G市Z区司法局社区矫正教育中心出具了调查评估意见书，同意对上诉人杨某进行社区矫正，没有再犯罪危险，宣告缓刑对所居住的社区没有重大不良影响，可以对其适用缓刑。J省G市中级人民法院遂作出了维持一审中对上诉人杨某的定罪部分，而撤销处刑部分的二审判决，即上诉人（原审被告人）杨某犯重大责任事故罪，判处有期徒刑3年，缓刑3年6个月。

四、经验总结

该案的后果很严重、影响很重大，一审法院判处杨某有期徒刑3年，二审改判率低，结果不被看好。但辩护人先是不自我设限、大胆求证，争取二审开庭审理，并从刑法的因果关系这个突破口上寻找对当事人有利的罪轻情节，然后检索类案判决来“举重以明轻”，以致最后取得了缓刑的结果。

（一）运用刑法的因果关系理论，根据责任大小确定量刑轻重

在多因一果的重大责任事故罪当中，需要根据各责任人的岗位职责及履职尽责的程度进行量刑，以此判断在事故当中需要承担的责任大小。不同责任大小的责任人之间的量刑应当有所区分，直接关系强、责任大且未完全履行职责的量刑应当重于直接关系弱、责任小且履职尽责的责任人。

一审法院未采纳“建议免予处罚”的一审辩护律师辩护意见，认定该案为重大责任事故罪且属于情节特别恶劣，判处杨某有期徒刑3年。依据的法律条文是《刑法》第134条第1款，在生产、作业中违反有关安全管理的规定，因而发生重大伤亡事故或者造成其他严重后果的，处3年以下有期徒刑或者拘役；情节特别恶劣的，处3年以上7年以下有期徒刑。《刑法》第67条第1款规定，犯罪以后自动投案，如实供述自己的罪行的，是自首。对于自首的犯罪嫌疑人，可以从轻

或者减轻处罚。其中，犯罪较轻的，可以免除处罚。

所以，该案的一审是在认定杨某具有自首情节的基础上，在“三年以上七年以下”中选择了从轻。但杨某及其家属均对一审判决结果不服，认为量刑过重，辩护人在接受二审辩护委托后，对案件进行了仔细的梳理，查缺补漏，寻找充分证据予以证明杨某属于责任小、履职全、态度好、量刑重。在第一次会见时，和杨某仔细确认了一审判决书中对组织安全例会次数认定有误的部分，这就足以证明杨某在位期间是履职尽责的，对案涉事故需要承担的责任较小；而相比其他被告，杨某属责任更小且履职更全，却在量刑上同等，实属量刑的不公平；一审已经属于从轻，那二审改判的关键点就在于“三年有期徒刑”，杨某属于缓刑的适用对象：被判处拘役或者 3 年以下有期徒刑、有悔改表现、不再具有社会危害性的犯罪分子；再辅之以 5 个类案判决进行“举重以明轻”。

（二）在接受委托后积极有效地与承办法官沟通，着力于一审法院所未注重的案件事实并申请二审开庭审理。庭审与庭后仍要注重沟通，并及时提交书面辩护意见，通过一切合法途径，使承办法官充分认识到当事人的责任程度以及一审判决的量刑畸重问题

一审阶段委托的辩护律师向法院建议免予处罚，而判决结果为 3 年有期徒刑，这对当事人及其家属都是严重的打击。二审阶段进行辩护就需要法、理、情并重，使承办法官充分认识到该案事实的细微之处与各被告人情节的区别之处。

沟通的前提是辩护观点有理有据。辩护人在代理案件后发现一审遗漏的重要情节、掌握的新证据，都可以与二审法院的法官进行正面沟通。辩护人熟练掌握与公安、检察院、法院的沟通技巧至关重要，除了通过案管中心、诉讼服务中心的收转发平台递交资料，通过电话、当面交流等方式的沟通也很重要。在遵守法律、纪律的前提下，有效的沟通可以更为直接地了解案件进展、向法官释疑解惑、告知案件信

息、强化论点、主张程序性权利等，为案件的办理带来新的思路。

与此同时，当事人家属给法院刑庭、院长递交求助信，用朴素的语言阐述普通百姓的所感所思和现实困境。因为法官首先是一个人，有血肉有感情，尝试让其从被害人视角转换为被告人杨某的角度，更能感受和理解被告人难以苛责之处。

（三）要做到有效辩护须心理抗压能力强

该案伤亡人数众多，社会影响重大，由上级督办，因此会牵涉一定的政治因素和社会关注。这对于辩护律师来说，辩护工作不仅受到阻力，而且面临着更大的挑战。此外，一般二审维持原判的概率是很大的，二审辩护面临的压力明显增大，此时辩护人需要有“乱云飞渡仍从容”的心态，需对案件进行严密的论证和分析，不放过任何一个细节，敢于大胆质疑，分析案件事实是否清楚，仔细地和当事人进行会见，核对有利于当事人的证据，做到辩护时案件证据和事实陈述准确和充分。

刑事辩护往往不会一帆风顺，困难、阻碍在所难免，只有坚持不懈、披荆斩棘找出路才会“柳暗花明又一村”。在整个过程中，律师始终不放弃希望和努力，通过专业化、技术化处理敏感案件，对突破口精准把握，进行精细、有效的辩护，最终最大限度地维护当事人的合法权益。

深挖程序价值　彰显程序正义

——某企业涉嫌生产、销售伪劣产品罪一案

江西华邦律师事务所　涂国虎

一、案情简介

2018 年 1 月，Z 省某某县人民检察院侦查监督部门检察官在与该县农业局进行经常性联系时发现，农业部门查获的一起伪劣农药案可能涉嫌犯罪，Z 省某某县农业局将犯罪线索移送公安机关，公安机关立案侦查后发现 Z 省某某县某公司销售的伪劣农药为江西某知名农药生产企业下属三家子公司研发、生产，于是某某县公安局对涉案企业及相关人员进行立案侦查。

2018 年 5 月 22 日，涉案企业因涉嫌生产、销售伪劣产品罪被立案侦查，该公司法定代表人及高管等 10 余人被某某县公安局刑事拘留。由于涉案企业是中国农药制剂 50 强排行榜上的农资企业，是农药界耳熟能详的企业，在岗员工近千人，因该案涉案企业正常生产经营受到严重影响，企业陷入巨大困境。

2019 年 10 月 25 日，Z 省某某县人民检察院将该案移送至江西省某县人民检察院受理，后由该检察院向江西省某县人民法院提起公诉。

二、辩护思路

辩护人在接受委托后多次前往Z省某某县进行会见，并进行了详细的阅卷工作，对案件情况掌握清楚后，确定了如下辩护思路：

1. 辩护人第一时间向Z省某某县人民检察院提交移送管辖申请书，申请将该案移送至江西省某县人民检察院审查起诉。辩护人提交的移送管辖申请书指出该案主要案件事实均发生在江西省某县境内，且该案涉案单位是在江西省某县注册登记的企业，为便于依法查清该案基本事实，充分保障涉案知名民营企业的合法权益，根据《刑事诉讼法》第24条和第25条的规定，申请将该案移送至江西省某县人民检察院审查起诉。

2. 案件移送后，辩护人及时就该案的涉案数量和量刑与检察院进行沟通。

三、裁判结果

经过将近1年的沟通，Z省某某县人民检察院于2019年10月22日向某某县人民法院提交了撤回起诉决定书，2019年10月23日，Z省某某县人民法院作出准许撤回起诉的刑事裁定书，2019年10月25日，Z省某某县人民检察院正式将该案移送至江西省某县人民检察院受理。

2020年3月26日，江西省某县人民检察院认定涉案企业生产、销售的大部分产品不属于假农药，大幅度消减了涉案数量，认定涉案销售金额共计1,351,758元，尚未销售金额共计1,588,476元，其行为涉嫌生产、销售伪劣产品罪，法定代表人身为单位直接负责的主管人员，在案件中起主要作用系主犯，建议判处其有期徒刑3年，缓刑4年6个月，并处罚金6万元，其他涉案10余名企业高管均依法适用缓刑。

2020年5月26日，法院判决采纳了检察院的起诉意见。法院认定涉案销售金额共计1,351,758元，尚未销售金额共计1,588,476元，判决涉案企业犯生产、销售伪劣产品罪，法定代表人判处有期徒刑3年，缓刑4年6个月，并处罚金70万元，其他涉案10余名企业高管均依法适用缓刑。

四、经验总结

涉案企业涉嫌生产、销售伪劣产品罪，由于该案重大复杂、涉案数额特别巨大，被两次退回补充侦查，三次延长审查起诉期限。最终辩护意见被采纳，获得公平合理的判决结果，作为该案的辩护律师，有如下经验感悟。

（一）通过移送管辖最大限度地维护被告合法权益

该案是一起典型的民营企业涉嫌犯罪的刑事案件，涉案企业是在江西省乃至全国都比较有影响力的农药生产企业，每年销售金额高达数亿元，这个案件不仅关系到该企业等关联公司的前途命运，也涉及相关公司在职上千名员工的就业和生活，该案在移送Z省某某县人民检察院审查起诉后，虽辩护人第一时间提出移送管辖的申请，但Z省某某县人民检察院以该案犯罪结果地发生在某某县为由驳回了辩护人的申请，后该案移送某某县人民法院后，法院对该案高度重视，听取了辩护人意见，辩护人请求Z省某某县人民法院及检察院按照国务院及最高人民法院和最高人民检察院为企业家创新创业营造良好法治环境等的精神妥善处理该案，在打击犯罪的同时，能够真正维护企业、企业家的合法权益。Z省某某县人民检察院采纳了辩护人的意见，考虑到移送至该案的主要犯罪行为地及该企业的注册地更有利于查清案件事实，也更能保护民营企业、企业家的合法利益，最终将该案移送至江西省某县人民检察院。申请将该案移送至当地管辖不仅有利于查清事实，对综合考虑企业的量刑情节也具有现实意义，该案在移送当地管辖后，当地法院综合考虑该案的现实情况及涉案众多当事人的量刑情节，充分考虑了辩护人的辩护意见，对涉案全部当事人均依法适用了缓刑，极大地实现了对涉案民营企业的保护。

（二）罪轻辩护与程序性辩护相结合

该案辩护律师采取的辩护策略主要是罪轻辩护及程序性辩护，律师介入案件后，鉴于该案的罪名为生产、销售伪劣产品罪，其生产、销售的伪劣产品的定性以及数量对当事人的量刑具有重大影响。该案移送Z省某某县人民检察院审查起诉时，公安机关认定的销售伪劣产品的金额高达22,689,832元，辩护人提出销售金额的确定还应该综合企业对外签订的销售合同、发货凭证、货款支付凭证等证据来确定。该企业生产的农药品种多达十种，实际上添加2015B隐性成分的只有几种，侦查机关在没有对企业生产的所有品种的农药进行取药鉴定的情况下，判断企业所生产的所有农药为伪劣产品缺乏必要的客观科学性。针对侦查机关对外委托的鉴定意见，抽样程序未依法全过程公开、透明，未制作必要的抽样笔录，整个抽样程序无必要的见证人在场进行鉴定，涉案企业未依法参与整个抽样过程。从鉴定方法和流程而言，部分样品选取的样品太少，部分鉴定报告未在案卷中展示。综合以上意见，辩护人认为侦查机关认定销售伪劣产品的金额明显不当，缺乏足够的证据予以证实，应予以核减。

该案在移送管辖后，侦查机关及检察机关听取了辩护人的意见，对案涉生产、销售进行了重新认定，最终认定的生产、销售金额为1,351,758元，尚未销售金额为1,588,476元。《刑法》第140条规定，“生产者、销售者在产品中掺杂、掺假，以假充真，以次充好或者以不合格产品冒充合格产品，销售金额五万元以上不满二十万元的，处二年以下有期徒刑或者拘役，并处或者单处销售金额百分之五十以上二倍以下罚金；销售金额二十万元以上不满五十万元的，处二年以上七年以下有期徒刑，并处销售金额百分之五十以上二倍以下罚金；销售金额五十万元以上不满二百万元的，处七年以上有期徒刑，并处销售金额百分之五十以上二倍以下罚金；销售金额二百万元以上的，处十五年有期徒刑或者无期徒刑，并处销售金额百分之五十以上二倍以下罚金或者没收财产”。生产、销售金额从 22, 689, 832 元大幅核减至 1, 351, 758 元，其法定刑也应相应从“处十五年有期徒刑或者无期徒刑，并处销售金额百分之五十以上二倍以下罚金或者没收财产”降至“处七年以上有期徒刑，并处销售金额百分之五十以上二倍以下罚金”。

（三）程序性辩护具有其独立价值

刑事辩护律师在办理案件时，常用到的辩护策略是实体辩护，但 2012 年《刑事诉讼法》实施以来，越来越多的律师开始在辩护策略上运用程序性辩护，程序性辩护是一种独立的辩护手段，虽然程序性辩护的成功并不必然对实体辩护产生影响，但是程序性辩护作为一种反守为攻的辩护，具有其独立的价值。在该案中，程序性辩护发挥了至关重要的作用，通过辩护律师的努力，实现了案件顺利跨省移送管辖，该案后来由企业所在地人民法院进行管辖，对最终判决结果的实现产生了积极影响。这个案件良好结果的实现，再一次提醒辩护人，在重视实体性辩护的同时，也要重视程序性辩护的价值，彰显程序正义。

事实上的关联与刑法上的关联之辩

——张某福涉嫌销售伪劣产品罪一案

江西红阳光律师事务所　周兴武　彭辉森

一、案情简介

B县胜某贸易有限公司（以下简称胜某公司）是一家获得发改委、安全生产监督管理局及公安消防等部门的审批，允许开展润滑油料、燃料油、柴油经营的贸易公司，公司法定代表人为张某福。

S市B县公安局经侦查发现以下事实：

1. 2017年12月29日至2018年1月17日，周某军（另案处理）向胜某公司购买30余吨柴油后，用私自改装的厢式货车在玉山320国道边以明显低于正规加油站的价格为过往大货车加油，销售金额共计人民币187,491元。截至案发，周某军尚有1442.52升从胜某公司买入的不合格柴油（已扣押）未销售，货值折合人民币6924元。

2. 2018年3月16日至2018年3月20日，林某荣（另案处理）向胜某公司购入25.57吨柴油后，使用私自改装的小型油罐车在320国道湖丰路段的余干服务区内以明显低于正规加油站的价格为过往大货车、大客车加油；同时以高于进价的价格将部分柴油销售给李某明、张某跃等人，销售金额共计人民币102,200余元。截至案发，林某荣尚有

7.64 吨从胜某公司购入的柴油（已扣押）未销售，货值折合人民币 3.9 万余元。

3. 2017 年 1 月至 2018 年 3 月，徐某兵（另案处理）从胜某公司购入 40 余吨柴油后，转手销售给其他车辆使用。

4. 鲍某贵（另案处理）曾从胜某公司购入 1000 余吨柴油后，转手销售给其他车辆使用。

5. 平某顺（另案处理）曾从胜某公司购入 14.98 吨柴油后，转手销售给其他车辆使用。

6. 王某剑（另案处理）曾从胜某公司购入 100 余吨柴油后，转手销售给 B 县某某公司和 B 县某某活性炭厂使用。

S 市 B 县公安局对胜某公司所有油罐储存的油品进行了取样，并送至检验机构进行检验。经检验机关检测，除 L－1 油罐中的油品检验为“所检项目符合标准要求”外，胜某公司其他油罐储存的油品均检验为“不合格”。同时，S 市 B 县公安局将查获的周某军、林某荣等人从胜某公司购买的“柴油”也委托检验机构进行了检验，结论均为“不合格”。

S 市 B 县公安局认为，胜某公司的法定代表人张某福销售不合格柴油 15000 余吨，非法获利 300 余万元，其行为触犯《刑法》第 140 条之规定，构成销售伪劣产品罪，依照《刑事诉讼法》第 162 条之规定，将此案移送至 B 县人民检察院审查起诉。

二、辩护思路

接受委托后，辩护人及时会见犯罪嫌疑人张某福，通过会见了解，胜某公司销售的柴油主要分为“国五柴油”和“燃料油”两种。“燃料油”属于低品质柴油，一般仅用于工业用途。

胜某公司这两种柴油是分开储存、分开销售的 。由于每吨“国五柴油”的销售价格与“燃料油”的销售价格相差了 1000 多元，购买者对自己购买的油到底是“国五柴油”还是“燃料油”，都是明知的。作为销售方，胜某公司从未用“燃料油”冒充“国五柴油”进行销售。

辩护人认为，虽然胜某公司销售的“燃料油”经检测为不合格产品，但销售过程都是明码实价，没有“以次充好”的行为。为此，辩护人在侦查阶段提交了相应的法律意见书，认为该行为不属于销售假冒伪劣产品的行为，不构成犯罪。公安机关在收到辩护人的法律意见书后，虽然没有全面接受辩护人意见，但将犯罪嫌疑人张某福的刑事拘留变更为取保候审。侦查期限届满前，公安机关将案件移送检察院审查起诉。

在审查起诉阶段，辩护人向检察机关提出了以下辩护意见：

1. 张某福销售“燃料油”的行为不构成销售伪劣产品的行为。

销售伪劣产品的行为是指：生产者、销售者在产品中掺杂、掺假，以假充真，以次充好或者以不合格产品冒充合格产品的行为。

在本案中，胜某公司没有将“燃料油”冒充“国五柴油”进行销售。张某福向周某军、林某荣等人销售的就是燃料油，周某军、林某荣等人从张某福处购买“燃料油”后，冒充“国五柴油”销售给过往大货车的行为，与张某福没有任何关联性。

2. 用“国五柴油”的标准去评价胜某公司正常销售的“燃料油”，并将其定性为不合格产品，是明显错误的。

虽然胜某公司销售出去的“燃料油”最终被周某军、林某荣等人冒充“国五柴油”销售给过往大货车，但由于张某福没有与周某军、林某荣等人有过任何犯罪的合意，因此不构成共同犯罪。

公安机关在委托检测时，要求检测机构以“国五柴油”的标准去评价燃料油，这个方法本身就是错误的。

3. 销售燃料油是正常的销售行为，不违反法律规定。

胜某公司的经营范围，包括车用柴油，也包括其他燃料油。对于燃料油，国家并没有强制的标准。在日常生活中，很多领域需要使用燃料油，如活性炭厂的油品，就是通过使用燃料油来加工木炭。因此，销售燃料油是胜某公司正常的经营行为，不违反法律规定。

基于上述理由，辩护人认为，侦查机关认为嫌疑人张某福涉嫌销售伪劣产品罪，缺乏事实和法律依据。建议检察院对嫌疑人张某福依法不予起诉。

三、裁判结果

S 市 B 县检察院经审查认为，B 县公安局认定的犯罪事实不清、证据不足不符合起诉条件。依照《刑事诉讼法》第 175 条第 4 款的规定，决定对张某福不起诉，并于 2019 年 9 月 24 日作出不起诉决定。

四、经验总结

（一）准确区分事实上的关联性与刑法上的关联性

本案中，周某军、林某荣等人确实是从张某福处购买“燃料油”后，冒充“国五柴油”销售给过往大货车。周某军、林某荣等人的行为在事实上与张某福存在上下游的关系，但不能因为存在事实上的关联就一定存在刑法上的关联。

本案中，周某军、林某荣等人事前与张某福没有任何共同销售伪劣产品的合意，张某福销售“燃料油”的行为与周某军、林某荣等人销售伪劣产品之间无法形成刑法上的关联性。这是出于两种不同主观故意而分别实施的行为，不存在刑法上的关联。

（二）要从其立法本义找寻辩护方向

刑事辩护主要研究行为人的犯罪行为，侵犯了何种社会秩序或者法益，如其行为未曾侵犯任何法益，显然不应作犯罪处理。销售伪劣产品罪打击的就是在产品中掺杂、掺假，以假充真，以次充好或者以不合格产品，扰乱市场正常经营秩序的行为，周某军、林某荣等人的行为就是此类行为。

而本案中，胜某公司销售燃料油是正常的销售行为。燃料油虽然是低品质的柴油，但不能因为有人将其冒充柴油进行销售，就禁止其在市场流通。在现实生活中，很多领域需要使用燃料油，用于不同用途。而此类正常销售行为没有侵犯任何法益，显然不应作犯罪处理。

深挖证据疑点　坚定无罪辩护

——叶某某涉嫌销售假冒注册商标的商品罪一案

江西南芳律师事务所　范卫权　罗宗慧

一、案情简介

某某盾公司为某某盾系列商标所有权人，本身不生产某某盾品牌服装，但在全国范围内授权了张某某等在内的至少29个生产厂商进行某某盾各系列产品的生产，各授权生产厂商可自主决定所生产的服装用料、款式及吊牌防伪标志等。

叶某某长期销售某某盾品牌服装，前期已从各授权经销商处获得部分某某盾系列服装经销授权，授权到期后未继续获得授权，但仍继续从原获得授权的上级经销商处进货。2015年5月，某某盾公司委派人员向叶某某所在地工商行政管理局举报叶某某销售的某某盾品牌服装为假冒产品。接到举报后，该工商行政管理局委托某某盾公司对叶某某店内某某盾品牌服装抽取5件样品进行鉴定，经某某盾公司鉴定为假冒产品，后该工商行政管理局以“我局认定你销售不知道是侵犯注册商标专用权的商品”为由责令其停止继续销售店内剩余某某盾品牌服装，叶某某将送检5件同货号产品停止销售，但未停止销售其他货号的某某盾品牌服装，并仍从广州、南昌等地继续进货销售某某盾品牌服装。2016年1月29日，叶某某所在地公安局扣押了叶某某店内2429件某某盾品牌服装，翌日某某盾公司向该公安局出具2份鉴定意见，认定其中1983件为假冒某某盾品牌服装，446件为真品。2017年11月17日，一审法院判决叶某某构成销售假冒注册商标的商品罪（未遂），判处有期徒刑2年，缓刑3年，并处罚金134,000元，1983件假冒某某盾服装没收。叶某某不服提起上诉，二审法院于2018年6月1日作出裁定，以事实不清、证据不足为由发回重审。重审过程中，对被扣押的某某盾服装进行了第二次鉴定，该次鉴定除某某盾公司工作人员外，还有某某盾公司授权生产商张某某，经某某盾公司及张某某分别鉴定，认定“假货”数量为1185件，相较于第一次鉴定少798件，其中张某某认定是其所生产的某某盾品牌服装350件。2019年1月21日，原审法院认定叶某某仍构成销售假冒注册商标的商品罪（未遂），判处有期徒刑1年9个月，缓刑2年，并处罚金14万元。叶某某不服，继续提起上诉，2019年5月28日，二审法院改判撤销原有罪判决，宣告叶某某无罪。

二、辩护思路

（一）寻找辩护突破口

笔者在审查起诉阶段接受委托，当时当事人已处于被取保候审状态，在此情形下，立即要求当事人将现存的既往进货单据找出，随即连同侦查机关扣押的进货清单等历史证据与某某盾公司出具的两份鉴定意见进行比对，寻找是否存在正规渠道进货的服装被鉴定为“假货”的情形，同时论证鉴定意见是否存在鉴定程序违法情形。经比对，仅残存的进货单据中（仍有部分进货单据遗失），有从授权经销商处进货的624件某某盾品牌服装被鉴定为“假货”，更有甚者，同一款服装，在被鉴定为“假货”的同时又被鉴定为“真货”，分别出现在两份鉴定意见当中，基于此点发现，结合案件其他疑点，进一步形成辩护意见。

（二）提出具体辩护意见

1. “串货”非“假货”，叶某某所销售的某某盾品牌服装非“假冒注册商标”的商品，充其量仅为“串货”产品。

根据《刑法》第214条的规定，要构成销售假冒注册商标的商品罪，销售的必须是假冒注册商标的商品，公诉机关提供的证据显示，叶某某的进货渠道主要为江西的万某、王某、俞某，广东的熊某、陈某、张某某、林某等，上述经销商均获得了某某盾公司的正规授权，叶某某为江西的零售商从省外的授权经销商进货，该行为系“串货”，货物本身并非假冒注册商标的商品。

2. 叶某某无“明知”的犯罪故意。

公诉机关提交的证据显示，叶某某从事零售某某盾品牌服饰行业多年，历年的进货单存根均证明其进货渠道为熊某、陈某、张某某、林某等正规授权经销商，叶某某坚信自己售卖的是某某盾品牌服装正品且历次供述及当庭供述保持一致，均表明其主观并无“明知是假冒注册商标的商品而销售”的犯罪故意。

3. 叶某某无推定“明知”的犯罪故意。

（1）叶某某未因销售某某盾品牌服装受到行政处罚。工商行政管理局对叶某某作出的责令改正通知书，并不属于2017年《行政处罚法》第8条规定的行政处罚种类之一。

（2）叶某某未因销售某某盾品牌服装承担过民事责任。民事责任是因行为人实施了民事违法行为，根据民事法律规范所承担的对其不利的民事法律后果，该案中叶某某之所以停止销售工商行政管理局委托被害人某某盾公司鉴定为假货的5个批次的某某盾品牌服装，是应工商行政管理局的要求而履行的服从行政命令规定义务的行为，并非基于平等主体之间因民事法律纠纷而承担的民事责任。

（3）责令改正通知书本身不具备合法性。工商行政管理局作出“我局认定你销售不知道是侵犯注册商标专用权的商品”的认定，系根据某某盾公司对某某盾服装的鉴定意见。该案证人韩某某及张某某的陈述均证实，张某某处生产的服装仅能由其自己鉴别真伪，其他人员无法鉴定真伪，而工商行政管理局该次送检的“JT×××、JN0××”两个货号的某某盾服装，均系张某某处生产，某某盾公司根本无力完成鉴定，故该次鉴定本身即属无效，因而工商行政管理局作出的责令改正通知书不具备合法性。

（4）推定叶某某具有“明知”的故意无法律依据。最高人民法院、最高人民检察院《关于办理侵犯知识产权刑事案件具体应用法律若干问题的解释》第9条第2款规定：“具有下列情形之一的，应当认定为属于刑法第二百一十四条规定的‘明知’：……（二）因销售假冒注册商标的商品受到过行政处罚或者承担过民事责任、又销售同一种假冒注册商标的商品的……”如前所述，叶某某既未因销售假冒注册商标的商品承担过行政处罚，也没有因此承担过任何民事责任，工商行政管理局作出的责令改正通知书本身不具备合法性，完全不符合前述法律规定，故叶某某不能被推定为具有“明知”的犯罪故意。

4. 该案关键证据鉴定意见为非法证据，应予排除。

（1）鉴定人违反刑事回避制度。《刑事诉讼法》第29条、第32条规定鉴定人员是案件的当事人或与案件有其他关系可能影响公正处理的，依法应当自行回避。对涉案某某盾品牌服装进行鉴定的鉴定人为某某盾公司，其作为该案的举报人和被害人，属于法定的应当自行回避情形，由其出具鉴定意见严重违反前述规定。

（2）某某盾公司作为鉴定主体不合法亦不合理。原工商行政管理总局商标局《关于假冒注册商标商品及标识鉴定有关问题的批复》规定，“在查处商标违法行为过程中，工商行政管理机关可以委托商标注册人对涉嫌假冒注册商标商品及商标标识进行鉴定，出具书面鉴定意见，并承担相应的法律责任。被鉴定者无相反证据推翻该鉴定结论的，工商行政管理机关将该鉴定结论作为证据予以采纳”。该批复仅适用于原工商行政处罚案件调查过程中对涉案商品的鉴定环节，适用的主体是原工商行政管理机关，该案属于刑事案件，委托鉴定的主体是公安部门，前述规定依法不适用于该案。故某某盾公司作为鉴定主体不合法。

某某盾公司参与鉴定人员韩某某及张某某的证人证言，以及被害人某某盾公司在报案时提供的《某报》记载显示，某某盾公司在国内至少授权了29家生产厂商生产某某盾品牌服装，而某某盾公司本身并不生产某某盾品牌服装，各授权厂商生产某某盾品牌服装的用料、款式等均自由决定，无须向某某盾公司报备，故某某盾公司无法针对服装本身进行真伪鉴定。韩某某称其鉴定涉案某某盾服装的方法主要是根据服装的吊牌进行辨别，并称某某盾公司对各授权厂商生产的吊牌均有备案记录，但实际情况是各授权厂商有权自行生产服装吊牌，各厂商生产的吊牌各不相同亦无须进行吊牌备案。某某盾公司客观上无力完成对案涉某某盾服装真伪的鉴定。

（3）鉴定过程随意、不规范，鉴定意见失真。经辩护人反复查看鉴定时录制的长达数十小时的同步录音录像，发现鉴定人员经常要在侦查人员的提醒或者与他人商量的情况下，才能完成对具体某件服装真伪的鉴定，且鉴定过程仅凭主观臆断，毫无科学方法及依据可言。故此次鉴定全过程完全无规范性可言，鉴定意见不真实。

针对该案第一次鉴定意见，辩护人初步统计即从被鉴定为“假货”的鉴定意见当中，找到624件的正规进货来源清单，该清单清楚证明了进货来源为已获得授权的外地经销商，更有甚者同一件产品同一个货号被鉴定为假货的同时又被鉴定为真货。针对第二次鉴定，即便被鉴定为“假货”的数量减少798件，但仍存在同一件服装被鉴定为“假货”的同时又被鉴定为“真货”的情形，由此证实鉴定意见结论完全失真。

5. 该案的侦查、审判过程存在重大瑕疵。

（1）侦查过程的问题。侦查机关受案登记表显示该案报案人报案时间为2016年1月29日，立案决定书显示立案时间为2016年1月29日，鉴定书附录送检物证鉴定情况表显示涉案某某盾品牌服装的送检时间为2016年1月29日。上述证据显示，该案侦查机关在同一天内同时完成了受案、立案、送检程序，由此可以推定该案立案在先，缺乏法律依据。

（2）审判过程的问题。案件发回重审后，重审法院向公诉机关发送了人民法院建议补充侦查函，对其提供了四点补充侦查意见，超越了审判机关职权，直接指挥侦查活动，有违公正。此外，公诉机关提供的视听证据显示，在该案的第二次鉴定过程中，重审法院存在参与案涉某某盾品牌服装鉴定过程的违法情形，如审判人员在鉴定现场与在场鉴定、侦查人员商量具体鉴定方法。辩护人认为，前述事实足以证明原审法院承办法官已经明显违反人民法院依法应当处于中立地位进行审判的基本刑事诉讼原则，涉嫌违法违规，妨碍司法公正。

三、裁判结果

该案经过一审、二审、重审及再次二审四个阶段，历时3年，最终二审法院作出裁定，撤销对叶某某的有罪判决，宣告叶某某无罪。

四、经验总结

（一）真正重视证据对办理案件的重要性，从现有案件证据中找寻矛盾及冲突点，避免律师办案“重口供轻证据”的错误思想

在办理该案过程中，辩护人从近百张历史进货单据中，逐一比对全部鉴定意见附件近三千条货号附表，在“假货”当中找“真货”，证实该案关键证据鉴定意见存在自相矛盾的重大疑点，并借此深挖鉴定程序违法问题。同时，辩护人反复地观看鉴定时录制的长达数十小时的同步录音录像，将全部鉴定过程程序违法及不合理之处详细列明（精确至分、秒）并作为辩护词附件提交法院，最终获得法院支持，顺

利排除用以指控叶某某构成犯罪的关键证据——鉴定意见。

（二）坚定的无罪辩护信心

在办理该案过程中，辩护人及当事人信心坚定，未受到任何外界因素的影响，更未“苟且”于缓刑而自甘“有罪”污名。在该信心的推动下，辩护人与检察院、法院多次沟通，展示经核对形成的可证明在案证据相互矛盾冲突的有利证据，最终获得主审法官认可，该案无罪判决论述部分甚至多有直接引用摘录辩护词之处。

全方位寻找不起诉契机

——曾某涉嫌非法经营罪、销售伪劣产品罪一案

江西创兴律师事务所　温　辉

一、案情简介

2017 年，曾某（该案委托人）、刘某以及李某合伙投资注册成立 A 公司。刘某占股 45%，为公司法定代表人，负责公司采购和发展规划；曾某占股 30%，为公司总经理，负责公司油库管理及开拓客户、发展业务；李某占股 25%，出资但不参与管理。A 公司聘请肖某任副总经理，负责公司合同、发票审核跟踪等业务。

2017 年至 2019 年，A 公司在未办理成品油经营许可的情况下，从甲地购进柴油等成品油销往乙地。经查实，A 公司销往乙地的生物柴油、轻质循环油、3 号喷气燃烧油等油品共计人民币 400 余万元。其中，A 公司将上述成品油出售给凌某（另案处理），凌某又将成品油出售给汪某（另案处理）。

2019 年 5 月，汪某在对外销售成品油时案发。根据汪某、凌某的供述，公安机关以 A 公司的股东曾某等人涉嫌非法经营罪，将曾某等人抓获归案。另经鉴定，公安机关从汪某处扣押的成品油为硫含量超标的不合格产品。

二、辩护思路

（一）A公司未办理成品油批发经营许可，仅违反部门规章，不属于违反国家规定的行为，也不属于违反法律、行政法规的行为，根据罪刑法定原则，A公司及委托人曾某等人依法不构成非法经营罪

《刑法》第225条规定："违反国家规定，有下列非法经营行为之一，扰乱市场秩序，情节严重的，处五年以下有期徒刑或者拘役，并处或者单处违法所得一倍以上五倍以下罚金；情节特别严重的，处五年以上有期徒刑，并处违法所得一倍以上五倍以下罚金或者没收财产：（一）未经许可经营法律、行政法规规定的专营、专卖物品或者其他限制买卖的物品的；（二）买卖进出口许可证、进出口原产地证明以及其他法律、行政法规规定的经营许可证或者批准文件的；（三）未经国家有关主管部门批准非法经营证券、期货、保险业务的，或者非法从事资金支付结算业务的；（四）其他严重扰乱市场秩序的非法经营行为。"

该案中，A公司经营成品油，如果符合《刑法》第225条第1项所规定的"未经许可经营法律、行政法规规定的专营、专卖物品或者其他限制买卖的物品"，则涉嫌非法经营罪；倘若不符合该规定，则依法不构成非法经营罪。

众所周知，成品油批发经营许可证，是根据2006年商务部《成品油市场管理办法》所要求的准入许可。商务部《成品油市场管理办法》（2006年）第3条第1款规定："国家对成品油经营实行许可制度。"第27条规定："成品油经营批准证书由商务部统一印制。《成品油批发经营批准证书》《成品油仓储经营批准证书》由商务部颁发；《成品油零售经营批准证书》由省级人民政府商务主管部门颁发。"

然而，商务部《成品油市场管理办法》（2006年）属于部门规章，并不属于《刑法》第225条所规定的"国家规定"，也并非该条第1项中所指的"法律、行政法规"。对此，最高人民法院《关于准确理解和

适用刑法中“国家规定”的有关问题的通知》（2011 年）明确：“一、根据刑法第九十六条的规定，刑法中的‘国家规定’是指，全国人民代表大会及其常务委员会制定的法律和决定，国务院制定的行政法规、规定的行政措施、发布的决定和命令。其中，‘国务院规定的行政措施’应当由国务院决定，通常以行政法规或者国务院制发文件的形式加以规定。以国务院办公厅名义制发的文件，符合以下条件的，亦应视为刑法中的‘国家规定’：（1）有明确的法律依据或者同相关行政法规不相抵触；（2）经国务院常务会议讨论通过或者经国务院批准；（3）在国务院公报上公开发布。二、各级人民法院在刑事审判工作中，对有关案件所涉及的‘违反国家规定’的认定，要依照相关法律、行政法规及司法解释的规定准确把握。对于规定不明确的，要按照本通知的要求审慎认定。对于违反地方性法规、部门规章的行为，不得认定为‘违反国家规定’。对被告人的行为是否‘违反国家规定’存在争议的，应当作为法律适用问题，逐级向最高人民法院请示。三、各级人民法院审理非法经营犯罪案件，要依法严格把握刑法第二百二十五条第（四）项的适用范围。对被告人的行为是否属于刑法第二百二十五条第（四）项规定的‘其他严重扰乱市场秩序的非法经营行为’，有关司法解释未作明确规定的，应当作为法律适用问题，逐级向最高人民法院请示。”

在非法经营罪中，对于证券等的非法经营，均有相关的司法解释明确具体的立案标准，然而对于成品油的经营之立案标准，却没有任何司法解释予以明确，该案中的行为不属于《刑法》第 225 条第 4 项规定的“其他严重扰乱市场秩序的非法经营行为”。

笔者据此提出，A 公司违反商务部《成品油市场管理办法》（2006 年），在未获得成品油批发经营许可证的情况下经营油品生意，仅属于违反部门规章的行为；A 公司的行为，不属于《刑法》第 225 条所规定的违反法律、行政法规的行为，也不属于违反“国家规定”的行为，依法不构成非法经营罪。现行司法解释也并未单独就成品油批发经营进行规定，依法也不属于《刑法》第225条第4项规定的“其他严重扰乱市场秩序的非法经营行为”。根据罪刑法定原则，A公司及其员工均依法不构成非法经营罪，即委托人曾某不构成非法经营罪。

（二）商务部已废止《成品油市场管理办法》（2006年），A公司购油地（甲地）和该成品油销售地（乙地）均已取消成品油批发经营资质审批要求，根据法律适用之“从旧兼从轻”原则，也不应以《成品油市场管理办法》（2006年）对A公司及委托人曾某等人进行处罚，遑论上升到刑事高度

2020年7月1日，商务部作出《关于废止部分规章的决定》，明确废止了《成品油市场管理办法》（2006年）。此外，A公司注册地甲地的能源局和成品油销售地乙地的商务厅分别颁布了《关于取消和下放石油成品油经营资格审批事项有关工作的通知》（2020年）和《关于取消和下放石油成品油经营资格审批权限有关事项的通知》（2020年），两地规定均已取消成品油批发经营资质审批要求。

《刑法》第12条及最高人民检察院《关于检察工作中具体适用修订刑法第十二条若干问题的通知》（1997年），都明确了法律适用之“从旧兼从轻”原则。很显然，根据“从旧兼从轻”的刑法适用原则，A公司及委托人曾某等人的行为均不构成非法经营罪。

检察院经审查，认为目前法律、法规已经变更，且商务部规定并不属于法律意义上的国家规定，根据“从旧兼从轻”的原则，已经不宜对犯罪嫌疑人曾某以非法经营罪定罪处罚。

（三）侦查机关补充罪名移送审查起诉，笔者以鉴定检材不具备同一性为当事人争取有利结果

由于侦查机关从汪某处查获的成品油系不合格产品，在检察机关无法以非法经营罪起诉的情况下，检察机关将案件退回公安机关补充侦查，要求公安机关对曾某等人是否涉嫌销售伪劣产品罪展开侦查。经过公安机关的补充侦查，公安机关补充移送了一份对汪某处查获

（扣押）油品进行鉴定的检验报告，报告称含硫量超标，据此说明曾某销售的油品系不合格产品。

补充侦查材料移送检察院后，笔者及时调取卷宗，并就曾某不构成销售伪劣产品罪展开了辩护：

笔者提出，公安机关试图说明A公司将成品油卖给了凌某，凌某将成品油卖给了汪某（汪某另案处理，汪某处扣押的成品油鉴定为不合格），从而证明A公司销售的油品系不合格产品。然而，公安机关在该案侦查过程中，仅从汪某处扣押了一批成品油，公安机关也对该扣押的成品油进行了鉴定，进而认定A公司以及曾某等人销售的油品系不合格产品；而实际上，汪某不仅从A公司购买成品油，也从其他公司购买了成品油，该案鉴定的成品油是否系A公司销售，并无确实充分的证据证实，且汪某在购进成品油后是否进行了油品勾兑也不明；此外，对于A公司销售的成品油，公安机关也无扣押清单、扣押实物、扣押现场视频和照片等，扣押程序不合法。笔者提出，该案并无任何证据能够直接证明A公司以及委托人曾某等销售的产品与该案鉴定的不合格成品油具备同一性，曾某等人依法不构成生产、销售伪劣产品罪。

三、处理结果

关于非法经营罪，检察院认为由于法律、法规的变更等，委托人曾某的行为不应再以非法经营罪定罪处罚。关于销售伪劣产品罪，检察院经过两次退回补充侦查，对曾某等人涉嫌销售伪劣产品罪仍然无法达到证据确实充分的证明标准，最终以“事实不清、证据不足”为由对曾某等人作出不起诉决定。

四、经验总结

（一）从刑法罪名本身寻找突破口，寻找罪与非罪的界限，明确案件的辩护思路

在刑事辩护过程中，寻找案件的突破口至关重要，而其中最重要

的突破口就是罪名本身的构成要件。该案中，笔者通过对非法经营罪的构罪要件进行分析，认为委托人并未违反《刑法》条文所明确规定的“法律、行政法规”“国家规定”，仅仅违背了《成品油市场管理办法》（2006 年）这一部门规章，但部门规章并非“国家规定”，进而认为委托人的行为不构成犯罪，由此确定了该案的无罪辩护方向。

（二）寻找类案支撑辩护观点，为辩护提供论据

确定辩护方向后，此时需要足够多的论据来支撑辩护观点。除对自身观点进行法律和逻辑方法论证之外，寻找类案来支撑辩护观点也显得十分重要。因该案的辩护思路为无罪辩护，笔者收集了与该案相似的不起诉、无罪案件，一方面寻找更多辩点，另一方面形成案例检索报告增加说服力。

（三）时刻关注法律法规动态，或可为辩护提供转机

与案件相关的法律法规之变更应及时关注，特别是对于其中有利于案件发展的法律法规，甚至可能为辩护提供转机。在该案的审查起诉阶段，笔者注意到《成品油市场管理办法》（2006 年）于 2020 年被商务部废止，笔者对此进行详尽论述并形成了书面的意见，最终为该案获得不起诉奠定了基础。

（四）高度关注退回补充侦查

该案无法以非法经营罪定罪处罚后，检察机关退回公安机关建议以生产、销售伪劣产品罪进行侦查，改变罪名、增加罪名的形式补充侦查，对于当事人来说有利也有弊。在司法实践中，应高度关注退回补充侦查，2 次补充侦查程序用尽后，证据仍然未达确实充分标准的，应坚决为当事人做无罪辩护。

研究法律规范　探寻有效辩点

——周某涉嫌非法经营罪一案

北京市京师（南昌）律师事务所　周孝灿　王佳丽梅

一、案情简介

2017 年 1 月，周某从程某手上购得“京东烟酒平价店”，并借用原店铺已有的烟草专卖零售许可证从 N 市烟草局 Q 分局购进货值人民币 566, 397. 17 元的卷烟，在原店铺范围内从事烟草经营。2018 年 9 月 21 日，周某从张某处购买了 100 条伪劣卷烟，货值 13, 526 元进行销售。2018 年 12 月 25 日，周某与张某进行伪劣卷烟交易时被抓获，公安机关在周某车内、店内及租赁的宾馆内查获违法卷烟、雪茄烟，其中伪劣卷烟货值人民币 51, 752. 38 元，店外码（其他零售许可证）购进真品卷烟货值人民币 10, 729. 38 元。周某因涉嫌非法经营罪被刑事拘留，2019 年 6 月 3 日，N 市 Q 区人民检察院提起公诉，指控周某违反国家烟草专卖法规，未经烟草专卖行政主管部门许可，非法经营烟草专卖品货值共计人民币 642, 404. 93 元，情节特别严重。

二、辩护思路

在该案开庭前 2—3 日，周某家属才正式委托笔者作为辩护人。时间紧任务重，辩护人在接手案件后立即申请会见周某，在等待审批的时间内与承办法官取得联系并调取案卷，进行阅读和梳理。结合该案检察院的起诉书及被告人周某所供述的情况，辩护人认为该案对于非法经营罪的法律适用可能存有认知偏差，最终锁定该案的核心争议点在于“周某购买店铺并借用原店铺的烟草零售许可证在原经营范围、原地址购买及销售烟草的行为，是否有明确法律规定构成犯罪，以非法经营罪对周某提起公诉是否符合罪刑法定原则”，因而辩护人向法院提出了如下辩护观点。

（一）该案中，被告人周某借用原店铺的烟草零售许可证在原经营范围、原地址购买及销售烟草的行为，依法不构成非法经营罪

1. 根据罪刑法定原则，我国法律、行政法规并未对借用专卖许可证构成刑事犯罪作出任何规定，《烟草专卖许可证管理办法》依法不属于《刑法》上的“国家规定”，亦不能作为周某定罪的法律依据。

根据《刑法》第 225 条关于非法经营罪的规定，前提为“违反国家规定”。《刑法》第 96 条规定：“本法所称违反国家规定，是指违反全国人民代表大会及其常务委员会制定的法律和决定，国务院制定的行政法规、规定的行政措施、发布的决定和命令。”最高人民法院《关于准确理解和适用刑法中“国家规定”的有关问题的通知》中进一步对此作出详细的解释。

该案中周某并非无证经营，其借用原店铺所有人程某的烟草零售许可证，系有证经营。虽然《烟草专卖许可证管理办法》第 41 条规定：“任何企业或者个人不得涂改、伪造、变造烟草专卖许可证。不得买卖、出租、出借或者以其他形式非法转让烟草专卖许可证。”但是《烟草专卖许可证管理办法》属于工业和信息化部的部门规章。依照法律规定，该办法不属于《刑法》认定非法经营罪的国家规定，不能作为周某定罪的法律依据。

2. 借用烟草专卖零售许可证的行为并不属于无烟草专卖零售许可证而经营烟草制品的行为，两者之间存在本质差异。

首先，根据《烟草专卖许可证管理办法》第 8 条、第 13 条的规定，任何公民申请烟草专卖零售许可证，只要有相应的资金、固定场所、符合零售点合理布局即可，对申请人的个人身份、经营能力、特定技能并无任何要求。这些规定说明了颁发烟草零售许可证与申请者个人特定身份和资格条件并无特别关联，烟草专卖许可证颁发与否主要考虑申请者的资金、场所和营业布局。在此情况下，在原址用原许可证经销真烟草，并没有违反专卖许可证的实质要求，没有破坏烟草的专卖制度。而无烟草专卖许可证经营烟草，违反了通过许可证管理烟草市场准入的基本制度，损害了国家烟草专卖的基本利益，破坏了烟草主管部门对于烟草专卖市场的管理格局，使烟草的生产、销售、进出口等行为脱离控制，导致专卖专营落空，可能导致未经许可的香烟生产后进入市场销售。两者之间存在本质差别。

其次，该案中原店铺程某的烟草专卖零售许可证是经合法程序批准的，其许可证上载明了经营的范围、地址、主体、进货方式。之所以如此规定，就是为了对烟草市场的准入、布局从专卖利润作出有效控制和管理，最终防止未经许可而生产假烟并进入市场销售。这类许可证不同于驾驶证、医生执业证之类的行政许可，与持证人的人身并没有不可分离的属性。更换执业主体但按照核准的范围和地点经营烟草，在实质上并没有违反许可证的规定和颁发许可证的主旨，没有侵犯规定非法经营罪所欲保护的烟草专卖市场的准入秩序。

3. 借用烟草专卖许可证的行为不具有社会危害性，也没有明确的刑事违法性依据。

首先，该案烟草专卖零售许可证的主体是京东烟酒平价店，负责人是程某。被告人周某接手了该商铺后，只是店铺负责人发生改变，经营零售烟草的主体实质上依然是京东烟酒平价店，经营地址依然是原地址。虽然没有及时办理负责人变更，但经营种类、范围、地址均未变化，依然在原行政许可的范围之内。其经营烟草的行为既没有破坏烟草市场的准入和专卖管理格局，也没有导致国家税款流失和消费者利益的受损，仅是变更手续上的瑕疵，并不具有实质的社会危害性。

其次，《刑法》第 225 条和《关于办理非法生产、销售烟草专卖品等刑事案件具体应用法律若干问题的解释》第 1 条所规定的是无烟草零售许可证而销售烟草的行为，与借用前店铺业主许可证的行为存在本质区别，对于后者并没有任何法律法规和司法解释规定应处以刑罚处罚。2016 年 7 月施行的《烟草专卖许可证管理办法》第 41 条、第 42 条规定了不得买卖、租借、非法转让许可证以及登记事项发生变更必须进行变更登记；第 44 条第 2 项与第 9 项规定，对于买卖、出租、出借或者以其他形式非法转让烟草专卖许可证和登记事项发生变更而拒绝变更登记的，也只是规定了暂停专卖业务、进行整顿，直至依法取消专卖资格，并没有规定该类行为应受刑罚处罚；第 43 条仅规定了未领取烟草专卖许可证擅自从事烟草制品生产经营活动，构成犯罪的，依法移送司法机关追究刑事责任。上述法律、司法解释和部门规章，明确规定了未领取烟草专卖许可证和买卖、租借、借用烟草专卖许可证、转让许可证不做变更等各类行为之间的区别以及不同的法律后果，只有未领取专卖许可证而经营烟草制品才可能构成非法经营罪，其他违规行为只是承担行政处罚责任。

4. 所涉行为不具有应受刑罚处罚性。

我国的相关法律、法规以及司法解释均没有明确租借烟草专卖零售许可证经营烟草的行为应当受到刑罚处罚，只是《烟草专卖许可证管理办法》第 42 条和第 45 条规定了禁止性规定和行政处罚，而并没有规定所涉行为应受刑事处罚。

5. 周某的行为被主管部门所默许。

N 市烟草专卖局经常性地派监督员前往周某的店铺监督和检查，

但从未提出营业执照负责人与专卖证负责人不符的情况，包括2018年3月30日要求周某停业整顿，也仅是因为串货，而非人、证不符。正因为烟草公司默许，周某有足够的理由相信，其借用原店主的许可证经销烟草合法，根本意识不到需要去烟草公司变更登记。周某主观上根本不具有违反国家规定的主观故意，其客观行为更不构成无证销售烟草制品。

（二）该案应严格恪守有利于被追诉者的司法裁判原则

通过中国裁判文书网进行检索，与该案周某雷同或者相似指控情况的判决均为无罪判决。

三、裁判结果

辩护人就案件定性多次与司法机关承办法官沟通交流，取得较好的结果。法院最终采纳了辩护人提出的关于周某从N市烟草局Q分局购进的价值566,397.17元的卷烟及店外码购进的价值10,729.38元的真品卷烟依法不应计入非法经营数额的辩护意见。法院认为，周某实际系借用他人零售证经营从他人转让而来的烟酒店，其经营范围、地址、主体、进货方式一直没有变更，周某的行为不属于无烟草专卖零售许可证经营烟草制品的行为，二者之间存在本质差异，沿用原烟草专卖许可证的行为不具有社会危害性，也没有明确的刑事违法性依据。同时法院认为从外地购进真品卷烟的行为，并没有破坏烟草专卖市场的准入及损害国家对烟草实施专卖的税收利益以及消费者购买真烟的合法权益，该行为仅是违反了许可证颁发机关的内部管理规定，并没有违反相关法律法规而需要承担刑事责任。但由于周某确实存在购进伪劣卷烟的行为，故法院认定周某构成非法经营罪，涉案金额为周某购买的伪劣卷烟货值金额人民币65,278.38元，因此周某的刑期随之大幅缩减，最终被法院判处有期徒刑1年。周某及其家属对法院的裁判结果非常满意，表示认罪服判。

四、经验总结

在当前的司法实践中，有一些公检法机关在办案时带入有罪推定思维，产生首因效应进而对法律适用存有认知偏差。法学三段论推理的出发点在于法律规范这一大前提，然而对于大前提的忽视容易导致错案的发生，这时就需要刑事辩护律师仔细研究法律规范，在认知偏差中探寻有效辩点，并在被告人与公检法机关之间搭建有效沟通的桥梁，以获得预期的辩护效果。

（一）当办案人员存有认知偏差时，刑事辩护律师应当有针对性地查阅法律规定、案例及资料，并结合在案证据材料开展多方面的说理

1. 认真查阅和分析案涉罪名的法律规定。在该案中，公诉人认为周某通过购买具有烟草许可证的店铺，在原经营范围内售卖烟草的行为符合非法经营罪的构成要件，然而通过认真查阅和分析案涉罪名的法律规定，我们能够发现周某的行为较为特殊，该行为并非严格意义上的“无证”，按照罪刑法定原则将周某的行为进行代入，无法匹配到非法经营罪的具体规定，从法律上没有明确的法条规定周某此行为构成犯罪，不符合罪刑法定原则，该点即为该案的有效辩点。

2. 积极检索大量同类案例，并将有利于被告人的案例进行整理。在查询和深入分析周某行为是否符合法律规定的同时，辩护人还积极对类似周某购买店铺在原经营范围内经营烟草的行为不构成犯罪的同类案例进行检索、收集，仔细研究和梳理无罪判决中的裁判观点和思路，整理后提供给承办人进行参考，进一步论证周某不构成非法经营罪的观点。

3. 除从法律上对被告人不构成非法经营罪进行论证外，还应认真梳理该案的案卷材料，找到对被告人有利的证据。除了法律规定，证据材料所反映的法律事实也非常关键，找到该案有利于被告人周某的证据材料并着重梳理，准备好对应的质证意见，重点展示给承办法官，

同时结合法律及证据材料所反映的法律事实进行多方面说理，更有说服力。

（二）在有认知偏差的情况下更要掌握沟通技巧，在充分尊重办案人员的前提下，用共同探讨研究的方式展示自己的观点

1. 庭前以探讨研究的方式做好与承办法官的沟通工作。辩护人了解到该案前期并未有人切实提出过任何有效的无罪观点，若承办法官对法条存有认知偏差极有可能当庭宣判。为了保障周某的权益，辩护人在庭前及时与承办法官沟通，提出该案核心争议点，以学习探讨的方式将自己的观点展示出来，配以法条加以说理，将查询的相关案例提供给承办法官加以佐证。最终承办法官带着问题审理了整个案件，认为该案确实较为复杂，决定择日宣判。

2. 庭后与承办法官保持有效沟通。虽然案件的大部分工作已经完成，但是开庭后仍然不能松懈。案件争议较大，仅仅通过简短的开庭，无法取得显著成效。所以在庭后需要与承办法官时刻保持联系和沟通，对于承办法官针对该案提出的问题，须尽量依据法律规定和证据材料进行回答和解释，使承办法官信服辩护的观点。

能动履职　化解矛盾

——彭某某涉嫌故意杀人罪一案

北京德恒（南昌）律师事务所　胡　彬　卢　宇

一、案情简介

2019 年春节前，上诉人彭某某与被害人彭某在老家订婚，后彭某提出分手。彭某某不同意分手，同年 7 月因动手殴打彭某被行政拘留 5 日。2019 年 9 月 21 日 16 时 33 分许，因彭某某不同意与彭某分手，遂将其兵工铲内匕首拿出，揣在右腰间，赶至 N 市 Q 区 × × 路 × × 广场 × × 室找到彭某，持匕首捅刺已经怀孕的彭某颈部、胸部、腹部等部位 7 刀，随后乘坐货梯逃离现场。被害人彭某被送往医院抢救无效后死亡。2019 年 9 月 22 日，彭某某到 N 市公安局 Q 分局投案。

经法医学尸体检验鉴定，被害人彭某系锐器捅刺颈部、胸部、腹部致多脏器、血管破裂失血性休克死亡。

该案一审由 J 省 N 市中级人民法院作出刑事判决书，一审法院认为，被告人彭某某使用刀具，故意杀人，致一人死亡，其行为已构成故意杀人罪。公诉机关指控的罪名成立。被告人彭某某自动投案后能够如实供述主要犯罪事实，具有自首情节，但其犯罪手段残忍，性质恶劣，罪行极其严重，不足以从轻处罚。判决被告人彭某某死刑，剥夺政治权利终身。

二、辩护思路

该案一审判决彭某某死刑，彭某某及其家属委托辩护人希望二审改判，这对辩护人是一个挑战，辩护人通过查阅案卷等，梳理出如下辩护思路。

1. 辩护人认为，该案上诉人彭某某持匕首捅刺被害人彭某导致其死亡，犯有故意杀人罪这一定性无异议。

2. 辩护人根据该案事实与证据，着重针对量刑方面提出如下辩护观点：

（1）上诉人彭某某案发后主动到公安机关投案并如实供述了全部犯罪事实，具有自首情节，依法可从轻或减轻处罚。

（2）该案上诉人并非预谋杀人应属激情杀人。

一审判决认为，上诉人彭某某携带匕首来到被害人工作处，因双方发生争执，就持刀行凶，结合其案发前有过因与被害人发生争执而受到行政处罚的情况，就认定上诉人是预谋杀人，上诉人认为一审判决关于此问题事实认识不清，证据不足。

首先，从案发时间来看，彭某某已准备于2019年9月21日回佛山务工，而案发时间为9月21日当天，这表明彭某某实施犯罪行为并无事先的预谋和准备。

其次，彭某某与彭某于2019年2月已在双方家属的见证下于农村家中订立婚约，并宴请了亲朋好友，依照农村习俗，两人对外已是夫妻关系。而从N市公安司法鉴定中心出具的鉴定文书载明：彭某某不是彭某子宫内胚胎绒毛组织所属个体的生物学父亲。结合彭某于2019年9月11日在J省人民医院做的B超报告载明的“宫内早孕”这一事实，可以确认彭某在其与彭某某订婚后对待感情不忠，与他人发生性关系而导致怀孕，于是彭某便要与彭某某解除婚约，且为达到解除婚约目的而对彭某某采取“冷暴力”，在案发时言语刺激彭某某，导致彭某某情绪的失控，以致案发。

辩护人认为，激情杀人本质上是一种突发行为，没有经过预先准备，而是临时起意。因一时冲动实施了杀人行为，其所体现的行为人的人身危险性无疑弱于经过蓄谋而杀人的情况。而冲动是一种基于某种刺激而使行为人的感情极度强烈，理性控制很薄弱的心理现象。在冲动的状态下，行为人对自己行为的认知和控制能力是有所减弱的。

我国《刑法》第5条规定了罪责刑相适应原则，即刑罚的轻重与犯罪的社会危害性以及犯罪人的人身危险性相适应。由于激情杀人的行为属于杀人行为中社会危害性较轻的情况，并且行为人再犯的可能性较小，因此对于激情杀人的行为人应当贯彻“从宽”的刑事政策。激情杀人符合刑事政策中从宽政策的要求，与我国宽严相济的刑事政策相呼应。因此，应当认定上诉人彭某某的行为属于激情杀人，且符合上述刑事政策规定，应酌情予以从宽处罚。而且辩护人认为，被害人彭某对于该案的发生是有一定责任的。

（3）上诉人彭某某故意杀人不属于手段极其残忍、情节极为恶劣。

所谓以特别残忍的方法杀人指的是以一般人难以接受的杀人方法。绝大多数杀人行为会给被害人造成肉体与精神上的痛苦，因此肉体与精神的痛苦是杀人行为的伴随结果。但是，并非所有具有这种肉体与精神痛苦的故意杀人行为都是手段残忍的故意杀人。只有被告人除杀死被害人以外，还故意造成被害人肉体与精神痛苦状态的情形，才能被认定为手段残忍的故意杀人。这种折磨，额外增加了被害人死亡前肉体与精神的痛苦，因而被评价为手段残忍。如果只是追求杀死被害人的效果，采取的杀人手段致使被害人产生重大的肉体与精神痛苦，则不属于手段残忍的故意杀人。无论采取什么方法剥夺他人的生命，都是法律所不允许的，虽然最终的结果同样都是造成被害人死亡，但是在司法实践当中，这些杀人手段所展现的，不仅是行为的过程，更表现行为人的主观恶性的程度，如特定对象实施无端杀人行为，或杀人后灭尸、破坏现场、逃避侦查等。

在该案中，上诉人彭某某因被害人的行为采取了过激手段，但未对被害人的肉体上或精神上采取残忍手段，因此不能认定其杀人手段残忍、情节极其恶劣。

（4）一审不应当对上诉人彭某某判处死刑立即执行。

根据我国《刑法》的规定，罪行极其严重是死刑适用的法律标准，应当考虑被告人的犯罪行为和后果是否极其严重，结合被告人的主观恶性和人身危险性是否极其严重作相应的调整。上诉人认为，从以下几个方面来看，不应当对上诉人彭某某判处死刑立即执行。

第一，从犯罪行为来看，其手段达不到极其残忍、情节极其恶劣的程度。

第二，从主观恶性来看，上诉人并非预谋杀人，亦非性情残暴动辄肆意杀人的人，证明其主观恶性较小。

第三，从犯罪后的态度来看，上诉人实施犯罪后主动到公安机关投案自首，主动要求赔偿受害人，希望有弥补受害人家属的机会；配合公安机关侦查，认错态度良好，有明显的悔过意图。

第四，从我国《刑法》及刑事政策的发展来看，严格控制死刑适用是一大趋势。无论是立法上逐步削减死刑条文，取消非暴力犯罪等的死刑，进一步严格死刑的适用条件，还是司法上对死刑罪犯尽量适用死缓，减少死刑的实际执行，均体现了我国《刑法》对于死刑适用的谨慎和严格态度。就该案而言，上诉人彭某某先有杀人情节，后积极悔过，积极赔偿被害人家属，配合侦查机关调查，有自首情节，因此不应对上诉人彭某某判处死刑立即执行。

（5）案发后上诉人彭某某家属便让医院全力抢救被害人，并支付了全部的医疗费用。当被害人因医治无效，不幸身亡后，彭某某家属亦积极协助安排后事，支付了丧葬费以及其他费用，上述费用已达10

余万元。彭某某家属在案发后积极面对事情的发生，并在进行了部分赔偿的情况下一直主动与被害人家属沟通，表达歉意，也一再表示进一步赔偿的意愿，以期获得被害人家属谅解，且上诉人彭某某案发后后悔莫及，一再表示愿意赔偿被害人家属。彭某某及其家属积极主动赔偿的态度也充分证明了彭某某认罪、悔罪态度好。

（6）该案属于因恋爱纠纷引发的案件，最高人民法院《关于贯彻宽严相济刑事政策的若干意见》第22条规定："对于因恋爱、婚姻、家庭、邻里纠纷等民间矛盾激化引发的犯罪，因劳动纠纷、管理失当等原因引发、犯罪动机不属恶劣的犯罪，因被害方过错或者基于义愤引发的或者具有防卫因素的突发性犯罪，应酌情从宽处罚。"因此，上诉人彭某某应酌情予以从宽处罚。

三、裁判结果

J省高级人民法院作出刑事判决书，认为上诉人彭某某不能正确面对、处理情感纠纷，用匕首捅刺他人致一人死亡，其行为构成故意杀人罪，应依法处罚。鉴于彭某某具有自首法定从轻处罚情节，且二审当庭认罪悔罪，该案系情感纠纷引发，其亲属积极赔偿被害方经济损失，故对彭某某判处死刑，可不立即执行。最终判决如下：（1）撤销J省N市中级人民法院（2020）赣01刑初×号刑事判决，即被告人彭某某犯故意杀人罪，判处死刑，剥夺政治权利终身。（2）上诉人彭某某犯故意杀人罪，判处死刑，缓期2年执行，剥夺政治权利终身。

四、经验总结

1. 该案一审判处上诉人彭某某死刑（立即执行），上诉人家属认为一审量刑过重。辩护人接受上诉人家属委托后，通过查阅案卷，与上诉人交流、沟通，多方走访，经过不懈努力终于获得二审改判的结果。辩护人通过办理此案，有如下感悟，以供分享：

该案系情感纠纷引发的案件，根据最高人民法院于2010年2月8日发布的《关于贯彻宽严相济刑事政策的若干意见》，其中第22条明确规定了“对于因恋爱、婚姻、家庭、邻里纠纷等民间矛盾激化引发的犯罪，因劳动纠纷、管理失当等原因引发、犯罪动机不属恶劣的犯罪，因被害方过错或者基于义愤引发的或者具有防卫因素的突发性犯罪，应酌情从宽处罚”。因此，此类案件在量刑上进行从宽处罚的辩护有相应的法律依据。

2. 案件上诉后，除了与承办法官沟通外还应积极与承办检察官进行沟通。辩护人在得知该案已上诉至高级人民法院后，便积极与承办法官和承办检察官沟通案件情况，辩护人发表了一审判决量刑过重的意见，承办检察官则表示，因该案涉及命案，死者家属一直在通过信访等途径向一审的检察官和法官施加压力。辩护人得知此情况后，一方面与死者家属联系，一再对其失去亲属表示深切的哀悼，并且向死者家属转达上诉人及其家属愿意尽最大努力进行赔偿的意愿；另一方面积极与死者所在地村支书和司法所所长进行面对面的沟通，希望村支书与司法所所长能从维护社会稳定的角度上考虑，做好死者家属的思想工作，避免死者家属激化矛盾，影响当地的社会稳定。而二审承办法官和承办检察官也顶住了压力，遵从事实和法律，从有利于化解矛盾，有利于罪犯的教育改造和回归社会，有利于减少社会对抗，促进社会和谐，争取更好的社会效果这几方面，依法采纳了辩护人的辩护意见，最终该案予以改判，实现了案件裁判法律效果和社会效果的有机统一。

通过办理该案，辩护人深刻认识到基层组织维护社会稳定的工作职能对案件的办理大有裨益，特别是因为婚姻家庭、邻里纠纷引发的刑事案件，通过基层组织的调解有利于缓解被害方与加害方以及双方亲属之间的矛盾，最大限度地减少对立面，促进社会和谐稳定；有利于缓解承办法官的压力，使承办法官能更加关注案件事实本身，真正做到依法裁判，最终获得有效辩护。

紧抓鉴定程序　终获撤回起诉

——郭某涉嫌故意伤害罪一案

江西泓越律师事务所　方　军

一、案情简介

2020 年 5 月 25 日，郭某与李某因故发生言语冲突，后郭某用手推了李某的肩膀，并挥拳击打李某的右上臂一拳，致李某右肱骨骨折。经 G 医学院司法鉴定中心鉴定，李某右臂损伤程度为轻伤一级。检察机关认为应以故意伤害罪追究郭某刑事责任。

二、辩护思路

（一）吃透案情，聚焦辩护方向

通过阅卷，律师发现案卷中有两份鉴定意见书。第一份鉴定意见由 Y 县公安机关法医室作出，鉴定李某伤情为轻微伤；第二份鉴定意见系 G 医学院司法鉴定中心对李某伤情作出的二次鉴定，鉴定李某伤情为轻伤一级。该鉴定程序由公安机关依据李某申请而启动。以上两份截然不同的鉴定意见，将直接导致郭某罪与非罪。后经律师会见郭某，其陈述仅用手推了李某肩膀一下，并未挥拳击打李某右臂。

律师认为，如郭某所述属实，其手推李某之力度不足以致李某右臂骨折。该案辩护路径，应着重审查李某伤情成因，并从鉴定程序的合法性和鉴定内容的客观性两个方面，着力排除 G 医学院司法鉴定中心鉴定意见的采信度。

（二）紧扣事实法律，否定检方关键证据

第一，阅卷过程中，律师发现相关材料显示李某患有甲状旁腺肿瘤、骨质疏松等疾病的事实，该疾病可能是造成李某右臂容易骨折的根本原因。但两份鉴定意见均无李某上述疾患的描述，证实鉴定时将李某自身病情这一特殊因素排除在伤情成因之外，鉴定缺乏客观性。

第二，《公安机关办理刑事案件程序规定》（2012 年）第 245 条规定："经审查，发现有下列情形之一的，经县级以上公安机关负责人批准，应当补充鉴定：（一）鉴定内容有明显遗漏的；（二）发现新的有鉴定意义的证物的；（三）对鉴定证物有新的鉴定要求的；（四）鉴定意见不完整，委托事项无法确定的；（五）其他需要补充鉴定的情形。经审查，不符合上述情形的，经县级以上公安机关负责人批准，作出不准予补充鉴定的决定，并在作出决定后三日以内书面通知申请人。"第 246 条规定："经审查，发现有下列情形之一的，经县级以上公安机关负责人批准，应当重新鉴定：（一）鉴定程序违法或者违反相关专业技术要求的；（二）鉴定机构、鉴定人不具备鉴定资质和条件的；（三）鉴定人故意作虚假鉴定或者违反回避规定的；（四）鉴定意见依据明显不足的；（五）检材虚假或者被损坏的；（六）其他应当重新鉴定的情形。重新鉴定，应当另行指派或者聘请鉴定人。经审查，不符合上述情形的，经县级以上公安机关负责人批准，作出不准予重新鉴定的决定，并在作出决定后三日以内书面通知申请人。"

该案中，公安机关基于同一事实，并无新证据、新理由启动重新鉴定，且重新鉴定未经公安机关负责人批准，二次委托鉴定明显违反法定程序，鉴定不具备合法性。

鉴于以上理由，律师认为检方指控证据不足，决定为郭某作无罪辩护。

（三）破立结合，再次申请重新鉴定，为无罪辩护取得有力证据支撑

针对公诉机关举证鉴定意见书上的重大瑕疵，律师在庭审时向人民法院提出了对受害人李某的损伤程度进行重新鉴定的申请，以推翻G医学院司法鉴定中心作出的轻伤一级的鉴定意见，进而达成“无罪辩护”的目标。

1. 对公诉机关指控被告人郭某构成故意伤害罪所依据的伤情鉴定提出异议。

2020年5月29日，Y县公安局刑事侦查大队法医对被害人李某的伤情作出了鉴定，鉴定意见为轻微伤。而公诉机关使用的却是G医学院司法鉴定中心的鉴定意见书，鉴定意见为轻伤一级。律师认为，基于同一案件事实和伤情，在没有新的证据、新的事由的情况下，公安机关再行委托G医学院司法鉴定中心进行重新鉴定，不符合《公安机关办理刑事案件程序规定》（2012年）第245条、第246条之规定。公安机关违反办案法定程序所作出的鉴定意见依法不应采信。

2. 鉴于两次鉴定均未考虑李某自身病情这一特殊因素，律师依法向人民法院提出重新鉴定申请，要求按照法定程序再行委托鉴定机构对被害人李某的伤情作重新鉴定，如果鉴定意见为轻微伤，则应当依法认定郭某无罪。经Y县人民法院审查，决定对李某伤情再次委托G医学院司法鉴定中心鉴定。2021年1月20日，G医学院司法鉴定中心对李某损伤程度作出补充鉴定意见，将李某的损伤程度评定为轻微伤。

三、处理结果

2021年3月26日，Y县人民检察院作出上检撤诉（2021）Z2号撤回起诉决定书，撤回对被告人郭某的起诉。同日，Y县人民法院作出（2020）赣0724刑初174号刑事裁定书，认定：Y县人民检察院以

证据发生变化，不符合起诉条件为由，要求撤回对被告人郭某的起诉，符合法律规定，依照最高人民法院《关于适用〈中华人民共和国刑事诉讼法〉的解释》（2012 年）第 242 条之规定，裁定准许 Y 县人民检察院撤回对被告人郭某的起诉。

四、经验总结

1. 故意伤害案件，首要焦点就是伤者是否构成轻伤二级以上伤害结果。个别案件中，故意伤害罪与故意伤害行为仅伤情程度之隔。有的伤害案件，往往存在一些受害人自身特殊体质的原因导致行为人仅实施轻微伤害行为，却造成受害人伤势严重的结果。辩护人在对此类案件提供辩护时，应对受害人的伤情是否存在特殊因素进行仔细排查，如受害人自身存在某种疾病对伤情鉴定存在影响，应第一时间向案件承办的机关申请重新鉴定，从鉴定意见上寻求突破，否定轻伤以上的鉴定意见，推翻对委托人故意伤害的指控，从而为委托人争取无罪的可能。

2. 精细化查阅全案卷宗，认真梳理每一个有用的线索。阅卷必不可少，通过阅卷全面掌握案情，查看公安机关证据收集是否合法，是否存在程序性瑕疵，进而发现问题，形成辩护方案，运用好诉讼权利，为委托人争取有利判决。

以证据为本　用事实说话

——扎某某涉嫌故意伤害罪一案

江西盛义律师事务所　毛巧云

一、案情简介

2018 年 11 月 10 日 5 时许，被告人扎某某与自己的朋友德某某在某市 N 区白日街附近的农业银行门口打车，因行车路线问题与出租车司机即被害人杨某某发生争执继而打斗，在打斗过程中扎某某将杨某某打倒在地，致使其腰部受伤。经公安厅物证鉴定中心鉴定，杨某某的损伤程度综合评定为轻伤一级。

被告人扎某某于 2018 年 11 月 10 日经公安机关电话通知后，到 N 区公安局泽当派出所接受调查并予立案。而后，N 区人民检察院指控扎某某涉嫌故意伤害罪并于 2019 年 7 月 3 日向 N 区人民法院提起诉讼。

二、辩护思路

1. 从案卷材料入手，辩护人在接受 N 区法律援助中心指派担任被告人扎某某一审辩护人后，第一时间去法院办理手续复制案卷，仔细查阅全部案卷材料后，认为该案并无客观性证据认定被告人扎某某存在故意伤害的行为，而在言词证据中，被害人与证人的陈述存在明显冲突，无法相互印证，不足以证实被害人的轻伤系被告人扎某某所为。

2. 与被告人有效沟通，辩护人鉴于此前已全面分析案卷材料，有针对性地从被告人处获取相关信息。同时，仔细聆听当事人对案发经过的描述，并及时做好记录，结合被告人自己没有实施伤害行为的辩解，坚定了无罪辩护的策略。

3. 亲临案发现场了解当时环境的可视度，因该案证人（被害人交班司机）刘某陈述自己当时在案发现场，被害人腰伤系被告人抱摔其倒地所致，辩护人遂于凌晨5点至案发现场直观地了解当时的环境情况。

4. 根据被害人的轻伤鉴定报告，辩护人向相关医学专家就被害人伤情产生的原因进行专项咨询。

5. 及时向承办法官提交书面辩护意见并提出如下辩护观点：

（1）案发时间不清。该案受案登记表上记载的接报时间虽为2018年11月10日5时40分，但是这并不能与被告人供述与辩解相印证，证人德某某甚至说了与该时间完全不同的时间即凌晨1时许。证人德某某陈述自己在某自助餐厅下班后与被告人扎某某碰面，并目睹其上了被害人的车，时间是当天凌晨1时许，且被告人说案发后便立即与一位朋友通话，有通话记录可予以佐证。据此，在有其他证据与报案时间完全不相吻合的情况下便不能仅凭报案记录来确定案发时间，故辩护人认为现有证据不能明确该案的案发时间。

（2）被害人杨某某被鉴定为轻伤一级的伤是如何造成的事实不清。证人刘某证明被害人主动下车与被告人冲突，因为天太黑他没看清楚谁先动的手，他一直在劝架，先拖开两人，两人又打斗，最后，他看到被告人“抱摔”被害人，被害人倒地后直喊“我的腰”，但结合被害人所述的“用脚踢伤”，被告人所述的“想用脚踢，被害人却后退自己摔伤”，造成被害人的轻伤结果的原因竟出现三种不同的说辞。

基于这些言词证据，辩护人认为无论采信哪一种说法均无法达到《刑事诉讼法》规定之“确实、充分”之标准。如果采信被告人扎某某的供述，那么虽然杨某某是在双方肢体接触中摔倒，但其摔倒的外力并非来源于被告人扎某某，而是被害人杨某某自己，故以被告人扎某某的供述显然不能证明被害人杨某某的摔倒与被告人扎某某的行为有直接因果关系。若采信被害人自己的陈述或是证人刘某的证言，双方又不能达到相互印证的程度，辩护人认为无论当时的可视程度如何，证人所在角度如何，被害人所陈述的用脚踢均无法看成“抱摔”。据此，关于被害人在被告人怎样的直接作用力下摔倒致压缩性骨折，事实不清，证据不足。

（3）被害人的压缩性骨折与被告人行为的因果关系不明。被害人在当庭陈述中证明自己被踢倒时是平躺倒地的，从力学及骨科学来说，是不会导致压缩性骨折的。证人刘某所说的“抱摔”确有可能形成该案鉴定意见中所提及的压缩性骨折，但从案发的时间上来看，无论是起诉书所指控的凌晨5时许，还是证人德某某和被告人所说的凌晨1时许，对于2018年11月10日的N区来说这两个时间段均是黑夜，被告人所说的没有灯的情形又没有证据推翻，辩护人有理由相信当时现场的能见度是极低的，证人刘某一直证明自己只是劝架，在被告人与被害人身材相仿的情况下，其即使看到“抱摔”也无法确定是谁“抱摔”谁，抛开证人刘某与被害人的利害关系不说，被害人自己从来没有说过被“抱摔”，辩护人认为证人刘某关于“抱摔”的证言真实性也是存疑的。

（4）尊重事实和法律，莫将事件变案件。关于该案被害人的陈述，他所提到的被告人上车就骂人、拉他的车门导致其下车、打斗时踢到他的腰导致其倒地等关键细节均只是他一人的陈述，没有其他任何人或任何证据为其印证，被害人陈述的真实性值得商榷。由于双方没有就行驶路线达成一致引发本起事件，但不能因为一方有伤就一定要将事件变成案件，何况被告人当时亦有伤。辩护人恳请法庭充分尊重事实和法律，充分重视证据及证据证明的法律事实和证据不能证明的法律事实，依法宣告被告人扎某某无罪。

三、处理结果

N 区人民检察院以证据发生变化为由，请求撤回对被告人扎某某的起诉，2019 年 9 月 25 日 N 区人民法院作出（2019）藏 0502 刑初 33 号刑事裁定书，裁定准许 N 区人民检察院撤回起诉，扎某某不再被追究刑事责任。

四、经验总结

就该案的经验而言，首先，办理刑事案件应当厘清证据中的“死证据”与“活证据”，进而用活“死证据”用死“活证据”。什么是“死证据”？通俗易懂地说就是被调取收集后所证明的法律事实不会因时空的变化而变化，不会受到其他因素影响而改变其证明的法律事实的证据，如物证、书证、勘验检查笔录、视听资料、电子数据等，还有一些鉴定意见如尸体检验意见书。这些证据一旦收集就会将案件的基本情况即时间、地点、工具等要素固定下来。比如，现场提取的菜刀，上面有被害人的血迹，有犯罪嫌疑人的指纹，刀刃又与被害人伤口相吻合，那么这把被提取的菜刀应当就是作案工具，这就是“死证据”。相对来说言词证据就是“活证据”。该案中，有一名目击证人，这一证人是被害人所驾驶的出租车的换班司机，他证明案发当时他坐在被害人驾驶的出租车上看到被害人与被告人在不远处打斗，看到被告人“抱摔”被害人致被害人倒地。被告人一直供述说被害人与其发生争吵后下车与其拉扯，其往目的地走，被害人一直纠缠，在被害人用脚踢其时不慎倒地。被害人则陈述两人一直纠缠拉扯，走了几十米后其被被告人推倒在地。在被告人与被害人的说法完全相反的情况下，就要看目击证人的证明，如果目击证人证明是被告人的行为导致被害人伤情，那么法院采信证人证言无疑被告人故意伤害的行为就会成立。怎么样把这一“活证据”用“死”？就应当考虑这一“目击”证人是否能“目击”，这就要充分运用现场勘验笔录，并且要学会按图索骥，到现场去。在该案中，辩护人在与案发时间基本相似的时间段两次到案发现场，按照勘验笔录所记录的出租车停靠点看案发现场的情况，两次能见度基本为零，也就是说，在案发当时的客观环境下，无论是凌晨1点还是凌晨5点，坐在路边车里的人根本不可能看见在完全没有光亮的小路里发生的事，也就是说，这位目击证人所谓的“目击”根本是子虚乌有，这就是典型的用“死证据”把“活证据”用“死”的案例。在该案中案发时间（虽然有凌晨1点和凌晨5点两个说法，但相对来也说是固定的）、案发地点、出租车停靠地点是固定的，由于案发时间的固定当时的能见度也是固定的，这些都是无法改变的，用这些无法改变的客观事实去对抗可能因感情因素影响而作出的证人证言，很显然，此时的证人证言若是与这一系列固定因素叠加形成的客观事实不相符，那这份证人证言则是控方的“死棋”一枚。该案合议庭最终因该证人证言与客观事实不符而没有采信该证人证言，证人证言没有被采纳的法律后果为被害人是自己摔倒受伤，还是被告人推其倒地受伤存疑。

案发现场往往是还原案件事实的最好工具，一系列被定格的证据都在这里，刑事辩护律师应当到案发现场去，哪怕是若干年前的案件，哪怕已经发生巨大变迁，都要学会让案发现场“说话”，该案最终被撤回起诉，案发现场与证人证言无法吻合是原因之一。

其次，刑事辩护律师要学会“借力发力”，在需要专家证人辅助时要充分借用专家证人的专业知识力量。该案之所以定罪，还有一个关键因素就是轻伤一级的鉴定意见，公诉机关撤回案件的原因之一是鉴定意见这一证据发生了变化。被害人的伤情是压缩性骨折，什么样的伤害会导致“压缩性骨折”？在案件办理过程中咨询骨外科专家时，专家问的第一个问题就是伤者从事什么行业，很显然，从事运输行业的人更容易得这样的病，并且该被害人在案发前曾因“腰痛”而休息了半个月，虽然没有做相关检查，但不能排除其之前就有骨折的可能性存在，长期不变的坐姿很有可能是其骨折形成的原因。

很多辩护律师认为鉴定意见是专家的事，有些辩护律师甚至对鉴定意见直接不怀疑、不质疑，不做任何抗辩，不提任何质证意见。其实即便没有专家资源也是可以质疑鉴定意见的，鉴定意见中会表明专家鉴定的过程、鉴定的方法、鉴定的机构、鉴定的人员等基本要素，鉴定的过程是否符合行业规范，鉴定的方法是否适用，鉴定的机构是否有资质、资质是否过期，鉴定人员是否有资质、资质是否过期等都是不需要专家辅助人就可以查询到的，而对这些问题提出的质证意见看似浅显，司法机关却往往更容易接受并采纳。当然，鉴定意见的核心内容是需要专家辅助人的，对于鉴定意见的实质内容若要提出质证意见则应当申请专家辅助人出庭。在实践中，如果辩护律师申请专家辅助人出庭，控方就会通知鉴定人出庭，法庭最终如何采信，一般是看谁更具学术权威性。

刑事案件理应以证据为本，用事实说话，每一个案件都应达到事实清楚，证据“确实、充分”的证明标准，才能据以定罪，科处刑罚。故意伤害案件定罪的要素一是被告人要有伤害行为，二是被告人的伤害行为直接导致被害人达到轻伤以上结果，而在该案中，没有充分证据证明扎某某有伤害行为，更没有充分证据证明被害人杨某某的轻伤结果与扎某某有直接因果关系。辩护人紧紧扣住这两个环节，围绕公诉机关提交的全部证据，提出有效的质证意见被法庭全部采纳，还被援助对象以清白。

一封感动全院的信

——黄某涉嫌故意伤害罪一案

江西豫章律师事务所　徐国东　涂智鸿

一、案情简介

这是一起普通的刑事案件，当事人黄某在某一线城市从事摩的拉客工作，2018 年 8 月 9 日 9 时许，当事人黄某在某地铁出口处附近与同在该处驾驶车辆拉客的被害人陈某因抢客事宜发生争执并引发互殴，造成被害人陈某因外伤致肋骨骨折 3 处构成轻伤二级，右面部软组织挫伤、右眼部挫伤、体表多处挫伤分别构成轻微伤。事发后，当地公安以当事人涉嫌故意伤害罪立案。而当事人黄某因为法律意识淡薄，私自搭乘小车返回江西老家，并且其间更换手机号码，造成公安机关无法联系到当事人，遂挂网追逃。最终，当事人黄某乘坐高铁时被警方抓捕归案。

2018 年 10 月 18 日黄某被刑事拘留，羁押于犯罪地看守所，2018 年 11 月 15 日被检察院批准逮捕，2019 年 6 月 11 日公安机关移送检察院审查起诉，2019 年 6 月 27 日检察院向法院提起公诉，2019 年 7 月 10 日开庭审理。

二、辩护思路

1. 律师在公安侦查阶段就予以介入。

接受委托后，第一时间前往上海看守所会见，了解案发时的具体情况，给当事人带来家人的关心，给当事人信心，详细询问案情，让当事人了解外面的情况、案件的进展，讲解涉嫌罪名的法律规定，量刑幅度，建立与当事人的互信。会见结束后，前往办案机关沟通案情，将会见了解的情况以及疑点向承办警官反馈，提交书面法律意见。另外从承办民警处取得受害人的联系方式，争取和受害人进行沟通赔偿并取得谅解，以便在侦查阶段将嫌疑人取保候审。

2. 向公安机关申请取保候审。

律师根据会见了解的案情以及法律法规，认为当事人符合《刑事诉讼法》第 67 条第 1 款第 1 项、第 2 项规定的取保候审的条件，故书面向办案机关申请取保候审。但未得到同意。理由是：第一，当事人已经被检察院批捕；第二，当事人非本地居民，当地侦查机关一般不予以取保候审；第三，当事人之前存在逃匿行为，经抓捕归案，侦查机关认为取保候审有逃匿的可能；第四，没有取得被害人谅解。在此阶段，律师针对案件所面临的问题进行了归纳，并和团队律师进行讨论分析。在当时的情况下，变更羁押措施，进行取保候审，难度无疑是非常高的。但律师制定如下工作安排：首先，积极协助当事人家属和被害人协商，争取取得对方谅解；其次，律师向检察院申请变更羁押必要性审查。

3. 积极主动联系被害人，终获被害人谅解。

在代表当事人与被害人的调解沟通过程中，报以真挚的感情和同情，认真听其倾诉。将当事人的困难，法律上能够支持的赔偿数额解释清楚。经过多次沟通，最终在当事人的可接受范围内赔偿了被害人且获得了被害人真心的谅解。

4. 向检察院申请羁押必要性审查。

通过多次的会见当事人以及与家属沟通，律师敏锐地注意到当事人家庭情况的特殊性。当事人家在农村，家中有 3 个子女，全部是大学生，且两个子女是“985”高校学生，都靠当事人在外辛苦劳动供养，现在因为当事人被羁押，一个家庭失去了顶梁柱，生活非常困难，继续羁押将造成家庭收入锐减。律师当即建议当事人的小儿子写一封信给公安机关及检察院，将家庭的特殊情况告知检察官，希望检察官同意取保候审，避免一个家庭被压垮。当事人小儿子的信十分感人，其在信中真情流露，描述了一位平凡又善良的父亲，信中这样写道，大姐第一次高考失利时，是父亲排除家人反对，选择支持复读。3 个小孩读书压力大，亲戚劝让大姐、二姐放弃学业，还是父亲坚持说：累死累活都要供她读下去。父亲任劳任怨，无私奉献大半辈子。最终律师将羁押必要性审查申请书、刑事赔偿协议书、谅解书以及信件一起交予了检察官。

5. 提交羁押必要性审查申请书、刑事赔偿协议书、谅解书以及信件。

在向检察官递交了上述材料后的几天，律师接到了承办检察官的电话，检察官表示同意取保候审。其还打电话给被害人，询问谅解书是否为其真实的意思。被害人表示他是真诚地原谅了当事人，大家都在外面打工，都不容易，让他回家过年吧。最终，检察院同意取保候审。

三、裁判结果

S 市某区人民法院于 2019 年 7 月 10 日作出刑事判决书，认为被告人黄某故意伤害他人身体，致一人多处受伤，其行为已构成故意伤害罪，依法应予惩处。公诉机关指控的犯罪事实清楚，证据确实充分，罪名成立。被告人黄某到案后能如实供述其罪行，系坦白，依法可以从轻处罚。被告人黄某已赔偿被害人经济损失并取得其谅解，可以酌情从轻处罚。辩护人的相关辩护意见，法院予以采纳。最终，判处被告人黄某犯故意伤害罪，判处拘役 5 个月，缓刑 5 个月。

四、经验总结

刑事辩护，事关自由与生死，被誉为律师业务皇冠上的明珠。办理刑事案件，律师除需要具备很强的专业素养、敏锐的反应能力、良好的沟通能力之外，还需要一点温度。执业以来，笔者代理了很多起案件，其中有很多都取得了较好的效果，之所以选择这起刑事案件，不仅因为这起案件背后有一个感人的故事，而且因为这起案件告诉我们除专注案件本身，对案件进行专业的法律分析之外，也要带有温度地去为当事人辩护、带有温度地与办案人员沟通。

现在回想起来，为什么当初会建议当事人的家属写信“求情”？应该有以下几个原因：第一，该案涉嫌罪名较轻，双方对于冲突都有过错，当事人仍存在取保候审的可能；第二，阅完案卷后律师知道发生冲突的起因，初步判断当事人主观恶性很小，当事人系激情犯罪，并非有预谋的报复性犯罪；第三，在和当事人家属充分沟通后，得知当事人家庭经济非常困难，开摩的拉客是为了生计，写信给办案机关，力求让办案人员理解当事人对于整个家庭的重要性；第四，只要认为对当事人有利的事情，就要去尝试、去争取。

这封信为什么能够感动到全检察院的人？律师在这里发挥了这几点作用：第一，前期做好被害人调解工作，和承办检察官充分沟通，向检察院提交羁押必要性审查申请书、刑事赔偿协议书和谅解书，法律层面上初步说服了检察官，争取到了取保候审的希望；第二，指导当事人儿子写信并修改信件内容，保证信件内容足够真实和真诚，同时突出当事人作为家庭唯一经济来源的事实以及家属对于当事人的思念之情。另外，信件真实反映了当事人大半辈子为家无私奉献的所有辛酸。岁至知天命，却因生计遭受牢狱之灾。基于此，当事人儿子恳请检察官给予取保候审的机会，以此能够减少父亲的痛苦和减轻一个家庭的重担，最终打动了承办检察官。

“其他恶劣情节”之辩

——M 某涉嫌猥亵儿童罪一案

江西金乘律师事务所　徐玉仙

一、案情简介

2021 年 5 月某日晚，M 某驾驶电动车在某中心小学附近逗留，发现被害人 G 某（7 岁）独自放学回家，遂将被害人 G 某诱骗至附近一农宅旱厕，言语威胁后对被害人 G 某进行猥亵。其间，M 某用手机拍摄猥亵过程，后又将拍摄的视频予以删除（仍保留于手机删除文件中）。作案后，M 某骑车将被害人 G 某带至马路后骑电动车逃离现场。公安机关侦查发现，M 某于案发前两日曾网购迷药水。

公诉机关认为，M 某于案发前网购迷药水，有明确的犯罪预谋。以扣摸被害幼女隐私部位方式进行猥亵，拍摄并保存猥亵视频，应认定其具有《刑法》规定的猥亵儿童罪“其他恶劣情节”，应加重处罚。结合 M 某认罪认罚等从轻情节，公诉机关对其建议量刑有期徒刑 5 年。

二、辩护思路

为有力惩治猥亵儿童案件中情节恶劣的犯罪分子，贯彻罚当其罪原则，《刑法》在猥亵儿童罪中设置了情节恶劣之加重处罚条款，除法条列明的几类“恶劣情节”外，还以“其他恶劣情节”对列举未尽的情形予以兜底规制。关于如何认定犯罪嫌疑人是否成立“其他恶劣情节”，尚缺乏统一标准。

在该案基本事实没有争议的情况下，出于辩护律师的职业经验和敏感，M某猥亵犯罪是否构成《刑法》列举未尽的“其他恶劣情节”，无疑是辩护律师的关注重点和辩护方向。围绕上述辩护思路，辩护人经过反复阅卷、大量检索判决后认为：指控M某猥亵儿童罪情节恶劣依据不足，不能成立。辩护人向人民法院提出以下辩护意见：

1. M某手机拍摄并保存猥亵过程的行为不应认定为恶劣情节。如M某拍摄行为具有威胁、恐吓、敲诈、公开传播等目的，毋庸置疑，该情节可以认定为情节恶劣。但结合M某拍摄后立即删除视频的事实（未彻底删除应认定为不懂操作），足见M某拍摄目的仍是出于满足其作案时的猥亵心理，不具有其他主观目的且未造成任何后果，故该情节不应当认定为恶劣情节予以加重刑罚。

2. M某于案发前两日网购迷药水，与实施猥亵犯罪无关。该案证据显示，案发时M某并未随身携带迷药水，案发前，其下班骑车途经某学校，刚好看到被害人G某一个人走在路上，临时起意犯罪，不能以M某此前购买迷药水的行为当然推断其具有猥亵儿童的犯罪预谋。在犯罪嫌疑人购买迷药水目的不明的情况下，从“有利于被告人”原则考量，不能主观推定M某购买迷药水的行为与实施该案存在关联性，更不能认定其购买迷药水的行为系犯罪预备，故不应将此作为恶劣情节予以加重刑罚。

3. M某扣摸被害人隐私部位不属于其他恶劣情形。韩国电影《素媛》背后的真实虐童性侵案件，引起了全网关注，犯罪分子手段残忍，导致受害儿童素媛小肠外流、下体损坏，其猥亵行为给受害儿童造成的伤害远超于一般强奸案件。人民法院根据猥亵手段、情节、后果等因素，将造成被害人身心严重伤害的罪犯比照强奸案犯加重刑罚，完全符合法律、情理。但回到此案，M 某供述、被害人 G 某陈述及医疗检验报告证实，M 某仅扣摸了被害人 G 某阴阜及阴道浅表处，被害人 G 某处女膜完整，仅有阴部红肿现象，并无其他异常损伤。辩护人认为，M 某扣摸被害人 G 某隐私部位未造成严重损伤，应认定为一般性的猥亵犯罪行为。如将类似该案中的扣摸隐私部位行为归为恶劣情节，等同于强奸罪的法定刑处罚，显然量刑畸重，因为该案的被害后果远低于被强奸的后果。故不宜将一般性“扣摸隐私部位”的行为认定为恶劣情节而予以加重处罚。

4. 认罪认罚中的罪轻辩护。公诉机关指控 M 某犯猥亵儿童罪且具有加重情节，建议在 5 年以上有期徒刑予以量刑。对于公诉机关的量刑建议，尽管 M 某认为量刑过重，但为了争取从宽处理，仍选择了认罪认罚。

辩护人认为，被告人认罪认罚具有特殊心理背景和诉求背景，依照认罪认罚相关司法解释规定，不能因为被告人认罪认罚而降低证明标准，更不能因为认罪认罚而错误适用法律。具体到此案，就是不能因为 M 某认罪认罚，把不该认定的猥亵儿童恶劣情节予以错误认定。故辩护人在征得 M 某同意后，在庭审当中提出了“不具有其他恶劣情节”的上述罪轻辩护意见。

三、裁判结果

经辩护人有效辩护，法院采纳了辩护人意见，认为现有证据不能证明 M 某符合《刑法》第 237 条规定的应当判处 5 年以上有期徒刑的情形，依法判决被告人 M 某有期徒刑 2 年 10 个月。

四、经验总结

（一）猥亵儿童罪中部分法律适用问题规定不明，司法实务裁判不一，律师有辩护空间

猥亵儿童案件处罚跨度、幅度较大，且缺乏具体适用标准。目前全国各地办案机关对于办理猥亵儿童案件，依据的法律是《治安管理处罚法》和《刑法》，对于情节轻微的猥亵儿童行为采用治安处罚，达到一定的情节则构罪入刑。但是，行为人何种猥亵行为适用治安处罚，猥亵行为达到何种程度又能定罪量刑？猥亵犯罪中何为“其他恶劣情节”？均属司法实践中的空白和难点。

处理此类案件，更多的是取决于办案人员的主观判断，即办案人员的自由心证。办案人员在对行为人的行为性质进行判断时，由于缺乏认定标准，执法司法拘束力不足，容易造成立案、公诉、审判的随意性，加之社会舆论压力，可能出现一定程度的不当处理。

以上争议，均需律师根据立法精神，运用有说服力的辩护意见，准确厘清罪与非罪、罪重与罪轻的边界。

（二）猥亵儿童罪中“其他恶劣情节”之辩护经验

准确理解猥亵儿童罪“其他恶劣情节”规定的立法精神，将法条列明的恶劣情节与“其他恶劣情节”进行性质与情节相当性比对，以确定是否构成“其他恶劣情节”。

《刑法》规定，猥亵儿童罪一般情节处 5 年以下有期徒刑。猥亵儿童多人或者多次、聚众猥亵儿童、在公共场所当众猥亵儿童情节恶劣的、造成儿童伤害或者其他严重后果的，依法认定猥亵手段恶劣，处 5 年以上有期徒刑。《刑法》第 237 条猥亵儿童罪设置了“其他恶劣情节”，该规定仅因前述列举未尽情形而设立，本质上仍属情节恶劣范畴。故在辩护方法上，可适用与已列明的恶劣情节相当的标准，判断是否构成“其他恶劣情节”。

鉴于猥亵儿童罪中恶劣情节的法定刑与强奸罪刑罚相当，律师可以将猥亵儿童罪造成的后果与强奸罪造成的后果进行个案比对，以论证是否构成“其他恶劣情节”。

同类案件比对，可大量检索猥亵儿童罪已决案例，采取比较方法，从犯罪手段、猥亵方式、伤害后果、社会影响等多方面论证是否构成“其他恶劣情节”。

疑点利益归于被告原则在司法实践中的适用

——贺某某涉嫌非法拘禁、敲诈勒索、寻衅滋事、强迫交易、非法侵入住宅罪一案

北京德恒（南昌）律师事务所　胡　彬

一、案情简介

被告人贺某某，男，1987 年出生，因该案于 2021 年 5 月 7 日被公安机关刑事拘留，经 B 区人民检察院批准于 2021 年 6 月 11 日被逮捕。B 区人民检察院以被告人贺某某涉嫌非法拘禁、敲诈勒索、寻衅滋事、强迫交易、非法侵入住宅罪向 B 区人民法院提起公诉。

B 区人民检察院指控：2014 年，被告人贺某某认识张某、阮某某（均已判决），贺某某给张某启动资金 20 万元用于放贷，2015 年张某开设一家放贷公司，并在某某公园的某某足道一楼开了分店。2015 年下半年，傅某（已判决）加入，2016 年上半年廖某某、付某某（均已判决书）加入，逐步形成以贺某某为首要分子的恶势力犯罪集团，其中张某直接听命于贺某某，负责上传下达，阮某某听命于张某，负责带领傅某、廖某某、付某某，二人为犯罪集团骨干成员，傅某、廖某某、付某某为一般成员。自 2014 年始，被告人贺某某一方面指挥张某等人追讨钢材款及处理招揽的他人经济纠纷，另一方面幕后指使张某从事

放贷及追债业务。该集团成员经常纠集在一起，以暴力及威胁、恐吓、滋扰、喷漆等“软暴力”手段，对被害人毛某某、黎某某、邵某、黄某某、杨某某、袁某某、张某、胡某某等人多次实施非法拘禁、敲诈勒索、寻衅滋事、强迫交易、非法侵入住宅等违法犯罪活动，为非作恶，欺压百姓，影响被害人、担保人及其家属、员工正常工作、生活，造成较为恶劣的社会影响。

B 区人民检察院认为，被告人贺某某的犯罪分为两部分：一部分为被告人贺某某直接指挥参与的 4 起犯罪，另一部分为被告人贺某某知情并幕后指挥的 8 起犯罪，其行为构成非法拘禁、敲诈勒索、寻衅滋事、强迫交易、非法侵入住宅罪，如被告人贺某某认罪认罚建议量刑为 12 年 6 个月，如不认罪认罚则建议量刑为 14 年。

二、辩护思路

被告人贺某某对自己直接指挥参与的 4 起犯罪事实自愿认罪，对指控其知情并幕后指挥的 8 起犯罪事实表示不知情，也与自己无关。

辩护人通过阅卷、会见被告人注意到该案存在以下几个特殊问题：（1）被告人贺某某是当地知名的钢材经营商，其通过朋友认识张某时，张某已经在从事小额贷款业务，被告人贺某某拉拢、雇用张某的目的主要是为自己追讨钢材款；（2）张某、阮某某的案件先于贺某某被判决，他们开庭前的供述均未涉及贺某某参与犯罪，而是开庭当场及此后的供述均指认贺某某是主犯；（3）傅某、廖某某、付某某均未与贺某某有直接联系，所谓贺某某是主犯的供述均来源于张某、阮某某的日常口述；（4）证据材料中除张某供述以外，没有证据能够证实被告人贺某某向张某提供 20 万元用于放贷；（5）B 区人民检察院指控被告人贺某某知情并幕后指挥的 8 起犯罪事实中的所有被害人均不认识被告人贺某某，认定被告人贺某某知情并幕后指挥的 8 起犯罪事实的证据仅源于张某、阮某某后期供述；（6）辩护人在阅卷过程中，发现廖某某的供述曾交代，开庭当天在法警到看守所提押5人时，张某组织大家串供，共同指认贺某某是主犯，以达到减少自身刑事责任的目的。

根据上述特殊情况，辩护人向人民法院提出以下辩护意见：

（1）张某、阮某某恶势力犯罪集团早就存在，被告人贺某某雇用张某、阮某某恶势力犯罪集团的目的就是追讨钢材款及处理招揽的他人经济纠纷，其对自己指挥参与部分的犯罪事实认罪，应依法认定坦白，依法从轻处罚。

（2）在贺某某雇用该恶势力犯罪集团过程中，只有张某直接联系贺某某，阮某某听命于张某并负责带领傅某、廖某某、付某某进行犯罪活动，因此造成阮某某、傅某、廖某某、付某某认为贺某某是张某的“老板”的错觉，在张某的授意下，共同指认贺某某参与知情并幕后指挥8起犯罪。

（3）证据材料中没有证据能够证实被告人贺某某向张某提供了20万元资金用于放贷，知情并幕后指挥的8起犯罪事实中的放贷金额高达800万元，远远高于起诉书指控的20万元，且该部分犯罪事实中所有被害人均不认识被告人贺某某，结合张某、阮某某恶势力犯罪集团早就存在，张某等人原本就从事小额贷款业务，因此可以认定知情并幕后指挥的8起犯罪系张某等人的其他犯罪行为，与被告人贺某某没有关联。

（4）B区人民检察院指控被告人贺某某知情并幕后指挥的8起犯罪事实的证据仅源于张某、阮某某、傅某、廖某某、付某某后期供述，且有证据证实张某曾经组织大家串供，因此，张某、阮某某、傅某、廖某某、付某某的后期供述真实性存疑。根据疑点利益归于被告的原则，B区人民检察院指控被告人贺某某知情并幕后指挥的8起犯罪事实均不应予以认定。

三、裁判结果

2022年3月28日，B区人民法院经审判委员会讨论认为，B区人民检察院指控被告人贺某某知情并幕后指挥的8起犯罪事实不清、证据不足，依法不予认定，判决被告人贺某某仅构成非法拘禁罪和强迫交易罪，判处有期徒刑5年。

四、经验总结

1. 疑点利益归于被告原则在司法实践中适用有很大的局限性和特殊性。对于书证、物证等证据主要适用情形为证据之间的矛盾性，即上述证据之间出现相互矛盾或与客观事实产生矛盾，从而产生自身疑点，因此丧失了书证、物证等证据自身的证明效力。

2. 言词证据在适用该原则时的情形更为特殊，因为言词证据本身属于可变更的证据，司法人员可以根据其他证据综合判断言词证据的证明效力，因此，即使言词证据出现矛盾也不一定会彻底丧失证明效力。这就要求辩护人能够通过较为缜密的逻辑推演，向司法人员解释、说明，找出所谓的“疑点”。该案的“疑点”就是知情并幕后指挥的8起犯罪事实是张某等人的自身的犯罪行为，其存在与贺某某直接指挥参与的4起犯罪事实混同的可能。

3. 排除合理怀疑是对于事实的认定的原则，因此，当辩护人运用该原则并提出某种“疑点”时，一定要证实该疑点存在的合理性，且需要辩护人运用在案证据予以证实。实践中，辩护人提出的合理怀疑，有些仅限于怀疑，没有合理性，更没有证据能够证实，因此往往没有被司法机关采纳。

4. 辩护人提出“疑点利益归于被告”“排除合理怀疑”，最终的目的是通过运用事实不清、证据不足的辩护手段，达到对某些犯罪指控不予认定的目的。实践中，司法人员在采纳该类辩护意见时往往是非常谨慎的，要达到内心确认后才会采纳。因此，在辩护过程中，光提出问题不提出解决问题的方法，个案可能可以辩护成功，但很难广泛适用。

深挖鉴定漏洞　终获缓刑判决

——敖某某涉嫌盗窃罪一案

北京雍文（萍乡）律师事务所　陈日新

一、案情简介

2018 年 1 月上旬至 2 月 9 日，敖某某在同村村民陈某某等人的邀约下，接连 4 次于晚上 11 时左右，去某某电厂盗窃合金管等物品，第 4 次盗窃时，在将合金管运出电厂时，被保安发现，敖某某被当场抓获，2018 年 2 月 10 日被刑事拘留，同年 3 月 16 日被逮捕，该案移送公诉机关审查起诉后，公诉机关分别于 2018 年 6 月 26 日、2018 年 9 月 10 日两次退回侦查机关补充侦查。侦查机关第 1 次委托某某县价格认证中心进行价格认定，敖某某参与盗窃的合金管等物品价格为 107, 563 元，经申请复核，侦查机关第 2 次委托某某市价格认证中心进行价格认定，敖某某参与盗窃的合金管等物品价格为 71, 020 元，人民法院在审理案件过程中，再次由某某县价格认证中心进行价格认定，敖某某参与盗窃的合金管等物品价格为 56, 275 元。

二、辩护思路

1. 根据该案实际情况，辩护人在侦查阶段、审查起诉阶段、审判阶段，紧扣该案的关键证据（价格认定结论书）存在的问题，及时提出辩护意见，进行有效辩护，在审判阶段，因对第2次价格认定结论书的价格认定仍有异议（该价格认定结论对该案定罪量刑有重大影响），在庭审中申请鉴定人员出庭接受辩护人的质证询问，最终该案辩护成功。

2. 辩护人及时向办案机关提交书面辩护意见并提出如下辩护观点：

（1）对公诉方依据某某市价格认证中心的价格认定书所指控的数额有异议，该价格认定结论书不能作为该案定案的依据。

①该案中敖某某所涉被害单位某某电厂的财物均有实物（有扣押清单，有发还清单），但某某市价格认证中心并未收集任何的实物勘验资料进行严格认真的分析研究：涉案钢管究竟属于何种类型管材？既然无法确认该管材类型，则该价格认定结论的真实性和客观性存疑，从而不能作为定案的依据。

②第1次某某县价格认证中心进行价格鉴定所依据的材料和第2次由某某市价格认证中心进行鉴定认定依据的相关资料（材料均由被害单位某某电厂提供）自相矛盾，无法使证据与证据之间、证据与案件事实之间不存在矛盾或者矛盾得以合理排除，公诉方指控的犯罪事实（就指控的数额上）未能切实做到事实清楚，证据确实、充分。

第1次某某县价格认证中心进行价格鉴定所依据的材料为被害单位某某电厂提供的报价清单一份、管材清单价格报表一份、证明一份。报价清单、管材清单价格报表显示：报价单位为河北某某公司，报价日期为2017年4月16日，报价清单上有41种不同类型，来自不同生产厂家的管材，价格各不相同，最高管材价格为215元/kg，最低管材价格为16.5元/kg。被害单位某某电厂2018年2月11日出具证明："被盗管材为我厂仓库的锅炉过热器替换下的型号为S30432合金管，单价为69元/kg，为2015年我厂基建期间购买的锅炉用合金管。"

第2次某某市价格认证中心价格认定所依据的材料为被害单位某

某电厂2018年7月30日出具的证明一份、2018年7月13日由哈尔滨某某公司出具的管材价格清单一份，两份材料显示：被盗新钢管购买时间为2013年，型号为34HFG，其他为使用过的钢管，购买时间为2013年，具体型号不清楚，被害单位提供的管材价格清单为哈尔滨某某公司提供。

上述两份管材价格清单均由被害单位某某电厂提供，两份价格清单相互矛盾，被害单位对于旧管材是何种型号不明，在有实物的情形下，鉴定机构也未进行实物勘验，在价格鉴定复核过程中，某某市价格认证中心没有根据客观存在的“检材”进行鉴定，所以价格认定结论书并不具有真实性、客观性，也不符合价格鉴定的程序和要求，根据《扣押、追缴、没收物品估价管理办法》第8条规定：“委托机关在委托估价时，应当送交《扣押、追缴、没收物品估价委托书》。《扣押、追缴、没收物品估价委托书》应当包括以下内容：（一）估价的理由和要求；（二）扣押、追缴、没收物品的品名、牌号、规格、种类、数量、来源，以及购置、生产、使用时间……”第10条规定：价格事务所在接受委托后，应当按照《扣押、追缴、没收物品估价委托书》载明的情况对实物进行查验，如发现差异，应立即与委托机关共同确认。

该案中涉案财物有实物可供鉴定来确定规格与型号，但是某某市价格认证中心没有确定具体的规格与型号，该案鉴定检材存在“鉴真问题”即实物证据与价格鉴定结论所确认管材的同一性问题，是以该案对涉案财物鉴定的证据与证据之间、证据与案件事实之间存在矛盾或者矛盾无法得以合理排除，按照存疑有利于被告人的原则，辩护人认为应当以河北省某某公司管材清单价格报表中价格最低的管材（16.5元/kg）作为涉案财物的定价依据。

（2）敖某某存在依法可减轻处罚的情形，其在该案中系从犯。

在该案中敖某某参与盗窃系陈某某邀约去的，每次参与盗窃的犯意提起人是同案犯陈某某，另外对于盗窃财物的运输及联系销赃亦不是敖某某，而是陈某某，所以在该案中从犯意的提起、所盗财物的运输及所盗财物的销赃等行为、情节来看，敖某某属于从属地位，作用更小，可认定为从犯。

敖某某具有以下酌定从轻量刑情节：其一，参与盗窃的所有财物均已经由公安机关发还给了被害单位某某电厂，并未对被害单位造成实际的损失。其二，敖某某已经取得了被害单位某某电厂的刑事谅解。其三，敖某某认罪悔罪、如实供述，系坦白。其四，敖某某一向品行良好，遵纪守法，邻里和睦，系初犯，无前科。

三、裁判结果

J 省 G 县人民法院作出刑事判决书，认为该案中被盗物品的价格认定，经过某某县价格认证中心第 1 次鉴定后，某某市价格认证中心对第 1 次鉴定意见进行了复核并出具了价格认定结论书，因该价格认定结论书存在多处瑕疵，鉴定人员出庭仍无法作出合理说明后，法院向省价格鉴定监测管理局提出复核申请，省价格鉴定监测管理局不予受理，法院遂将该案退回补充侦查。侦查机关根据被害单位出具的证明、合同，在有利于被告人的原则下，对未查实型号的合金管以被害单位提供的价格清单中最低单价来进行委托认定，从而对未查实型号的合金管价格标的予以明确。敖某某等人归案后有悔罪表现，根据我国宽严相济的刑事政策，并结合社区矫正机构的调查评估意见，可给其一个改过自新的机会，适用非监禁刑。依法判决敖某某犯盗窃罪，判处有期徒刑 3 年，缓刑 3 年。

四、经验总结

涉及侵财类犯罪的刑事案件，司法机关往往直接参考价格认定结论书，鉴定机构对案件的影响颇大。

然而，在该案的办理过程中，辩护人紧扣关键证据即价格认定结论书所依据的被害单位提供的检材型号不明、前后报价清单存在矛盾，该案价格认定鉴定存在“鉴真问题”，从而对价格认定结论书提出异议，并积极与办案人员沟通，提交复核申请，最终让审判法官不完全参考价格认定结论，从而达到实质性推翻价格认定结论的效果，使该案得到较好的辩护效果，让很可能判处实刑的案件，在证据存疑的情形下，得以获得缓刑判决。

厘清民刑边界　实现无罪辩护

——康某涉嫌盗窃罪一案

江西柴桑律师事务所　简　武

一、案情简介

2019 年 8 月，周某将自己的车辆抵押给某融资租赁公司借款 7 万元，双方在车管所办理了车辆抵押登记手续，且融资租赁公司在周某车辆上安装了 GPS 定位寻车装置。数日后，该融资租赁公司员工陈某在公司不知情的情况下，私自为周某解除了车辆抵押登记手续，后周某将车辆转卖给了徐某，徐某买车后更换了车钥匙和车牌。

犯罪嫌疑人康某系该融资租赁公司员工。因周某借款到期未还且失联，该融资租赁公司安排康某将周某的车辆开回公司。2019 年某日，康某通过周某车辆上安装的 GPS 装置找到车辆，遂联系开锁师傅解开车锁，并于次日凌晨将车开回公司。因车主徐某失车报案，公安机关将康某抓获归案后，以盗窃罪将康某移送起诉。

二、辩护思路

1. 辩护人认为，康某行为不符合盗窃罪之主客观构成要件，依法不构成犯罪。

2. 辩护人及时向检察机关提交了书面辩护意见，并提出如下辩护观点：

（1）融资租赁公司及康某没有非法占有他人财物的盗窃犯罪故意。

①原《担保法》第33条第1款中规定：“债务人不履行债务时，债权人有权依照本法规定以该抵押财产折价或者以拍卖、变卖该财产的价款优先受偿。”周某与融资租赁公司签订的《抵押合同》第11条第2款约定：“甲方（周某）违约，乙方（融资租赁公司）有权提前处分抵押物。”

周某违约后，融资租赁公司未通过诉讼方式主张还款和行使抵押物优先受偿权，表面看来，似乎与主流观点认可的以法律途径依法维权的方式不符，但根据《抵押合同》约定，融资租赁公司“有权提前处分抵押物”，该公司据此约定取回车辆，目的正是通过处分抵押物以物抵债。要处分抵押物，须取回抵押物。鉴于此，融资租赁公司的取车行为不具备非法占有他人财物的主观犯意。

合同当事人关于守约方有权在诉讼途径之外直接处置抵押物冲抵债权的约定，其效力可能存在争议。但该合同系当事方自愿签订，无论该合同条款是否有效，融资租赁公司实施的取车行为均系依约行事，不能因合同条款可能无效而得出行为人具有非法占有故意的错误结论。

②案涉车辆解除抵押并转让给徐某，系员工陈某和周某的私下行为，融资租赁公司及康某均不知情。康某取车时，尽管车辆已经换锁、换牌，但康某认为换锁、换牌是周某的躲债、藏车行为，其深信车辆在抵押情况下周某不可能完成车辆过户换牌，故在取车时，康某一直认为车主系周某，车牌更换原因是周某有意躲债而仿制的假车牌。康某基于车主仍是周某的错误认识而误取徐某车辆，超出其主观认知，不能认定其具有非法占有徐某车辆的主观故意。

③公安机关立案侦查后，融资租赁公司方得知车辆已经解押和转让给徐某，即在第一时间归还了车辆，证明融资租赁公司及康某本无

非法占有的故意。

（2）康某没有实施秘密窃取他人财物的犯罪行为。

康某取车前，携带了周某留给公司的备用钥匙和车贷资料，足见康某的取车行为是依据合同约定实现抵押权和留置权的行为，并非秘密窃取。

（3）徐某车辆遗失，并不当然成立康某盗窃之对偶犯罪。

该案中，徐某确实“遗失”了车辆，但认定康某是否构成盗窃罪，应当严格遵循犯罪构成理论和罪刑法定原则，依照盗窃罪的主客观标准依法判定康某是否构成盗窃罪。

（4）周某财产所有权之法益并未受到实质侵犯。

融资租赁公司在维权方式上可能存在争议，但并不影响该公司基于原《担保法》所享有的最终优先受偿权。从另一角度考量，周某的违约行为，必然导致其车辆所有权终将流转给融资租赁公司用于清偿债务，周某的财产权并未受到融资租赁公司的实质侵犯。从“法益说”考量，康某亦不构成盗窃罪。

（5）该案处理应厘清刑民边界。

民事行为的设立原则是“法无禁止皆可为”，而刑事制裁的原则是“罪刑法定和法无明文规定不为罪”。为此，正确处理该案，应尊重民事行为设立的自由度，重视刑事制裁的谦抑性。

车贷行业多有约定处置抵押车辆用于清偿借款的习惯做法，该做法并未明显违反法律的禁止性规定。如合同当事方在履约过程中未造成其他严重后果，不应对此类行为动辄科以刑罚，否则将导致刑罚对民事行为的不当干预，有违民法意思自治原则和《刑法》谦抑性原则，不符合《刑法》立法目的。

三、处理结果

D县人民检察院采纳了律师意见，认为公安机关认定康某构成盗窃罪事实不清，证据不足，依法作出了不予起诉决定。

四、经验总结

1. 办理刑事案件，要善于打破有罪思维定式。

该案中，徐某因其车辆“遗失”报案，公安机关查明系康某于某日凌晨雇人开锁后开走车辆。孤立看待该取车事实，容易形成“有失必有偷”的思维定式，进而认定康某构成盗窃。但从辩护视角，必须充分挖掘康某的行为背景、行为目的、主观认知、行为依据等要素，并据此论证康某不具备盗窃罪主客观要件的事实，以全局、全方位视角破解侦查机关有罪思维定式。

2. 对于涉及合同关系、民事法律关系的刑事案件，要善于从民事权利及权利救济视角，运用好民事法律规范，厘清权利救济行为与刑事犯罪行为的刑民边界，协助办案机关准确区分罪与非罪。

3. 对于无罪辩护案件，要立足案件成因、案件事实，考虑法益是否受到侵犯、是否具有较为严重的社会危害性等综合因素，在普遍社会现象和《刑法》是否应当干预之间建立关联与选择，进而从《刑法》谦抑性、执法社会效果等宏观价值取向方面提出无罪意见。

在情理与法律之间架起一座沟通的桥梁

——袁某涉嫌盗窃罪一案

江西惟民律师事务所　张立忠

一、案情简介

因陈某拖欠被告人袁某的挖机租金、修理费及借款，2017 年3 月4 日1 时左右，被告人袁某到湖口县舜德乡屏峰村的一处工地上拖走其挖机时，在没有通知陈某的情况下，将毕某租给陈某的（其误认为是陈某的）放置在工地上的一个破碎锤一起运到安徽省宿州市吴某的修理厂内，并将该破碎锤作为质押物向吴某借款 15 万元人民币。袁某拖走破碎锤和挖机时，修理挖机的龚某也在现场，袁某让龚某不要告诉陈某破碎锤的下落。后陈某与毕某发现工地上的破碎锤不见了，陈某打电话给袁某询问破碎锤的下落，袁某没告诉他破碎锤是被其拖走了。陈某雇人在沙场附近的湖里寻找破碎锤，在寻找的过程中，陈某通过龚某了解到是袁某拖走了破碎锤。陈某又打电话给袁某，袁某承认是其拖走了破碎锤，但要陈某支付 15 万元人民币才把破碎锤还给他。后被害人毕某报警，2017 年4 月 27 日，公安机关通知袁某到派出所接受询问，袁某归案。2017 年 5 月 3 日，公安机关将破碎锤返还给毕某。经某司法鉴定中心鉴定，被盗的破碎锤价值人民币 225, 680 元。

2018年1月10日，被害人毕某出具刑事谅解书对被告人袁某的行为予以谅解。

二、辩护思路

通过会见被告人袁某，辩护人了解到袁某是因为陈某拖欠其挖机租金、修理费、借款等共计30多万元，经多次讨要无果，为了索取合法债务维护自身合法权益，无奈之下才出此下策，其行为实属情有可原。于是辩护人以犯罪动机为切入点，结合公安部《关于公安机关不得非法越权干预经济纠纷案件处理的通知》的相关规定，重点论述了将袁某的行为定性为盗窃罪违背了当前社会的价值取向，着重阐述了该案中存在的情理与法律之间的冲突，强调了袁某行为的合理性和可恕性。

（一）辩护人对于公诉机关认定袁某的行为构成盗窃罪，有不同意见

1. 从该案的性质上看，该案件是一起因租赁而产生的债务纠纷，而非侵犯公私财物所有权的刑事案件。

2016年6月袁某将自己的挖机租给陈某，至2017年3月陈某欠袁某挖机租金、修理费、借款共计30多万元，袁某多次讨要，但陈某不给，陈某还将袁某的挖机损坏。为了索取债务，袁某在拖回挖机时将破碎锤也一并拖走，当时，袁某认为破碎锤是陈某的，拖走可以抵扣债务。当陈某找不到破碎锤打电话问袁某时，袁某第一次没有明确回答，问陈某什么时候还钱，陈某听这话感觉到是袁某拖走了破碎锤（陈某证言）；第二次问袁某时，袁某直接承认了是他拖走的，叫袁某先还15万元就把破碎锤还给他。综上，这是一起典型的因债务纠纷引发的矛盾，不符合盗窃罪的构成条件，公安机关定性错误。

2. 从该案的犯罪构成看，被告人袁某的行为不具备盗窃罪的构成要件。

我国《刑法》第264条规定，盗窃罪是指以非法占有为目的，秘

密窃取较大的公私财物或者多次秘密窃取公私财物的行为。但是综合分析该案，被告人袁某在主观方面、客观方面都不具备盗窃犯罪的特征。

袁某拖走破碎锤主观上不是非法占有，占有破碎锤的前提是陈某欠 30 多万元的债务不还，占有是为了逼陈某还钱，不是没有任何理由地占有破碎锤。而且他将拖走破碎锤之事告诉了修理工龚某，拖到安徽后也没有将破碎锤隐藏起来，就是放在修理厂，并且主动到当地的公安机关咨询怎么处理这事。从袁某的上述行为表明他主观上没有非法占有破碎锤的故意，客观上也不符合盗窃罪的行为特征。

3. 该案属于公安机关非法越权干涉经济纠纷案件典型行为。

公安部《关于公安机关不得非法越权干预经济纠纷案件处理的通知》规定：必须划清经济犯罪和经济纠纷的界限，严格依法办事。工作中，要注意划清经济纠纷和经济犯罪的界限，绝不能把经济纠纷当作诈骗等经济犯罪来处理。一时难以划清的，要慎重从事，经过请示报告，研究清楚后再依法恰当处理，切不可轻易采取限制人身自由的强制措施，以致造成被动和难以挽回的后果。严禁非法干预经济纠纷问题的处理。对经济纠纷问题，应由有关企事业及其行政主管部门、仲裁机关和人民法院依法处理，公安机关不要去干预。更不允许以查处诈骗等经济犯罪为名，以收审、扣押人质等非法手段去插手经济纠纷问题。否则，造成严重后果的，要依法追究有关当事人和主管负责人的法律责任。结合该案案情，该案是非常典型的民事债务纠纷，对本属于民事纠纷的案件立案已严重违背了《关于公安机关不得非法越权干涉经济纠纷案件处理的通知》。

4. 将袁某的行为定为盗窃罪不符合当前社会的价值取向。

该案中如果认定袁某构成盗窃罪，按照量刑标准，袁某有可能判处 3 年以上有期徒刑，这明显不符合当前大众的价值观。陈某欠袁某 30 多万元不还，袁某为了讨债，拖走一个破碎锤，就要承受如此沉重的刑罚，袁某的行为对社会并无危害性，对袁某的惩处只会助长社会上像陈某这样不守诚信的老赖。

综上所述，辩护人认为将被告人袁某的行为定性为犯罪失之偏颇。

（二）对于该案破碎锤的价格鉴定意见有异议

鉴定机构违背事实，鉴定破碎锤价值为225,680元是错误的。鉴定人作出鉴定意见的根据就是案件材料中的笔录、破碎锤的照片，据了解鉴定人没有看过破碎锤的实物，对于破碎锤的用途、性质都一无所知。破碎锤因为长期与坚硬的石头打交道，所以磨损非常快，易损易耗，折旧远大于一般的机器。破碎锤的所有权人毕某正在因为破碎锤的购买合同与卖方进行民事诉讼，毕某购买时约定破碎锤的价格为40万元，但毕某出具了破碎锤市场价格约为12万元的情况说明。

三、裁判结果

某人民法院认为，被告人袁某以非法占有为目的，秘密窃取他人财物，数额巨大，其行为构成盗窃罪，应追究其刑事责任。被告人袁某归案后，如实供述了自己的犯罪事实，系坦白，可从轻处罚。案发后，被告人袁某协助公安机关取回被盗赃物，减少了被害人的损失，且取得了被害人的谅解，对其酌情从轻处罚。遂判决被告人袁某犯盗窃罪，判处有期徒刑3年，缓刑5年，并处罚金人民币3万元。

四、经验总结

（一）准确判断犯罪动机

在词义上，动机是指推动人从事某种行为的念头。在心理学中，动机是指发动、指引和维持躯体和心理活动的内部过程。可见，动机指向两个方面，即人的身体活动和人的心理活动，其功能在于引发、指引和维持人的身体活动和心理活动。一般认为，刑法学中的动机即犯罪动机，是指刺激犯罪人实施犯罪行为以达到犯罪目的的内心冲动或者内心起因。

犯罪动机是在行为人的需要与犯罪诱因的共同作用下形成的，诱因作用大则主观恶性小，这是犯罪动机能够影响定罪量刑的根据之一。犯罪诱因的作用大到一定程度，则可能会产生违法阻却事由，如在正当防卫中，防卫动机是确定防卫行为是否能够成立的必要条件之一；同样，对于防卫过当，虽然应当负刑事责任，但是应当减轻或者免除处罚，之所以要在防卫过当量刑时应当减轻或者免除处罚，一个很重要的因素应该是立法者在立法时考虑到了防卫过当犯罪动机的性质。

在我国，犯罪动机与犯罪目的的概念是明晰的，犯罪动机是指刺激犯罪人实施犯罪行为以达到犯罪目的的内心冲动或者内心起因，犯罪目的是指犯罪人希望通过实施犯罪行为达到某种危害社会结果的心理态度，但两者界限却比较模糊。现在越来越多的人认为，广义的犯罪目的包括直接故意中的意志因素和超过主观要素中的目的。其中，主观超过的因素中的目的其实就是动机。目的犯中的犯罪目的与犯罪动机是同一层面的心理因素，所以，虽然实践中犯罪动机通常只被视为影响罪责轻重的一种主观倾向，即犯罪动机不是犯罪构成的要素，只是量刑情节之一，但正是由于犯罪动机与犯罪目的之间界限的模糊性，在定罪时我们的目光也不得不在两者之间循环往复。

（二）用犯罪动机在情理与法律之间架一座沟通的桥梁

对于盗窃罪，司法解释规定“以非法占有为目的，秘密窃取公私财物数额较大或者多次盗窃公私财物的行为，构成盗窃罪”，基于此，我们分别来看盗窃罪的犯罪目的和犯罪动机。

盗窃罪的犯罪目的是非法占有公私财物，一般认为，这里的“犯罪目的”是直接故意中的意志因素而不是主观超过因素，即其内容已完全被盗窃罪的主观故意的内容——明知自己的盗窃行为会发生非法占有他人财物的后果，而希望这种结果发生所包含。

对于盗窃罪的犯罪动机，如前所述，由于盗窃罪的犯罪目的不是主观超过因素，所以盗窃罪的犯罪动机不属于该罪的构成要件，但是如美国学者乔治·P. 弗莱彻所说："动机提供了一个区分故意行为是真的很坏还是不那么坏的基础。例如，在盗窃案件中，人们普遍认为，为了物质享受而偷东西与为了避免饥饿而偷东西之间存在区别。"可见，在盗窃罪中，不同的犯罪动机虽然不影响犯罪行为的定性，但是对量刑的影响不可忽视。究其原因，是情理与法律在法律实施过程中的永恒冲突，这一永恒冲突在以罪刑法定原则为基石的现代刑法的实施过程中尤为明显。

在该案中，被告人袁某的犯罪动机是陈某长期拖欠债务，以各种方式逃避袁某的合法索债，基于此，袁某逼不得已才通过运走破碎锤的方式要求陈某偿还债务。这里反映出了情理与法律的冲突——在一般民众看来袁某的行为情有可原，在裁判结果看来袁某的行为又确实构成了犯罪，应当给予处罚。仔细分析袁某的行为的确存在某种值得深切关注并应给予区别对待的因素，那就是袁某身处两难的境地，要讨回债务就必须想办法，这是人之常情也是人之本能。

根据裁判结果，袁某的行为构成了犯罪，但其行为却是在两难中作出的痛苦选择，刑法便不得不设身处地人性地予以衡平考量。袁某之所以产生犯罪动机选择犯罪行为，是迫不得已、人之本性使然，所以，法官才会给予一定程度的宽恕处理。

通过袁某盗窃罪一案，我们可以看到，我国《刑法》中存在的犯罪动机可以在民众柔善的情理和国家刚性的法律之间架起一座沟通的桥梁，使法律的存在与适用能够得到广大民众的心理认同。正如有的学者所言："刑法如果得不到公众的认同，它就是施行暴政的工具，从而与社会的法治观念格格不入。只有保持刑法与民众感觉或规范意识之间的一致性或张力，获得公众对刑法的认同感，才不会使刑事司法活动成为一个脱离公众的'异物'。"

“套路贷”中套路深　控告路上破难题

——邓某刑事控告不立案复议复核案

北京天驰君泰（南昌）律师事务所律师　江进修

一、案情简介

邓某因需资金周转，从 2017 年开始向赖某借款共计 72.64 万元，却被赖某以砍头息、高额违约金等方式要求还款 292 万元之多。因此，赖某通过砍头息、高额违约金等套路方式骗取了邓某约 220 万元。

为了偿还赖某的借款本息、砍头息、高额违约金等，邓某只得“借新还旧”，此时，邓某又落入了赖某的圈套。赖某介绍其舅子黄某、朋友何某、何某的发小吴某 1 给邓某借款，然后又通过“砍头息”的方式骗取邓某的财物。

2018 年，邓某先后向赖某朋友何某借款共计 280 万元。2018 年 3 月 30 日，何某给邓某发了一张银行卡图片，并注明了“吴某2”，要求还款金额转入该银行卡内。后来邓某共转账 31.5 万元至吴某 2 的账户。2019 年 1 月，何某向 J 县人民法院起诉邓某归还 280 万元借款，不承认其指令邓某还款转至吴某 2 账户，一审判决支持何某的诉求。邓某对一审判决不服，提出上诉。二审庭审中，吴某 2 出庭虚假作证证明其与邓某存在借贷关系，最终二审维持原判。因此，邓某被骗

31.5 万元。

二、代理事项

控告人邓某携带相关证据到J县公安局报案，公安机关迟迟不予立案，也不出具不予立案决定书。数月后，公安机关向控告人出具了不予立案通知书。控告人在接到不予立案通知书两天后，找到了笔者，委托笔者代理控告人邓某进行复议复核，争取达到撤销原报案机关不予立案决定书的结果。

三、代理思路

接受委托代理时，笔者与控告人探讨案情，并分析了委托代理后的思路，包括程序方面和实体方面。程序方面，主要是考虑刑事不立案的救济途径，如何选择途径，以及该案更适合何种途径；实体方面，该案存在哪些案件争议点或者明显硬伤容易突破。

（一）程序方面

1. 刑事不立案的救济途径。

被害人受害，向公安机关报案控告后，公安机关不予立案时，当事人选择的救济途径有两种：

（1）向公安机关申请复议复核。《刑事诉讼法》第112条规定，控告人如果不服，可以申请复议。根据《公安机关办理刑事案件程序规定》第179条规定，控告人对不予立案决定不服的，可以在7日以内申请复议；对不予立案的复议决定不服的，可以在7日以内向上一级公安机关申请复核。

（2）向检察机关申请立案监督。根据《刑事诉讼法》第113条规定，被害人认为公安机关对应当立案侦查的案件而不立案侦查，向人民检察院提出的，人民检察院应当要求公安机关说明不立案的理由。人民检察院认为公安机关不立案理由不能成立的，应当通知公安机关立案，公安机关接到通知后应当立案。

2. 刑事不立案救济途径的选择。

控告人（被害人）在收到刑事不予立案通知书后，为了增大救济成功的概率，想当然地认为可以同时进行两种救济途径。但是，上述两种救济途径是不能同时进行的。《公安机关办理刑事复议复核案件程序规定》第16条规定，检察机关已经受理控告人对同一事项的控告、申诉的，公安机关应当决定不予受理；公安机关受理后，控告人就同一事项向检察机关提出控告、申诉，检察机关已经受理的，公安机关应当终止刑事复议、复核程序。

虽然以上两种途径都有效，但两种救济途径如何选择一种最适合自己的？其实这个没有标准的答案，每个案件要根据考虑的因素不同而进行不同的选择。

3. 该案救济途径选择的考虑因素。

笔者代理该案后，选择的途径是申请复议复核，作出该选择主要是考虑如下因素：

首先，考虑两种途径的最终决定权。如果该案当时申请检察机关立案监督，那么该案最终的审查及决定权就在本县的检察院；如果选择公安机关复议复核，该案的最终决定权在上一级公安机关，即N市公安局。作为在N市区执业的律师，显然去N市公安局沟通比去县城检察院沟通更为方便有效。

其次，考虑案件发生的位置及案件的类型。该案发生在J县，此类套路贷案件并不经常发生，该地公安机关和检察机关都不具有办理套路贷的丰富经验。但是N市公安局不一样，作为省会城市的公安机关，其办案经验是有目共睹的。

最后，考虑到被控告人的社会关系。在选择救济途径之前，笔者了解到被控告人赖某等人在该县有较为复杂的人际关系和庞大的人脉圈子。为了规避或者说摆脱可能存在的人情影响，选择向市级公安局复核也是更优的选择。

（二）实体方面：最容易突破的案情有哪些

由于接受委托到申请复议期限届满只有3天，而该案材料众多，案情又复杂，为了能清晰地描述复议的事实与理由，笔者决定按照时间轴的顺序展开，也就是前述案情简介的顺序，因为这种方式给人以清晰的脉络。之后，向原公安机关提交了复议申请书以及相关证据材料。

一个月后，原办案机关给笔者出具了维持原决定的复议决定书。这个结果，其实是在预料之中。但是笔者还是对自己的材料进行了反省，认为这样没有突出重点，如果以这种思路复核，成功概率不大。经讨论后决定，将硬伤最为明显、最有可能推翻公安不予立案决定的案情作为重中之重，放在第一点进行重点描述，然后依次进行，最没希望的案情放在最后。

按照以上思路，笔者认为被骗31.5万元的那起事实的客观证据最扎实，于是笔者将这部分案情放在第一点，详细阐述案情，翔实罗列证据，充分进行证据分析。

该案的证据构成证据链，2018年3月30日何某发送吴某2的银行卡，4月1日邓某开始往吴某2的银行卡转账；随后何某起诉邓某不存在31.5万元还款，吴某2进行伪证配合，这些证据环环相扣，已经形成了一个闭合的证据链。

相反，吴某2的伪证确是漏洞百出。第一，吴某2在二审出庭作证称其与邓某存在借贷关系，故委托何某将卡号转发给邓某，此处存在的问题是如果二人真存在借贷关系，吴某2怎么可能没有邓某的联系方式，其完全可以自己发给邓某，一条短信或微信可以轻松解决的事情何须劳烦他人。第二，J县公安局扫黑办侦结报告显示，“核查民警找吴某2了解情况，吴某2反映在2018年4月的一天，邓某向其借款，开始借了4.9万元人民币给邓某，不算利息，借了大约一周就还了，后又陆续借了七八次钱，金额不大，后均还了”，此处存在如下问题：（1）邓某向吴某2转4.9万元的时间是2018年4月1日，与吴某2的说法存在矛盾；（2）借款七八次，是否有转账记录？如果是现金借贷，是否有取现记录？之后是否有催款记录？事实上这些都没有。

再追问一个关键问题，J县公安局是否调取了何某与吴某2二人的银行流水及微信转账、支付宝转账流水记录，吴某2在收到邓某的转账后肯定会再转给何某。答案显然是没有调取。

面对上述种种问题，J县公安局视而不见，不进行客观理性的分析，而是片面地相信吴某2、何某一面之词，武断地认为该案没有犯罪事实，实属错误之举。

该案中，何某通过虚假诉讼，吴某2进行伪证配合的方式，非法占有邓某31.5万元，事实清楚，证据充分，其二人共同涉嫌虚假诉讼罪，侦查机关应当予以立案，追究其刑事责任。

四、经验总结

2021年12月29日，N市公安局作出N公刑复核字（2021）037号刑事复核决定书，决定：撤销J县公安局J公（刑）复字（2021）001号复议决定。

能够取得以上良好的结果，笔者总结了以下经验。

（一）制作一份满意的复核申请材料

复核申请书在刑事复核案件中，相当于刑事辩护案件中的辩护词，不仅要突出重点，详略得当，还要论点准确，论据充分，同时要运用可视化方式增强材料的可读性和理解性。笔者在这份复核申请书中就制作了数份表格，并结合案情阐述论点。复核申请书写好后，重新整理证据材料，并按照申请书内容进行编排，然后制作一份目录，最后将所有材料进行胶装。

（二）给予一份尊重和信任

在刑事复议复核案件中，公安机关没有法定义务要听取控告人的代理律师的意见，但是该案复核机关N市公安局法制支队在收到该案后，复核人员经常会打电话与笔者进行沟通。笔者在其复核审查过程中，也会以询问案件进展的名义与法制支队复核人员交流案情，针对承办人的疑点，将相关的法律法规及司法解释、相关案例收集好，作为补充材料送到承办人手中，供承办人参考。因此，在双方坦诚交流过程中，笔者要对复核审查机关予以信任和尊重。另外，在案件接受委托之初，考虑救济途径选择确定复议复核时，就是考虑到N市公安局法制支队丰富的办案经验，也是对复核机关的能力信任。

（三）互换一种办案思维

有的刑事律师办案的固有思维是与侦查机关对抗，只要是侦查机关认为有罪的案子，刑事律师就要挑出各种问题和弊病，争取案件的从轻和无罪。但是，对刑事不立案案件的复议复核，恰恰出现了与一般刑事辩护相反的情形，在侦查机关认为案件证据不足或无罪的情形下不予立案，控告人的代理律师要证明被控告人有罪，此时其立场就成了一般刑事辩护案件中的控方，其办案思维就要切换，从控方的角度证明被控告人有罪，公安机关应当予以立案。

（四）抓住一个重点进行突破

在面对此类案情繁多，但是相关证据又良莠不齐的案件时，一定要抓住重点，对重点进行集中突破。应着重夯实以下几个方面：一是案件事实；二是案件证据；三是相关法律法规；四是同类案例检索。该案在复核审查过程中，笔者提交了两个Z省高级人民法院的相似刑事案例作为补充材料给N市公安局法制支队复核人员，这两个案例对于该案推翻原复议决定起到了非常重要的作用。

律师坚守证据辩护　检察决定不予起诉

——叶某涉嫌诈骗罪一案

江西灯正律师事务所　廖成京

一、案情简介

2008年上半年，张某（已另案处理，被判决构成诈骗罪）在北京通过电子邮件从叶某处取得了假的教育部《关于同意某大学2008年高考录取追加计划申请的批复》文件后，与戴某（已另案处理，被判决构成诈骗罪）协商，由张某负责办理网上注册的事宜，戴某负责招生工作并收取每名学生7.5万元，其中6万元交给张某办理到某某大学读插班生和网上注册的事宜，剩下1.5万元作为利润由戴某保存。2008年8月到11月张某收取被害人王某等共计37.5万元。从2009年3月到7月张某将部分钱款交由叶某办理学生在某某大学网上注册的事宜。

张某与戴某在叶某被抓获前就已经被另案判决构成诈骗罪，且在另案中，张某及戴某均指控未到案的叶某是捏造虚假事实的主犯。张某还因检举、揭发叶某及协助对叶某实施抓捕被法院认定构成立功情节，即叶某在没参加案件审理的情况下，已经在一定程度上被另案判决书认定成了捏造虚假事实的主犯。由于另案已判决生效，司法机关的承办人员在办理该案之初难免会有一些先入为主的观念，所以律师起初的沟通工作开展并不顺利。

叶某被抓获后，公安机关立即对其采取了刑事拘留措施。经公安机关初步审讯后，便提请检察院对叶某进行批捕，并获批准。批捕后，公安机关对案件进行了进一步侦查。侦查结束后，公安机关以叶某涉嫌诈骗罪，将案件移送至检察院审查起诉。

二、辩护思路

（一）辩护人在接受委托后第一时间会见了犯罪嫌疑人

通过会见，辩护人对案件事实进行了全面、细致的了解，初步认为犯罪嫌疑人叶某不构成诈骗罪。叶某一直拒绝认罪，且对自己在案涉事件中的角色作了细致的辩解。在辩护人追问的一些细节问题上，叶某也都作出了符合逻辑的回答。这更加坚定了辩护人作无罪辩护的决心。

（二）在审查起诉阶段，辩护人进行了阅卷

通过阅卷，辩护人发现该案形势不容乐观，该案存在已被另案“未审先决”的情况。案涉事件中的当事人张某、戴某已被另案判决构成诈骗犯罪，且在另案中，被告人戴某、张某均指控叶某是捏造虚假事实的主犯。这一未被充分证实的情形，在一定程度上已经被另案的生效判决书进行了认定。

得知这一情况后，辩护人决定主要从两个方向去还原事实真相。第一个方向是抽丝剥茧，在已有证据材料中找出张某、戴某在笔录中的破绽，因为谎言终究是有破绽的。第二个方向是通过合法途径，尽可能地在细节上完善能佐证叶某辩解的证据链，以证实叶某辩解的真实性。

通过在案卷中抽丝剥茧，辩护人发现了案涉关键证据虚假批文在该案现有证据材料体现的事实中初次出现是在一封邮件中，邮件的发

件人账号为××××××××@163. com。经向叶某核对，叶某表示并不认识这个邮箱账号，此前也没见过这份批文。证据材料中发现的一张收据，叶某表示是其他合法插班生业务所产生，且明确说出了学校名称，并表示能找到一些学生的信息。

（三）会见及阅卷后，辩护人积极与承办检察官进行了多次沟通

如果没有人质疑，已经启动的司法机器是很难通过自纠停止的。如果质疑得不专业、不在要点上，也无法与司法机关工作人员取得有效的沟通。所以与司法机关的承办人沟通案件是辩护人办理刑事案件的重要工作之一，也是辩护人要掌握的重要技能之一。

经过辩护人锲而不舍的多次主动沟通，承办检察官表示检察院也已经注意到了案件存在诸多疑点，尚在研究讨论中，并在充分听取了辩护人的法律意见的情况下，两次发回公安机关补充侦查。

（四）经过多次沟通后，辩护人以书面形式向检察院提交了一份详细的法律意见书

主要辩护观点如下：

1. 公安机关认定叶某涉嫌诈骗罪所依据的基本事实存在事实认定错误的情形，实际上叶某从未向张某提供过虚假批文，即叶某在整个案涉事件中从未捏造过任何虚假事实。

公安起诉意见书中认定“张某于北京在叶某处取得假的追加某某大学招生名额的教育部批文”，根据该案证据显示，批文是一个账号为“××××××××@163. com”的邮箱发送给张某的。但公安在讯问叶某时，叶某表示并不认识这个账号。且经过补充侦查后，现有证据仍不能证明该邮箱与叶某有任何关系。

除张某的讯问笔录外，公安机关未提供任何其他证据来证明叶某提供了虚假批文。言词证据具有不稳定性，且另案被告人张某在主观上可能存在为自己开脱罪行的心理，从而将主要责任都推卸给当时未到案的叶某身上。可见公安机关认定叶某提供虚假批文的观点缺乏确

实充分的证据加以证明，在证据存疑时依法应当作出对叶某有利的推定，即推定该封邮件并非叶某所伪造并发送给张某的。

2. 叶某在主观上不具有与张某等人共同实施诈骗行为的犯罪故意。

根据该案现有证据显示，案件整个事实经过应当是张某与戴某等人捏造了可在国家计划外招生的虚假事实对外招生。招到学生后因解决不了学籍的问题，才主动找到叶某，希望叶某能尝试通过找关系办理学生的学籍注册事宜。且不论叶某是否答应了张某等人的请托以及后续是否尝试过去找关系。自始至终，张某等人只是就解决学籍这一问题主动请托过叶某，叶某对张某等人实施的诈骗行为是根本不知情的。所以叶某在主观上根本没有与张某等人共同实施诈骗行为的犯罪故意。

根据叶某的陈述，其本身在某教育公司任总经理职务，常年在北京从事与社会教育相关的工作，经常为他人办理大学的插班生教育的业务。这些业务都是合法业务，就是同大学合作，开展社会教育，招收一些社会学生到学校学习，但没有学籍，且只发结业证不发毕业证。叶某所招的所有学生也都知道插班生是没有学籍的，只发结业证不发毕业证。该案证据材料中的一份收据就是叶某与张某因其他合法插班生业务往来所产生（办理一批某大学的正规插班生业务），而并非侦查机关所述系其用于办理案涉事件中注册学籍的费用。这也恰恰印证了叶某辩解的自己常年都在做合法插班生业务的事实。叶某所做的合法插班生业务收益情况良好，根本不可能会有与张某等人共同实施诈骗行为的动机。

综上，叶某既没有实施过任何诈骗行为，也没有与张某等人共同实施诈骗行为的故意，公安认定叶某涉嫌诈骗罪没有证据证实。恳请法院依法对叶某作出不予起诉的决定。

三、处理结果

在叶某被羁押了 8 个多月后，检察院在审慎审查了全案案件证据材料及充分听取了辩护人法律意见的情况下，最终作出了不起诉决定书。检察院认为，经其审查并退回补充侦查，现有证据不能证实教育部的批文是由叶某提供，不能证实叶某与张某、戴某具有共同以非法占有为目的，采取插班生冒充正式生的方式，骗取他人数额较大财物。因此，检察院认为公安机关认定的犯罪事实不清、证据不足，不符合起诉条件，决定对叶某不起诉。

四、经验总结

1. 律师在办理刑事案件时，首先要通过会见当事人对案件事实进行全面细致的了解，并详细听取当事人的辩解。其次要把案件事实厘清，这样才能对罪与非罪有更准确的认识，进而决定案件到底是作无罪辩护还是作罪轻辩护。

2. 律师在阅卷后，必须仔细查看案卷，并养成做阅卷笔录的习惯。这有助于律师更好地把握案件事实的各个细节，也能有效提高律师的工作效率。

3. 律师在充分了解案件事实后，应围绕案件事实并结合法律，积极与司法机关的案件承办人员进行有效沟通。

面对面沟通案件是律师办理刑事案件的重要工作之一，也是律师要掌握的重要技能之一。这既考验律师的法律专业知识，又考验律师的综合素养。如何与他人有效沟通，这件事本身也是一门学问。

4. 律师与司法机关的案件承办人员当面沟通后，应进一步找准案件争议的焦点，精准辩护，并形成书面辩护意见书进行提交。

5. 律师在办理刑事案件的过程中，若确有调查取证的需要，务必审慎地依法行使相关权利。

6. 律师办理刑事案件要有职业荣誉感。尽心、尽责将案件办好既是对当事人及案件事实负责，也是对自己的神圣职业负责。笔者仍清晰地记得那天下午同检察官去看守所接叶某出来时的情形，承办检察官将叶某带出看守所铁门，自然、利落地对笔者说了一句："叶某就交给你了。"听到这句话心情一下轻松了下来，一种莫名的职业荣誉感油然而生，这是一份特别的、专属于辩护人的心情。

涉案金额高达 70 万元　因证据不足不起诉

——黄某涉嫌诈骗罪一案

北京市盈科（南昌）律师事务所　肖亮斌　杨　盟

一、案情简介

2017 年 2 月 23 日，A 县公安局以黄某涉嫌诈骗向 A 县检察院移送审查起诉。

A 县公安局认定：2011 年 4 月开始，被害人李某承包某某县某钢厂频炉包打钢炉炉料工程，经他人介绍，聘请犯罪嫌疑人黄某在该工程现场负责该工程的财务会计、货物采购收货、工人工资发放、货款支付等方面的工作（此前黄某也在该项目中受前任承包人曾某聘请负责财务工作），直至 2015 年 2 月工程合同到期。黄某在被李某聘请工作期间，采用虚报每月杂费开支（2013—2014 年连续两年每个月虚报 1 万元开支）、虚报每月原材料进货吨位数及运输费用（2013 年每月虚报 1 车原材料，每车约 50 吨）以及隐瞒货款支付、私自截留工程款等方式骗取工程款。黄某将骗取到的大部分工程款私自从“对公账户”（受聘初期李某要求黄某办理了一张中国农业银行卡，用于对公账目的往来）转移隐藏到自己及其亲属名下账户上，将另外一小部分用于日常刷卡、取现挥霍。

经查实，黄某利用虚报日常开支、虚报原材料吨位数等方式骗取工程款70万元。黄某将骗取到的工程款用于购买汽车（黑色丰田凯美瑞）、对外投资、私人外借、偿还贷款、奢侈消费等。另外黄某还私自从“对公账户”上支出数十万元资金（通过调取所有银行流水记录发现），但未能提供资金去向及理由。

A县公安局认为：黄某以非法占有他人财物为目的，采用虚报每月杂费开支、虚报原材料进货吨位数及运输费用等方式骗取李某的工程款70万元，数额特别巨大，应当以诈骗罪追究其刑事责任。

二、辩护思路

北京市盈科（南昌）律师事务所在接受该案犯罪嫌疑人黄某近亲属的委托后，指派肖亮斌律师、杨盟律师担任黄某的辩护人。两位辩护律师在检察院审查起诉期间，通过仔细阅卷和多次会见，发现该案起诉意见书对于犯罪嫌疑人黄某实施犯罪行为非法占有财物的数额的认定，显然事实不清，证据不足。主要表现在以下几点：

首先，对于犯罪嫌疑人黄某采用虚报杂费开支的方式，非法占有公司项目组的财物的数额的认定，事实不清，证据不足。犯罪嫌疑人黄某在公安机关的讯问过程中供述称，其在2013年年初至2014年12月，采用虚报日常杂费开支的形式，每月多报1万元日常杂费。而辩护律师在会见犯罪嫌疑人黄某的过程中了解到，公司项目组在2013年因为员工出现工伤事故而停产将近两个月，停产期间显然无法对日常杂费开支进行虚报。但被害人李某向公安机关提供的由犯罪嫌疑人黄某制作的2013年1月至2014年5月支出、收入报表明细账册却未看出有停产的迹象。此外，在这份账册中，有四张报表明细的登记时间分别为2011年4月30日、2011年7月31日、2011年8月31日、2011年12月31日，这些时间明显早于犯罪嫌疑人黄某到打炉项目组工作的时间。因此，辩护律师认为，这些收支、明细报表账册的真实性存疑。而且，犯罪嫌疑人黄某在公安机关补充侦查的讯问过程中还提到，其家中有一本记录日常杂费开支的账簿，而在公安机关随卷所附的账册中却并未发现有此账簿，并且扣押清单也未对扣押的账本内容予以提示。究竟是未被扣押还是公安机关未予以提供，不得而知。由于犯罪嫌疑人黄某的供述和书证之间存在矛盾，且书证的真实性存在疑问，而能证明案件事实的关键证据——日常杂费开支账本却未能找到。因此，对于犯罪嫌疑人黄某采用虚报杂费开支的方式，非法占有公司项目组的财物数额，难以认定清楚。

其次，对于犯罪嫌疑人黄某采取虚报货物吨位数的方式，非法占有某公司项目组的财物的数额的认定，事实不清，证据不足。犯罪嫌疑人黄某在公安机关的讯问过程中供述，其在 2013 年期间每月都会虚报一车货及相关运费，并以每吨 100 元的好处费找周某帮忙，共给周某好处费 5 万多元。而根据证人周某陈述，其在 2013 年期间，为犯罪嫌疑人黄某虚报吨位数只提供了七八个月的帮助，每月一车，每车为 50. 5 吨左右，大概有 400 吨，事后给了三四万元的红包。在这之后犯罪嫌疑人黄某便没有找过周某帮忙配合虚报吨位。此外，在公安机关补充侦查过程中，李某曾向公安机关提交周某登记吨位数的计数本，可在补充侦查卷内却并未找到相应的账册。由于证人周某的证言和犯罪嫌疑人黄某的供述两者关于虚报吨位数的月份存在矛盾，而唯一能证明案件事实的计数本却未见提供。因此，对于犯罪嫌疑人黄某采用虚报吨位数的方式非法占有公司项目组的财物的数额，难以认定清楚。

最后，各类款项支出数额未能确定，难以认定犯罪嫌疑人采取隐瞒货款支付、私自截留工程款等方式非法占有的财物金额。第一，工程方面的货款及运输费支出具体数额未能确定。根据犯罪嫌疑人黄某的供述和银行流水账单，黄某持有的尾号为 27512、11414 银行卡中的款项有很大一部分是用于工程方面的货款及运费支出。辩护律师认为，在未查明货款及运输费等具体支出数额之前，不能草率地认定犯罪嫌疑人黄某实施犯罪行为所非法占有的财物数额。第二，工程方面的日常杂费开支具体数额未能确定。公安机关出具的扣押物品、文件清单显示，从犯罪嫌疑人黄某家中扣押的账本有6册。辩护律师在会见犯罪嫌疑人黄某的过程中了解到，这6册账本中有1册是用于记录日常杂费开支（每月数万元），然而这一关于日常杂费开支的账簿在所有的证据材料中并未见提供。辩护律师认为，在未查明工程日常杂费开支具体支出数额之前，不能草率地认定犯罪嫌疑人黄某实施犯罪行为所非法占有的财物的数额。第三，工程方面的工人工资具体数额未能确定。根据公安机关提供的证据材料，只能确定工程开展过程中2014年1月至11月每月的工人工资支出。因其他月份的工人工资支出账册未见提供，因此无法确定工程方面的工人工资具体数额。辩护律师认为，在未查明工程方面的工人工资具体支出数额之前，不能认定犯罪嫌疑人黄某实施犯罪行为所非法占有的财物的数额。

于是围绕该案定罪证据方面存在的上述问题，辩护律师向A县检察院提交了多份关于黄某涉嫌诈骗证据不足的法律意见书。针对公安机关在起诉意见书中关于黄某的行为涉嫌诈骗罪的认定，辩护人在法律意见书中的主要辩护思路如下：

（一）针对以虚报每月杂费开支的方式实施诈骗行为的辩护方案

1. 提出现有证据无法证实黄某以虚报每月杂费开支的形式实施了诈骗行为的辩护意见。

公安机关在起诉意见书中指出，黄某实施诈骗的行为方式之一就是在2013年、2014年每月虚报1万元杂费开支。辩护人经过多次阅卷，并制作阅卷笔录，发现该案能够证明黄某实施了虚报每月杂费开支的证据只有黄某自己的供述。基于此，辩护人在向检察院提交的法律意见书中明确指出，该案现有证据无法证实黄某以虚报每月杂费开支的方式实施了诈骗行为。

2. 申请调取关键证据——每月杂费开支账簿。

在辩护人多次会见犯罪嫌疑人黄某的过程中，黄某均提到，公安机关在他家中扣押的账册中有一本账簿专门记录了每个月工程项目部的杂费开支情况。而公安机关提供的扣押清单及扣押物品中并没有该账册。此外，辩护人还了解到，该项目部在2014年3月至4月因为发生安全生产事故，停产了近两个月。基于此，辩护人向检察院递交了调查取证申请书，申请检察院依法从公安机关调取黄某被扣押的所有账簿。

（二）针对以虚报每月原材料进货吨位数及运输费用的方式实施诈骗行为的辩护方案

与起诉意见书认定的黄某以虚报每月杂费开支的方式实施诈骗行为类似，能够证明黄某以虚报每月原材料进货吨位数及运输费用的方式实施诈骗行为的证据仅有黄某本人的供述。在仔细分析案卷材料后，辩护人认为该案现有证据无法证实黄某实施了上述诈骗行为。为此，辩护人准备了如下方案。

1. 提出现有证据无法证实黄某以虚报每月原材料进货吨位数及运输费用的方式实施了诈骗行为的辩护意见。

公安机关在起诉意见书中指出，黄某在受聘负责管理工程财务期间，虚报每月原材料进货吨位数及运输费用（2013年每月虚报1车原材料，每车约50吨）。同样地，辩护人经过阅卷发现，该案现有证据无法证实黄某以上述方式实施了诈骗行为。基于此，辩护人在向检察院提交的法律意见书中，也指出该案现有证据无法证实黄某以虚报每月原材料进货吨位数及运输费用的方式实施了诈骗行为。

2. 申请调取关键证据——对证人周某重做询问笔录。

在犯罪嫌疑人黄某的供述中，关于如何以虚报每月原材料进货吨位数及运输费用的方式实施诈骗行为，黄某称得到了过磅员周某的帮助，周某在2013年期间每月都会帮助其做假账，其事后还给了周某几万元好处费。而周某在公安机关接受询问的时候称，其只在2013年5月至12月帮过黄某，但具体车次不记得了。基于此，辩护人在向检察院递交的法律意见书中明确指出，需要对犯罪嫌疑人黄某的供述和证人周某的证言不一致之处进行核实，并对周某重新做询问笔录，以查清案件事实。

（三）针对以隐瞒货款支付、私自截留工程款的方式实施诈骗行为的辩护方案

起诉意见书指出，犯罪嫌疑人黄某除了采用上述两种方式实施诈骗行为，还以隐瞒货款支付、私自截留工程款的方式实施了诈骗行为。针对起诉意见书的该项认定，辩护人阅卷后发现，与该行为似乎有关联的证据仅有被害人李某与犯罪嫌疑人黄某之间的银行流水记录、黄某与其家人之间的银行流水记录和黄某个人银行账户的流水记录。但是，仔细推敲后会发现，通过这几组证据无法得知黄某究竟以前述方式诈骗了被害人李某多少数额的工程款，因为黄某转给其家人的款项及其个人支出的款项的来源不仅有被害人李某的转账，还有其个人的工资、奖金、他人的还款以及对外投资的收益等。

基于此，辩护人在向检察院提交的法律意见书中，同样针对上述问题，指出该案现有证据无法证实黄某以隐瞒货款支付、私自截留工程款的方式实施了诈骗行为。

三、处理结果

A县人民检察院对该案进行审查并经过两次退回补充侦查后认为：某某县公安局认定的犯罪事实不清、证据不足。黄某以每月虚报1万元杂费开支的方式骗取被害人的钱款就只有黄某的供述而没有其他任何证据予以证实；以私自截留贷款及每月虚报原材料进货吨位数的方式骗取被害人贷款的数额无法确定，不符合起诉条件。依照《刑事诉

讼法》第175条第4款的规定，决定对黄某不起诉。

四、经验总结

在该案中，A县人民检察院在整个办案过程中均贯彻了“疑罪从无”的刑事诉讼法律原则，对于事实不清、证据不足的刑事案件主动作出了存疑不诉的决定。此外，承办检察官也积极听取了辩护人的意见和建议，在发现问题后，及时将案件退回公安机关进行补充侦查。虽然公安机关补充提交了部分证据材料，但这些证据材料仍然不足以证明该案的犯罪事实。检察院在整个刑事诉讼活动中依法独立行使审查起诉职能，并最终对黄某作出了不起诉的决定。

在公安机关最初决定立案侦查的时候，犯罪嫌疑人黄某的涉案金额约为70万元。根据《刑法》第266条，最高人民法院、最高人民检察院《关于办理诈骗刑事案件具体应用法律若干问题的解释》第1条等相关规定，如果犯罪嫌疑人黄某的诈骗行为事实清楚且证据确实、充分，将很有可能被判处10年以上有期徒刑。检察院在听取辩护人的意见后，审慎地审查了全案的所有证据，最终对犯罪嫌疑人黄某作出存疑不起诉的决定。这体现了检察院对无罪推定原则的贯彻，对实现“让人民群众在每一个司法案件中都能感受到公平正义”这一目标具有重要意义。

该案值得思考的地方有如下几点。

（一）关于存疑不起诉制度

存疑不起诉制度，对于贯彻疑罪从无原则，减少冤假错案具有十分重要的意义。但由于现实中个案的证据表现形式有较大的差异，办案人员基于学识、能力的差异，对“证据不足”的认识也不尽相同。因此，对什么样的案件可以做存疑不起诉处理，在司法实践中存在不少争议。这可能使存疑不起诉制度的内在价值无法得到充分发挥，甚至因为案件处理中的偏差，一些原本无罪之人要承受牢狱之苦。如何正确把握存疑不起诉案件中的“证据不足”，是当前处理这类案件需要解决的重点和难点。

（二）关于庭前辩护的问题

在检察院对该案进行审查起诉期间，辩护人和检察官的沟通是非常顺畅的。检察官表示很乐意听到律师关于该案的一些看法和观点。在一起刑事案件被移送法院后，律师要想实现无罪辩护，难度不言而喻。但是，在侦查期间或者审查起诉期间，律师向相关司法机关提出无罪或是罪轻的辩护意见，从而实现无罪或罪轻的认定，相对于在审判期间的难度来说小了很多。很多人认为刑事辩护的“主战场”是法庭，律师在法庭之外能起的作用是非常有限的，但是事实并非如此。近年来律师在庭审之外，特别是在庭前辩护方面，发挥了越来越重要的作用。通过律师的不懈努力，一些案件在侦查期间或审查起诉期间就取得了非常好的辩护效果，最终被撤销或被不起诉。

《刑事诉讼法》第 34 条第 1 款中规定：“犯罪嫌疑人自被侦查机关第一次讯问或者采取强制措施之日起，有权委托辩护人；在侦查期间，只能委托律师作为辩护人。”通过该案，笔者更加深刻地理解了这一法条的含义。律师作为犯罪嫌疑人、被告人委托的辩护人，不能仅将法庭作为刑事辩护的“主战场”，还应当更为注重庭前辩护。

二罪之争　终获不诉

——叶某某涉嫌诈骗罪一案

江西六尺条律师事务所　叶祎玮

一、案情简介

2018 年 8 月，犯罪嫌疑人倪某某、洪某某及黄某某等人在 J 省 S 市万达广场五桂座 2 号楼某室成立了某某网络科技有限公司，开发“青蛙策略”App，从事虚拟盘交易，客户资金流向公司注册的博弈云账户，不流向正规的股票市场。2019 年 4 月初，犯罪嫌疑人倪某某、洪某某又在万达广场五桂座 2 号楼某楼层成立某某商务有限公司，倪某某和洪某某各投资 50 余万元各占股 50%。该公司聘请童某某担任总监管理公司，童某某负责对公司业务员开展集中培训，对业务员定岗定目标，收集潜在客户的个人信息，同时编排营销话术本，根据话术本安排业务员电话联系潜在客户，负责计算公司员工的提成并安排公司财务人员发放工资绩效。但该公司所有工作人员均不具有证券从业资格。

某某商务有限公司开展业务分为两轮：第一轮童某某建立“老孔游资群”，冒充股票分析老师“孔某某”，并吸纳了 20 余名客户，童某某与各业务员以话术配合混淆视听，骗取客户信任；第二轮童某某冒充股票分析老师“胡某”，在平台进行直播，并在微信群向客户推荐

“阴跌股”，打着抱团买某一只股票拉升股价的噱头让客户投资，如果股票上涨，则会通过各种话术要求被害人不出售，等待股票下跌后再要求被害人出售，营造被害人投资股票亏损的假象，致客户发生严重亏损，公司得以从中牟利。

犯罪嫌疑人叶某某于2019年4月通过郑某（另案处理）介绍进入该商务有限公司担任普通业务员。约1个月后，犯罪嫌疑人叶某某因业务能力出色，被安排同余某、陈某某担任公司开展第一轮业务的小组组长，主要负责管理业务员，并与各名业务员在拉人入群后，按照公司安排的话术和策略，打电话招揽股民，在微信群里扮演水军冒充股民，充当水军吹捧童某某冒充的股票分析师的投资眼光、投资能力、投资水平，晒虚假盈利单截图，游说股民投资。以“公司是与国家正规股票交易平台同花顺联通，交易真实有效”等说辞诱骗股民注册登录公司的虚拟股票交易“财星宝”App，通过给股民洗脑，诱导股民买“阴跌股”。事实上，股民投入的资金并未进入真实股票市场，而是进入其公司的内部账户。该公司的一系列诱骗行为，不仅导致股民投入的资金亏空，还设立了对股民极为不利的平仓交易规则，需另外收取高额的建仓费、手续费，在交易的各个环节设下陷阱，以达到诈骗股民资金的目的。经统计，某某商务有限公司共骗取被害人140余万元。犯罪嫌疑人叶某某在某某商务有限公司中每月领取固定工资2800元，若成功推荐了股民入股，则按照48‰的标准领取提成。在该公司工作期间，叶某某共领取提成2万余元。

该案因被害人报警案发，2019年7月30日，犯罪嫌疑人叶某某被公安机关抓获。案发后，犯罪嫌疑人叶某某向公安机关退缴违法所得3万元。

二、辩护思路

1. 根据阅卷情况，辩护人及时梳理了案件“投资”流程，并制作了公司各级人员架构图，清晰展示各犯罪嫌疑人地位及作用。

2. 及时向承办机关提出取保申请、提交书面辩护意见并提出如下辩护观点。

（1）该案整体犯罪事实各被告的行为不构成诈骗罪，应定非法经营罪。

不构成诈骗罪的理由：

首先，该案各犯罪嫌疑人所实施的“诈骗手段”，不符合构成诈骗罪的客观行为条件，被害人下单交易输赢由正规股市行情决定，与犯罪嫌疑人的“诈骗行为”无直接因果关系。

虽然该案各犯罪嫌疑人为获取高额交易手续费、延期费和客损，存在以虚假身份结识、逐步获得信任，并通过采用各种“话术”、发送虚拟交易截图、冒充“老师”提供购股建议等方式诱骗被害人在涉案交易平台进行股票交易，但是犯罪嫌疑人的这些“虚构事实或隐瞒真相的诈骗行为”，只是为了“招徕客源”进入交易平台下单，并不必然导致被害人遭受财产损失。因该股票交易平台指数涨跌和正规的股票交易平台对接一致，犯罪嫌疑人并不能更改后台股票价格及涨跌数据，且正规股票市场行情走势的真实行情是不受任何人控制、完全公开的，被害人的亏损只与正规股市行情相关，牛市就赚，熊市就亏。因此，被害人下单交易输赢由正规股市行情决定，与犯罪嫌疑人的“诈骗行为”无直接因果关系。这从被害人交易入金数额与损失数额相比也能明显体现出来：该案1600余名被害人入金数额达9546万元，其亏损金额为4902.2万元，被害人亏损的也只是其本金的一部分。这有涉案账户资金流水及犯罪嫌疑人倪某某、洪某某供述印证。

其次，犯罪嫌疑人在交易中均赔付到位，各被害人“出金”自由，足以证实犯罪嫌疑人的“诈骗行为”，只是为了“招徕客源”进入涉案交易平台交易股票，赚取手续费、延期费和客损，并不是为了诈骗被害人“入金”（购股票充值的钱）。该案1600余名被害人入金数额为

9546 万元，其亏损金额为 4902. 2 万元，出金数额为 4644 万元，赔付金额达 2340. 2 万元。也就是说，被害人要“出金”提现只需点击交易平台“出金”页面就能提现，购股赚钱了赔付也能及时到账。这也有犯罪嫌疑人倪某某、洪某某供述，各被害人陈述，涉案账户资金流水印证。

最后，该案存在业务员自己参与涉案平台购买股票的情况，足以证实各被告设立交易平台不是为了骗，而是经营获利。如叶某某，既是被害人又是该案业务员，其以亲戚、同学名义自己进入该涉案平台炒股，亏了 12 万元。

（2）该案各犯罪嫌疑人的行为更符合非法经营罪的构成要件。理由如下：

①犯罪嫌疑人倪某某、洪某某所设立的该“交易平台”所从事的股票交易就是一种“不合法”的证券交易。比如：入市程序要下载 App 软件、要向特定账户转入资金；其交易的股票种类为市场上正规的股票种类；其交易涨跌指数又与正规期货市场对接一致；设定亏盈比例、强制平仓；允许配资；出金提现自由、赔付到位等。唯一不同的是，该交易平台为犯罪嫌疑人私下设立的“虚拟盘”，入金进入犯罪嫌疑人私人账户，犯罪嫌疑人自己坐庄，自负盈亏。这有犯罪嫌疑人倪某某、洪某某等人供述与被害人陈述印证。

②犯罪嫌疑人倪某某、洪某某建立这一交易平台从事证券交易未经相关部门批准，没有从业资格。这有犯罪嫌疑人倪某某、洪某某等人供述证实。

③犯罪嫌疑人倪某某、洪某某等人的行为完全符合《刑法》第 225 条第 3 项规定，即未经国家有关主管部门批准非法经营“证券”、期货、保险业务，扰乱市场秩序，情节严重的，构成非法经营罪。

而犯罪嫌疑人叶某某在主观明知倪某某、洪某某没有取得相关部门批准、没有从业资格、私自建立股票交易平台从事股票交易的情况下，仍以业务员身份帮助其从事股票交易，扰乱市场秩序，主客观上完全符合非法经营罪的构成要件，构成非法经营罪的从犯。

（3）现有证据认定犯罪嫌疑人叶某某个人的犯罪金额仍事实不清，证据不足。

侦查机关指控叶某某发展的一名客户蒋某入金 34 万元，亏损 33,150 元。仅有犯罪嫌疑人叶某某供述及财务出具的一张提存表印证，侦查机关并未找被害人蒋某核实，也未查清蒋某相关入金、出金的银行流水或微信出账明细凭证予以印证。

（4）犯罪嫌疑人叶某某具有以下法定从轻、减轻情节：

第一，其在整个犯罪团伙中，仅仅是一名业务员，职责为在群里作“托”，发展客户进入平台交易，到案发时止仅发展到一名客户，在整个活动中所起的作用非常小，属从犯。

第二，其任业务员时间短，其间，只领了 17,000 元提成和 2000 元奖金及 2 个月工资 5600 元，获利少，且没有参与分赃也没有资格分赃。

第三，其自归案后如实稳定供述全部犯罪事实，并表示认罪认罚，已退缴所有获利。

三、处理结果

J 省 S 市 X 区人民检察院于 2021 年作出不起诉决定书，检察院认为犯罪嫌疑人叶某某虽然实施了《刑法》第 225 条第 3 项规定的行为，但犯罪情节轻微，具有从犯、认罪认罚、退缴违法所得的从轻、减轻情节，根据《刑法》第 37 条的规定，不需要判处刑罚。根据《刑事诉讼法》第 177 条第 2 款的规定，决定对犯罪嫌疑人叶某某不起诉。

四、经验总结

辩护人在接受委托时，案件处于检察院审查起诉阶段，已经错过了“黄金37天”（侦查30天+审查批捕7天）的最佳介入期限。在刑事案件中，尽早介入能够多一份为当事人争取的空间。该案因涉及人数较多，卷宗也多达21卷，故而尽快梳理案情、形成辩护意见、及时与承办检察官沟通就成为重中之重。该案的办理过程同样一波三折，经历了两次退回补充侦查及三次延长审查起诉期限，办案期限极长，这也从侧面反映出承办人负责、认真的办案态度，能够耐心听取辩护人的意见，并给予及时反馈。

刑事辩护工作中，阅卷是立足之本。辩护人在阅卷的同时，也在同步建立自己对案件的判断，精准把握案件的争议焦点，并以此为锚点，在此基础上形成书面的辩护意见。辩护人经过阅卷，在仔细研究各个犯罪嫌疑人之间的层级关系及获利情况的基础上，会见当事人核实案件情况，抓住案件细节，对案件情况做了充分了解。该案是近年来较为典型的私设股票市场“虚拟盘”，承诺交易规则及交易方式与真实股票市场一致，以吸引客户投资交易，并从中牟利的案件，完全符合《刑法》第225条第3项规定的“未经国家有关主管部门批准非法经营证券、期货、保险业务的”行为，辩护人认为该案认定为非法经营罪较为妥当。但在公安机关侦查及之后移送检察院审查起诉时，对该案各涉案犯罪嫌疑人均以涉嫌诈骗罪认定处理。

在与承办检察官沟通时，辩护人着重就当事人所实施行为的定罪及犯罪情节问题，本着“以事实为依据，以法律为准绳”的原则，利用可视化图表的形式展示案件关键争议点。该案系涉案人数较多、涉案金额较大的刑事案件，要仔细研究各个犯罪嫌疑人之间的关系，核实计算叶某某所涉及的行为及金额，这对其定罪及后期的处理至关重要。故而辩护人利用可视化图表展示其内部联系，帮助承办人从长篇累牍的案卷中简化审查工作，最终为犯罪嫌疑人争取取保候审及不诉结果。

最终，犯罪嫌疑人叶某某在辩护人的积极沟通下，于2020年6月

1 日被取保候审，并于次年 2 月 28 日被决定不起诉。检察机关对该案中的犯罪嫌疑人叶某某作出相对不起诉决定，系因其犯罪情节轻微。对其作出不起诉决定，意味着行为人没有犯罪记录存在，是对行为人作出无罪处理。在刑事案件中，能够为当事人争取到不起诉的结果不仅对当事人本人意义重大，也是对辩护人工作的极大肯定。

找存疑　辩无罪

——刘某涉嫌职务侵占罪一案

江西泓越律师事务所　方　军

一、案情简介

刘某系A县客运公司的一名股东兼会计、出纳，2019年，因公司连续几年没有分红，卢某、罗某、赖某等公司另外3名股东找到刘某询问原因，刘某回答是因为公司没钱了所以没分红。3名股东对这样的回答感到不满，怀疑刘某侵吞了公司财产并要求对账，经过几次粗略对账，3名股东发现公司账户中仅剩8万多元，而2013年至2018年的营收账目比支出账目多出了80余万元的差额，刘某称这些钱自己全部用在了公司的支出上，但相关的支出票据和账本因在2018年公司搬迁时遗失无法出示，3名股东对刘某的答复不满，以刘某侵吞公司80余万元资产为由，向A县公安局报案。2020年5月26日，A县公安局以刘某涉嫌职务侵占罪立案侦查，并于同年8月6日对刘某采取取保候审措施。

2020年9月10日，A县公安局侦查终结，以刘某涉嫌侵占A县客运公司车辆管理费合计589,800元，涉嫌职务侵占罪，向A县人民检察院移送审查起诉。2020年10月14日，A县人民检察院向A县人民法院提起公诉，指控刘某构成职务侵占罪，侵占A县客运公司2013年至2018年的车辆管理费280,105元。

二、辩护思路

（一）罪轻辩护还是无罪辩护，这是一个问题

“刨根问底”深挖案件事实真相。该案实质上是一起公司股东之间的合伙清算纠纷，属于民事纠纷案件范畴，认定刘某构成职务侵占事实不清、证据不足。一是刘某客观上没有通过做假账虚增开支或减少收入的方式将资金据为己有。二是A县客运公司除税费和员工工资外，还存在其他正常开支，这部分开支与检方指控侵占的金额几乎持平。

1. 公司正常运营期间存在其他合理开支。

其他股东所称公司运营没有开支，明显有悖常理，不符合客观事实。审计报告陈述：A县客运公司作为一个正常运营的公司，除税费和员工工资外，应该还存在其他合理开支。但该案检察机关却依据审计报告评定的金额，再直接将税费、员工工资予以扣除后指控刘某职务侵占的金额为280,105元，未将其他实际支出金额扣除。虽2013年至2017年的开支票据和账本均遗失，无法核实具体开支，但实际开支与收入接近持平且有相关支出证据可以佐证。

2. 公司账户与个人账户混同，无法查清交叉的具体金额。

该案中，A县客运公司虽然工商注册登记为有限责任公司，但是其并没有严格按照《公司法》等法律法规的规定来进行实际运营。A县客运公司除了法定代表人卢某，公司的会计、出纳均由本身是公司股东的刘某担任。公司没有严格的财务管理制度，收支均由刘某一手操办。在资金管理方面，没有严格要求资金应存入公司账户，公司收入有现金，也有转公司账户和转刘某私人账户的情况存在。除税费、工资以外的大部分开支都是“白条”，由法定代表人卢某发话支出、事后由卢某签字认可。

该案属于公司的财务制度不健全导致公司多数票据保管不妥善、无法核实具体开支，进而引起的股东间的合伙清算纠纷。在无法进行清算的情况下，刘某没有将所保管的资金交出的行为，不构成职务侵占行为。

（二）洞若观火，区分鉴定报告是“李逵”还是“李鬼”

司法会计鉴定，指司法机关为了查明案情，依法指派或聘请具有司法会计专门知识的人员，依据司法会计技术标准，通过检验财务会计资料对案件中财务会计问题进行技术鉴定的一项诉讼活动，是司法机关依法采取的一种诉讼措施。而审计，是指审计机关根据需要或接受委托，指派专业人员依据审计标准，通过审查被审计单位的财务会计资料和有关经济活动，提出意见和结论的一种经济监督、鉴证和评价活动。审计报告不具有司法会计鉴定的效力，关键性证据证明力不足。

在我国的司法实践中，经常会遇到司法机关拿审计报告充当司法鉴定意见的情形，虽然审计工作与司法会计鉴定工作相似，都以采集财务资料为主体，以财务会计标准作为技术标准，采用一定的财务检验手段来发现经济犯罪案件的线索，但从刑事证据的分类来看，审计报告并非鉴定意见，应属于书证。审计报告和司法会计鉴定是两个不同的范畴：在目的、组织机构、法律依据、主体的产生程序、主体的诉讼地位、审计鉴定程序、证据依据等方面都存在巨大差别，不可混为一谈。由于司法会计鉴定符合刑事证据的“程序性、合法性、客观性”三大要素，可以直接作为刑事证据使用，而审计报告由于缺乏严格的程序要求等，仅能作为普通的书证使用。

该案A县检察机关指控刘某构成职务侵占罪所采用的主要证据为某会计师事务所作出的审计报告。审计报告不属于司法会计鉴定，且所依据的材料不全面、不客观，不能作为证明存在侵占事实的证据。

三、裁判结果

2020年12月31日，A县人民法院作出刑事判决，认定：公诉机关指控被告人刘某于2015年至2018年担任A县客运公司会计兼出纳期间，收取车辆管理费280,105元未入账，其行为构成职务侵占罪。公诉机关认定未入账金额仅扣除了A县客运公司工资、税费开支。而A县客运公司经营运作客观存在办公费用、房租、商务接待等费用开支。该案中现有证据无法确定以上支出费用数额，因而无法认定被告人刘某占用A县客运公司资金的数额。被告人刘某侵占A县客运公司财产的事实不清、证据不足，指控的罪名不能成立，被告人刘某不构成职务侵占罪。

四、经验总结

（一）民刑交叉案件，分阶段妥善研判处理是关键

1. 被控告前，沟通谈判避免控告。

职务侵占犯罪案件整体上比较特殊，往往会涉及刑民交叉的问题，多数是因经济纠纷被人控告所引起，而多数控告人的第一选择是向当事人追讨，而非控告。因此，辩护人如在控告之前接受了委托，应及时介入积极促成双方谈判，及时化解双方矛盾，避免当事人遭受控告，而将案件转入到刑事程序。

2. 被控告后，积极为辩护做准备。

如果定性比较明确，一方面要当事人准备好有利的证据材料，另一方面要积极劝导当事人投案自首。职务侵占犯罪案件，当事人控告后公安机关往往不是马上立案和采取强制措施，所以要争取自首。

3. 被立案后，多角度展开全面辩护。

职务侵占犯罪案件整体上比较特殊，多数是有人控告，往往是有经济纠葛，也涉及刑民交叉的很多问题，手段行为与目的行为往往有

牵连，法条也有竞合。因此，辩护方法也应多维度、多层面地选择。其中在定性比较明确的情况下，注意退赃退赔和取得被害单位的谅解，这两项是获得宽缓处置的重要条件。

（二）逐步抽丝剥茧，削弱有罪证据证明力是根本

1. 把握关键，明确区分证据类型。

要重视证据类型的区分，如该案中的审计报告仅可作为一般书证。审计机关有其不同于司法机关的特殊职能要求和专业特性，不能要求所有的审计证据和审计取证行为都符合刑事诉讼的要求；刑事诉讼对刑事证据的要求，尤其在合法性要求方面，更加严格，明显高于审计证据的要求。因而，为有效指控，在司法实践中不能以审计报告代替司法会计鉴定书。

2. 细致阅卷，厘清辩护核心要点。

在案件进入审查起诉阶段后要及时进行阅卷。阅卷是辩护工作的重中之重，应当细之又细，只有阅卷才能最终确定案情在定性上是否存在争议，确定基本的辩护方向。该案辩护人第一时间到检察机关进行了详细的阅卷，发现案件实质为公司管理混乱账簿丢失致使股东之间无法结算出具体的数额，而产生的争执。只能算是合伙股东的结算纠纷，属于民事案件范畴，从而确定了无罪辩护的方向。

（三）加强沟通交流，法官认同辩护意见是保障

1. 基于法律共同体的角度加强沟通。

正如王泽鉴在《民法思维》一书中提到的："学习法律的人，常自称为'法律人'，带有几分自傲！几分期许！"律师与法官形成有效沟通，很重要的一点是从法律共同体的角度来考虑和切入。法律共同体有着共同的职责、共同的使命、共同的信仰。抛开案件结果上的立场不同，从程序上，律师与法官都有责任与义务推动案件依法公正处理。只有案件结果公平公正，双方的工作才能告一段落。因此，与法官进行沟通，一方面要让法官充分感受到律师积极推动案件进程的善意，

要先于法官做好一切能做到的工作，为法官提供方便；另一方面要依法专业高效而不显打扰地表达，要先于法官将案件梳理成型并对案件的重要因素全面掌握。

2. 简明扼要，重视提交书面意见。

除积极沟通外，辩护人应当高度重视法律文书的撰写，提纲挈领、简明扼要向法官阐述案件存疑事实及程序瑕疵，努力为犯罪嫌疑人争取到无罪判决的结果。然而，法律文书的起草并非一日之功，是律师职业生涯中需要一直努力精进的核心本领。需要特别说明的是，律师与法官交流证据认定及法律适用情况时，最好找出类似的判例或者把依据的法条打印附在法律文书之后，让法官做选择题而不是论述题。

一个被撤回的起诉

——王某涉嫌职务侵占罪一案

江西鸿韵律师事务所　兰宇军

一、案情简介

被告人王某于 2013 年 4 月被 Y 市公安局以涉嫌职务侵占罪刑事拘留，截至委托笔者时已经被羁押 2 月有余。

王某被指控在负责某区域销售其所在公司的产品期间，私自截留公司货款未归账，公司发现后为整风肃纪向公安机关报案，要求依法严惩。

公安机关通过核查公司的销售台账、相关区域进货客户的进销记录和调取王某账户的银行流水，发现王某确实在负责案涉区域销售期间，累计截留 6 万余元长达数月未归账。同时查明，王某已将前述货款用于其他公司其他产品的进销。为此，公安机关认为王某的行为涉嫌职务侵占，进而对王某采取强制措施。此后，检察机关依法批准逮捕。

检察机关以职务侵占罪向所在地法院提起公诉，王某自认理亏并对于上述基本事实和指控不持异议。

二、辩护思路

（一）开庭前7天的紧急委托

该案此前已经委托了辩护人，考虑到该案事实清楚且被告人本人没有异议，又囿于王某存在自首情节，此前准备作罪轻辩护（彼时认罪认罚制度尚未出台）。

被告人的姐夫在开庭前7天找到笔者咨询，并决定增加辩护人。

值得一提的是，控告人系当地龙头企业，王某的家属多次找到公司协商拟取得谅解均未果，并被明确告知一定要追究王某的刑事责任以儆效尤。

（二）可能的疑问

通过与委托人的沟通，得知王某在销售该公司产品时需在公司单独申请开具账户并存入保证金，相关货款也是通过该账户进行回收和转入公司，而王某事实上并没有赚到钱。

因此，尽管王某本人对于该案没有异议，但辩护人还是提出两点疑问：一是王某与其所在公司，究竟是何种法律关系。二是王某在公司开立账户收取货款并归账于公司的行为，究竟是职务行为还是其他性质的民事行为。

笔者认为，上述两个基本事实对于该案的处理具有重大影响，而最初的咨询沟通则让人感觉，该案王某与所在公司的关系，或与侦查机关和公诉机关指控的事实不无疑问。质言之，王某本身对于事实和指控无异议，并不等于指控能够依法成立，因为当事人可能存在法律上的认识错误。

当然，所有疑问的解开有待于对该案的全面了解和解析。

（三）行动

时间关乎自由，行动关乎成败——该案显得尤为相应！

1. 阅卷。

由于时间紧迫，笔者接受委托后，第一时间到该案审判法院递交委托手续并阅卷和复制全套案卷材料。或许办案机关均认为，该案事实清楚，因此，该案的实体卷仅 100 余页。

2. 发现辩点新大陆。

在阅卷过程中，笔者发现有 3 份书证给人意外的收获：

一是《劳动合同》。该合同有以下三个值得注意的条款：①王某在销售该公司产品期间，不得销售其他公司的类似产品，否则，应当赔偿公司约定数额的巨额损失。②如果王某超过公司货款周期回款，则公司有权按照逾期款项的月息 1.5% 计息。③如王某存在上述违约情形，公司有权从王某缴纳的履约保证金中直接扣除，并继续追究其违约责任。

二是社保记录。社保记录用以证明公司为王某缴纳社保，双方之间存在劳动法律关系。事实上，该记录从王某所谓的入职到案发期间的 1 年 6 个月，所有缴费记录均为“0”。

三是工资记录。公司与王某的工资记录显示：①此前货款如未在公司规定周期内回款，则公司直接从王某缴纳的保证金中扣除利息。②记录显示“如公司因合同产生实际社保金额，王某承担”。③王某的工资在前期多数月份显示为负数。

3. 会见。

阅卷当天下午即会见了王某，并就具体问题进行了详细询问和了解，得知以下情况：

①王某为了具备做业务的资格，按照公司统一要求单独以个人名义注册了一个体营业执照，并取得了相关产品营业资格。

②王某所谓负责的销售区域为两个县域，其不得跨区销售，即串货，否则得承受公司高额罚款。

③王某的收入仅与其业务挂钩，即公司不会发任何底薪，其所有

收入均来源于销售差价的提成，未完成则要扣罚相关金额。前期不熟悉业务未能打开市场局面，从而导致工资为负数。

三、辩护意见

鉴于上述阅卷和会见情况，辩护人认为王某依法不构成犯罪，理由是：

王某不符合职务侵占罪的主体构成要件，王某并非控告公司法定意义上的职工。

首先，所在公司并未为王某提供基本的工资收入来源和保障。

尽管在卷证据显示王某与该公司确实签署了劳动合同，但这种劳动关系并不真实，因为该公司从未为王某购买和缴纳过社保，其所谓的工资也不是来源于该公司的工资体系，而是完全决定于王某的区域销售差额利润。

其次，所在公司从未考虑更未实际承担王某的用工成本。

该公司的工资记录还进一步证实，若王某真的因为劳动合同的原因，导致该公司不得不缴纳社保，则所有因此产生的支出和成本均由王某承担。如上所述，所在公司对于王某既不存在承担实际工资的用人成本，也不存在因为劳动合同而可能产生的法定社保成本，进言之，该公司只是通过所谓的劳动合同企图达成对王某的身份关系控制，而从未有过将其作为公司员工的真实意思，更未承担普通意义上的用人单位的义务和职责。

最后，显示王某工资负数的公司造表记录，彻底击穿了王某与公司的虚假劳动关系面纱。

虚假经不起拷问，王某若是该公司员工，其长达多月的劳动怎么可能只获得负数工资？难道还要王某向公司倒贴发放工资？这显然不符合常人的基本理解，也完全不符合劳动法律关系的基本特征和构成要件，从而反证双方之间的所谓劳动关系纯属虚假。

王某与公司应属平等的代销合同关系，其处分自己账户款项不具有刑事违法性。

王某所谓截留货款未归账的被控告和指控，在法律上究竟应当如何定性？关系同样重大。

辩护人认为，王某的行为纯属合法的权利行使，不存在职务侵占罪的非法侵占意图，也不存在刑事违法性。

首先，归入王某账户的款项，在物理性质上并非公司财产。显而易见，相关客户将款项汇入的是王某的个人账户，而非公司账户，因此，从未进入公司账户的款项不能先入为主地认为是公司财产，这不符合客观事实。

其次，逾期回款的合同违约责任承担，在制度上阻绝了王某账户款项属于公司财产的可能。因为该公司所谓的《劳动合同》已经在制度设计上允许王某逾期回款，只不过公司在此基础上可以收取其较高的逾期利息，质言之，无论是客户逾期还是王某逾期，最终承担逾期责任即利息的都是王某，因此，王某当然也有权利通过逾期承担利息的方式，来自愿选择和处分自己账户中的款项。

综上所述，从王某单独注册营业执照方能取得销售资质，并且在原始合同义务上得承担逾期回款的利息责任来看，王某与公司的实质法律关系应属平等的民事代销合同关系，故王某被指控的所谓截留公司款项的行为，纯属对自己账户资产的权利行使和处分，具备完全的正当性和合法性，因而当然不构成所谓的职务侵占罪或者其他罪的主观非法意图。

四、处理结果

该案由于辩护人与公诉机关存在根本性的分歧，因而在法庭上的抗辩是较为激烈的，而且该案在第一次开庭后，出现了变更起诉的情形，即将职务侵占罪变更为挪用资金罪，基于前后两罪的主体构成要件基本相同，且事实上王某与所在公司依法应属平等的民事代销关系，因此挪用资金罪的指控依法不能成立。

该案历经变更起诉、多次开庭后，公诉机关最终撤回了对王某的起诉。

五、总结

罪与非罪，对于律师而言或许只是其中的一个刑事案件的辩护，但对于当事人而言，则关乎自由乃至此前甚至此后的全部，关系不可谓不大，因此，专业和尽职乃是刑事律师的根本要义！

该案中，王某由于自身的不当行为导致被控告，甚至面临牢狱之灾，而且囿于所在公司的影响力和自身的负罪感，加之其对法律的错误认识，导致前期未能作出恰当的应对，值得反思。但是，该案的事实似乎那么清晰，甚至被告人本人也没有任何异议，进而在公司强大压力下准备妥协时又出现了不同的意见，这对王某而言显然又是幸运的！

更为值得庆幸的是，案件的最终处理说明，作为法律职业共同体的法官和检察官，与律师在该案的认识上应该是达成了较为相近的认识，而且的确是基于这样一种对事实和法律的尊重，作出了适当的裁判。

使用公司资金支付股权转让款行为性质之辨析

——刘某涉嫌职务侵占罪一案

江西南芳（南昌）律师事务所　严林福

一、案情简介

涉案公司前身为江西某有限公司，成立于2004年，股东有谢某（占股95%）和张某一（占股5%）。2005年公司名称变更为江西某油茶开发有限公司（以下简称油茶公司），公司股东及股权比例变更为刘某占股35%，谢某占股37.5%，张某二占股12.5%，谭某占股15%。2009年赣州市某资产经营有限责任公司以200万元入股油茶公司，占股25%，公司股东及股权比例变更刘某占股26.25%，谢某占股28.125%，张某二占股9.375%，谭某占股11.25%，某资产经营有限责任公司占股25%。2010年至2014年，股东谭某、张某二、谢某、资产经营有限责任公司相继退股。其中，2014年1月油茶公司股东谢某将其名下28.125%股份以300万元价格转让至刘某、张某一名下，转让谢某股份期间油茶公司实际股东有刘某、张某一、资产经营有限责任公司三方，其中某资产经营有限责任公司不参与油茶公司经营管理、不承担经营风险、不参与利润分配，每年只负责收取股本金10%的利润。故当时油茶公司实际参与经营管理股东为刘某、张某一。刘某、张某一受让谢某股权所支付的300万元为油茶公司资金，同时刘某、张某一分别与谢某签订《江西某油茶开发有限公司股权转让协议》，其中刘某受让谢某22.5%股份，张某一受让谢某5.625%股份。

2018年×月×日，赣州市某区人民检察院通知赣州市公安局某分局对职务侵占罪的刘某立案。2018年×月×日，赣州市公安局某分局决定对刘某职务侵占案立案侦查。2019年×月×日，赣州市公安局某分局提请批准逮捕刘某。2019年×月×日，赣州市某区人民检察院作出不批准逮捕刘某的决定。2019年×月×日，赣州市公安局某分局将案件移送给赣州市某区人民检察院。2019年×月×日，赣州市某区人民检察院向赣州市公安局某分局送交补充侦查决定书。2019年×月×日，赣州市公安局某分局递交补充侦查报告书。2019年12月30日，赣州市某区人民检察院作出决定，决定对刘某不起诉。

二、辩护思路

该案涉及的罪名为我国《刑法》第271条第1款规定的职务侵占罪，该罪名罪状描述为“公司、企业或者其他单位的人员，利用职务上的便利，将本单位财物非法占为己有，数额较大的，处五年以下有期徒刑或者拘役；数额巨大的，处五年以上有期徒刑，可以并处没收财产”。因此，刘某的行为是否符合职务侵占罪构成要件是该案的关键。辩护人总体辩护意见是刘某的行为不符合我国《刑法》规定的职务侵占罪的构成要件，具体辩护意见如下。

（一）刘某主观上不具有非法占有公司财物的故意

根据刘某供述，其受让谢某股份实际是理解成由公司收购谢某股份，故由公司资金支付股权转让款，虽然收回的股权最终登记在刘某及张某一名下，但其个人并未实际额外取得资金，且对于公司支付的股权转让款，其打算通过日后公司分配利润时予以扣除的方式或直接归还的方式处理，因此，其主观上并不具有非法占有公司财物的故意。

（二）刘某客观上并未实施非法占有公司财物的行为

1. 股权转让款系刘某向公司借贷。

该案中虽然系由公司资金支付股权转让款，但刘某已向公司出具了240万元的借条，同时公司财务记账已记录刘某欠付公司240万元，该款项属于公司应收账款，对于该事实江西某会计师事务所有限公司2016年所作的审计报告也明确载明了该借款记账的事实。因此，该案中刘某及张某一并非利用公司资金支付个人应当支付的股权转让款，而是借公司资金支付股权转让款，并未有非法占有公司财物的事实。

2. 刘某并未利用职务便利侵占公司财物。

该案中支付股权系刘某与张某一商议后确定的，且受让股权系按比例增加，张某一受让股份也并未直接支付费用，同样是通过向公司借支的方式，由公司直接支付，因此，刘某并未利用职务便利侵占公司财物。

（三）刘某并未造成任何非法占有公司财物的后果

该案公司财务记账中，刘某及张某一所借款项属于公司应收账款，因此，刘某及张某一在受让谢某股权时，并未造成公司财物变相转为股东个人财产的后果，刘某也并未非法侵占公司财物。

（四）该案中刘某依法不构成职务侵占罪，建议依法作出不起诉决定

首先，2017年控告人孟某曾向赣州市公安局某分局提出控告要求追究刘某职务侵占的刑事责任，但赣州市公安局某分局已作出不予立案的决定，经复议仍维持不予立案决定，后检察院同样作出不予立案符合法律规定的答复。

其次，根据该案客观事实，赣州市公安局某分局起诉意见书指控刘某利用职务便利，用公司资金支付应由个人支付的股权转让款，与财务记账借款的事实明显冲突，依法应当予以纠正。

最后，根据《刑事诉讼法》第177条第1款规定，“犯罪嫌疑人没有犯罪事实，或者有本法第十六条规定的情形之一的，人民检察院应当作出不起诉决定”。因此，该案中刘某没有犯罪事实，依法应当作出不予起诉的决定。

三、处理结果

2019年12月30日，赣州市某区人民检察院作出决定，决定对刘某不起诉。

受让谢某的股权所支付的300万元的资金为油茶公司资金，该笔资金支出系油茶公司的全体股东刘某和张某一协商同意后支付的，并且履行了股东变更的相关手续，刘某、张某一分别与谢某签订了《江西某茶油开发有限公司股权转让协议》，其中刘某受让谢某22.5%的股份，张某一受让谢某5.62%的股份。

经检察院审查并退回补充侦查，检察院仍然认为赣州市公安局某分局认定的被不起诉人刘某涉嫌职务侵占的犯罪事实不清，证据不足，不符合起诉条件，依照《刑事诉讼法》第175条第4款的规定，决定对刘某不起诉。

四、经验总结

（一）及时阅卷

律师接受刑事案件委托后，应当第一时间进行阅卷，如果侦查期间接受委托，必须密切关注案件移送检察院审查起诉时间，尽量做到第一时间进行阅卷，并根据阅卷情况撰写审查起诉阶段律师辩护意见。

（二）审查起诉阶段务必提交律师辩护意见

刑事案件往往案卷材料比较多，审查起诉阶段办案人员因承办案件较多，律师及时提交审查起诉阶段律师辩护意见有利于办案人员快速掌握案件具体情况，也有利于引导办案人员听取并采纳律师辩护意见。

（三）应具有调查取证的意识和风险防范措施

根据《刑事诉讼法》第43条第1款规定，辩护律师经证人或者其他有关单位和个人同意，可以向他们收集与本案有关的材料，也可以申请人民检察院、人民法院收集、调取证据，或者申请人民法院通知证人出庭作证。但实践中大部分刑事案件辩护律师是根据侦查机关收集整理的案卷证据材料进行辩护，不愿意进行调查取证，而很多刑事案件，尤其是经济类犯罪案件，侦查机关所收集的证据材料往往并不能完全还原客观事实以及当事人主观心态，辩护律师进行必要的调查取证，能够最大限度地维护当事人合法权益。需要提醒的是，刑事案件律师调查取证务必合法合规，应充分注意法律风险及采取必要的防范措施。

（四）善于检索类案，为办案人员提供作出有利于当事人决定的依据

最高人民法院《关于统一法律适用加强类案检索的指导意见（试行）》第10条规定，公诉机关、案件当事人及其辩护人、诉讼代理人等提交指导性案例作为控（诉）辩理由的，人民法院应当在裁判文书说理中回应是否参照并说明理由；提交其他类案作为控（诉）辩理由的，人民法院可以通过释明等方式予以回应。实践中办案人员承办案件数量较多、经验不一，如果需要达到不诉、缓刑或较轻的处理意见，需要辩护律师做好充分的准备，为办案人员提供作出有利于当事人决定的依据，以解决办案人员的“后顾之忧”。

罪与非罪　有效辩护

——黄某涉嫌组织考试作弊罪一案

江西阳明阳律师事务所　陈巧琴

一、案情简介

2018年至2019年，G省G市90余名非该省该市户籍人员为能办理积分落户，每人以3万元至17万元费用，委托G省某考试培训中心办理积分落户手续，G省某考试培训中心遂筹划以参加全国计算机技术与软件专业技术资格（水平）考试拿证方式为上述人员实现落户G市。G省G市某考试培训中心找到G省某教育咨询公司为上述人员办理参加2019年5月25日在G省G市开考的全国计算机技术与软件专业技术资格（水平）考试的事宜，包括办理报名手续、安排替考人员、组织考试。G省某教育咨询公司通过伪造报考人员工作证明、让他人代替考试并携带手机进考场接收答案作弊、安排公司员工及社会人员黄某等10余人监考的方式组织G省G市全国计算机技术与软件专业技术资格（水平）考试作弊。该案监考人员黄某等及替考人员共100余人于2019年5月25日被抓获归案，该案黄某的行为涉嫌触犯《刑法》第284条之一第1款的规定即“在法律规定的国家考试中，组织作弊的，处三年以下有期徒刑或者拘役，并处或者单处罚金；情节严重的，处三年以上七年以下有期徒刑，并处罚金”。该案存在考试工作人员组织考试作弊，组织考生跨省、自治区、直辖市作弊，组织30人次以上作弊的组织考试作弊罪情节严重情形，黄某面临处3年以上7年以下有期徒刑，并处罚金的刑罚。

二、辩护思路

（一）辩护律师承办案件后，首先区分该案罪与非罪的问题，其次考虑该案罪轻与罪重的问题，这是刑事辩护律师办案的原则性思路

辩护律师在考虑该案是否符合《刑法》分则规定的组织考试作弊罪时，先核实该案涉及的全国计算机技术与软件专业技术资格（水平）的考试是否是法律规定的国家考试。初步从考试名称来看，是涉及全国性质的考试，也是计算机领域的资格考试，是国家法律规定的考试的可能性比较高，因刑事案件涉及犯罪嫌疑人人身自由问题，辩护律师认真查阅了全国计算机技术与软件专业技术资格（水平）的考试的出处，发现该考试的出处是原人事部、原信息产业部（含邮电部）于2003年10月18日发布的《计算机技术与软件专业技术资格（水平）考试暂行规定》及《计算机技术与软件专业技术资格（水平）考试实施办法》（国人部发〔2003〕39号），以上均为国务院部门的规范性文件，非全国人民代表大会的法律规定。因此，辩护律师及时会见犯罪嫌疑人，了解案情，为犯罪嫌疑人解释法律规定以及分析办案思路并积极与公安机关办案人员当面沟通、提交书面辩护意见及取保候审申请书，提出该案涉及的考试不是法律规定的考试，该案犯罪嫌疑人黄某无罪，公安机关办案人员回复称该案犯罪嫌疑人肯定有罪，该案涉及的考试也是国家级别的考试，其机关的法制部门也对该案进行了审核，该案涉及人员多、性质恶劣，属于跨省作案，取保候审不可能，在这样的情况下，辩护律师做好在公安机关提请批准逮捕时与检察机关沟通的准备。

（二）及时与检察机关办案人员当面沟通并向办案机关提交书面辩护意见及取保候审申请书，有理有据提出犯罪嫌疑人无罪的辩护观点

在与公安机关沟通无果的情况下，辩护律师在公安机关向检察机关提请批准逮捕时，第一时间与检察机关取得联系，并按照法律规定要求检察机关听取辩护意见，预约与检察机关办案人员面谈以及提出书面法律意见的时间。检察机关办案人员认为全国计算机技术与软件专业技术资格（水平）的考试属于法律资格类的考试，肯定有法律资格类的国家法律规定，辩护律师因对该问题有准备，故提出目前关于计算机技术与软件专业技术资格（水平）考试的规定均为部门规范性文件，非法律规定，而且该部门规范性文件的制定亦无明确法律层面的规定。类比职业资格考试的国家统一法律职业资格考试、注册会计师全国统一考试，即可知关于以上考试有明确的法律规定，如司法部2018年4月28日发布的《国家统一法律职业资格考试实施办法》（司法部令第140号）第1条规定："为了规范国家统一法律职业资格考试工作，根据《中华人民共和国法官法》、《中华人民共和国检察官法》、《中华人民共和国公务员法》、《中华人民共和国律师法》、《中华人民共和国公证法》、《中华人民共和国仲裁法》、《中华人民共和国行政复议法》、《中华人民共和国行政处罚法》和国家有关规定，制定本办法。"明确了国家统一法律职业资格考试的法律依据为以上诸多法律。再如，《注册会计师全国统一考试办法》也明确了注册会计师全国统一考试的制定依据是《注册会计师法》。

辩护律师提出国家职业资格证书制度宽泛的、不是明确的相关的法律规定，不是设立本罪中法律规定的国家考试中的"法律规定"，否则，违反罪刑法定原则。《刑法》第284条之一第1款规定的"法律规定的国家考试"，其中"法律规定"要求该考试必须要有法律的出处，即在某一部法律中详细规定了这项考试有法律授权并由国务院及部门以及行业组织。法律的此处规定并非概然性的涵括，而是确定性的明

示，规定考试的内容应当直截了当或较为明确地予以明示，而非经过层层推导后才与法律规定相联结。例如，《劳动法》第69条规定："国家确定职业分类，对规定的职业制定职业技能标准，实行职业资格证书制度，由经备案的考核鉴定机构负责对劳动者实施职业技能考核鉴定。"《职业教育法》（1996年）第8条规定："实施职业教育应当根据实际需要，同国家制定的职业分类和职业等级标准相适应，实行学历证书、培训证书和职业资格证书制度。国家实行劳动者在就业前或者上岗前接受必要的职业教育的制度。"以上规定均系概括性规定，不是确定性的明示，且没有明确考试取得，不可将其引用到打击刑事犯罪中的"法律规定的国家考试"，若引用，明显违反罪刑法定原则。

（三）在检察机关办案人员对该案暂无定性时，辩护律师提出商讨检察机关办理该案的思路，提出可逐级上报上级检察机关以判定该案罪与非罪，并提出该案因具有无罪问题，应将犯罪嫌疑人黄某先予以取保候审，以避免错误羁押

辩护律师在与检察机关当面沟通、提交书面辩护意见以及提交取保候审申请时，了解到检察机关办案人员最大的顾虑是无法定性该案罪与非罪，该案涉及的考试属于全国性资格考试的一种，而资格考试具有《劳动法》《职业教育法》法律层面宽泛的规定是否可以认定为符合"法律规定"。辩护律师考虑检察官的顾虑，故提出可逐级上报检察机关请示该案是否构成犯罪，但也提出应对犯罪嫌疑人取保候审，以避免后期无罪的国家赔偿，检察机关办案人员认为辩护律师提出的思路可行。

三、处理结果

G省G市人民检察院于2020年9月25日作出某检刑不诉（2020）17号不起诉决定书，G省G市人民检察院认为经逐级向最高人民检察院请示，最高人民检察院答复"全国计算机技术与软件专业技术资格

（水平）考试”不属于“法律规定的国家考试”，对相关案件行为人不宜按照《刑法》第284条之一追究刑事责任，故G省G市人民检察院认为黄某的行为不构成组织考试作弊罪，作出不起诉决定书。

四、经验总结

（一）严格审核是否符合《刑法》规定的罪名规定

《刑法》第284条之一规定的组织考试作弊罪中的考试为法律规定的考试，该案涉及的全国计算机技术与软件专业技术资格（水平）考试的制定依据没有法律的规定，故以此为突破口开展辩护。此案例充分体现了罪刑法定原则的运用，尽管全国计算机技术与软件专业技术资格（水平）考试在计算机领域属非常重要的考试，相当于法律行业的法律职业资格考试，但是该考试的制定却没有法律规定，故不符合《刑法》第284条之一的规定。另外，2019年9月4日实行的最高人民法院、最高人民检察院《关于办理组织考试作弊等刑事案件适用法律若干问题的解释》对该考试也未明确规定为法律规定的考试。

（二）将刑事辩护提前到侦查与审查起诉阶段，为无罪辩护打下良好的基础

案件在侦查阶段要第一时间会见犯罪嫌疑人，了解案情，熟悉法律规定，全面掌握案情，筹措辩护思路，根据案情以及对案件的把握及时向侦查机关提供法律意见书，特别是存在无罪可能的案件，辩护律师应与侦查机关沟通取保候审，在与侦查机关沟通无果时，应把握在批准逮捕阶段与检察机关沟通的机会并提供不予批准逮捕的法律意见书。该案中辩护人在与侦查机关沟通无果的情况下，在批准逮捕时积极与检察机关交换法律意见。在检察官“捕诉合一”的办案机制及办案质量终身责任制的前提下，检察官非常愿意听到辩护人的法律意见，以便从多角度考量自身办案的正确性，降低其办理错案风险。最终检察机关对黄某不予批准逮捕，黄某被成功取保候审，为审查起诉

阶段检察机关对黄某不起诉进行了较好的铺垫。

（三）辩护律师在办案过程中，在遵守法律规定以及办案原则的前提下，与办案机关换位思考，能够更好地维护当事人的合法权益

在该案的办理过程中，当承办案件的检察机关对该案无法定性时，辩护律师站在检察官的角度上提出，是否可以考虑逐级上报并请示上级机关的方式对该案作出定性，一是该案辩护律师提出的辩护意见确实具有法律依据；二是承办检察官逐级上报也符合检察机关办案流程，并能防止出现错案追责。在检察官提出此种方式可以考虑时，承办律师提出因逐级上报需要时间较长，应对犯罪嫌疑人取保候审，以防止错误羁押，避免出现国家赔偿。换位思考时，案件沟通会比较顺畅，以上办案思路的提出是站在检察官的角度考虑问题，同时最大限度地维护了当事人的合法权益，最终犯罪嫌疑人黄某在检察官批捕审查时被予以取保候审。

（四）法律服务亦属于服务行业，在不违反法律规定的前提下让当事人及家属“走心”，是评价法律服务是否合格的因素之一

律师行业属于服务行业，律师要在不违反法律规定的前提下时刻以法律服务者的办案态度为当事人及其家属提供法律服务，当事人及其家属的满意度也是评判律师法律服务是否成功的要素之一。因此，在办案过程中要及时跟踪案件进展，在法律的范围内给当事人及其家属实时积极主动反馈案件进展，让当事人及其家属对案件流程清楚，也能体现办案律师认真办理案件的态度。承办律师在办理该案过程中，及时关注案件进展并与黄某沟通，让其在取保候审期间安心工作，积极配合办案机关。该案在审查起诉之后，因 G 市检察机关需要逐级上报至最高人民检察院，故案件在某某市检察机关停留时间长达 6 个月，当事人及其家属的情绪非常焦虑，故承办律师及时做好案件跟踪，打消当事人及家属焦虑情绪，让律师法律服务走入当事人及家属的心里。

紧盯法律的理解适用　充分体现罪刑法定原则

——汪某某涉嫌组织考试作弊、对非国家工作人员行贿罪一案

江西贤和律师事务所　刘义程　叶见悦

一、案情简介

2017年9月起，被告人汪某某为获取非法利益，组织邓某某、段某某等14名同案人员在全国各地招收参加2017年10月底银行业专业人员职业资格考试的考生，通过作弊方式帮助考生通过考试，分别收取每位考生4000－6000元不等的费用，共收到费用120余万元。汪某某事先安排他人准备了计算机远程操控软件、App语音播报软件以及微小型拍摄器等软件和设备，并请“枪手”在场外答题。具体方式是由考生携带微小型拍摄器进入考场，将考试题目拍摄后传输至计算机远程操控软件上，再由事先安排好的“枪手”在场外答题，然后再通过语音软件将答案传送给考生。

因要实现考试作弊成功，还需将远程操控软件及语音播报软件安装在考场内完成信号传送，于是汪某某在考试前找到上饶某学校负责考务工作的负责人方某某，让其帮助汪某某将上述远程操控软件及语音播报软件安装在考场内。为感谢方某某的帮助，汪某某支付15万元好处费给方某某。

后因考试当天有巡视组来考场巡查，方某某感觉监管太严，在考前未按汪某某的要求在考场安装作弊软件，导致考试中信号无法传送，考生未能完成作弊行为。考试作弊失败后，汪某某在考生的要求下，退回部分考生费用60余万元，剩余赃款在未来得及退回的情况下被公安机关抓获。

二、辩护思路

辩护人在接受委托后，认真查阅了组织考试作弊罪的法律法规及相应的司法解释，认为本案的争议焦点在于法律适用问题，即银行业专业人员资格考试是否属于“法律规定的国家考试”。辩护人认为本案被告人汪某某等人不构成组织考试作弊罪，理由是：银行业专业人员资格考试并非《刑法》第284条所规定的“法律规定的国家考试”。辩护人提出了如下具体意见：

（一）银行业专业人员职业资格考试不是国家考试

首先，国家考试应当是由国家相关主管部门组织并实施的考试。反之，如果不是国家相关主管部门组织并实施的考试，则不能称为国家考试。辩护人认为，“国家”二字在刑法上不能随意作扩张性解释，冠以“国家”二字的考试，必须是以国家机关名义组织的，以国家的公信力和权威进行背书的考试。但根据《银行业专业人员职业资格制度暂行规定》的规定，银行业专业人员职业资格考试的组织和实施者是中国银行业协会，而非国家相关主管部门。银行业协会是由中华人民共和国境内注册的各商业银行、政策性银行自愿结成的非营利性社会团体，是银行业的自律组织，并非国家机关。

作为国家机关的人力资源社会保障部、中国银行业监督管理委员会只是考试的监督者和检查者，但它并不是考试的组织者与实施者。因此，该考试的性质显然有别于作为国家考试的高考、自考、国家司法考试、国家公务员考试、执业医生资格考试等。这些真正意义上的国家考试，其组织者和实施者都是国家机关。

其次，从辩护人在网上查阅的银行业专业人员资格证书来看，发证单位是中国银行业协会秘书处，不具有国家机关的性质及权威性。

最后，从该考试取得的资格证书的作用来看，既不是银行业从业入门的必要条件，也不涉及重要人事待遇的变化，其仅仅只是银行业内部的考试。

综上所述，辩护人认为，银行业专业人员职业资格考试不属于《刑法》第 284 条所规定的国家考试。

（二）银行业专业人员职业资格考试更非《刑法》第 284 条规定的"法律规定的国家考试"

《刑法》第 284 条所要求的不但是国家考试，而且必须是法律所规定的国家考试。而现有法律并没有关于"银行业专业人员职业资格考试"的规定。目前，对该考试有规定的，为 2013 年人力资源社会保障部、中国银行业监督管理委员会印发的《银行业专业人员职业资格制度暂行规定》。《银行业专业人员职业资格制度暂行规定》是部门规章，而非法律。

有人认为，对《刑法》第 284 条规定的"法律规定的国家考试"的"法律"二字应作扩大性解释，即将全国人大及其常委会制定的法律、行政法规、地方性法规、部门规章和地方性规章都称为"法律"。辩护人认为这种观点是错误的。对《刑法》条文的解释应秉持"谦抑性"原则，不能任意扩大其适用范围，否则将有损"罪行法定"的刑法基本原则。

首先，从文义解释角度看，部门规章连"法"字这个字都没有，又何能称为"法律"呢？更何况，从法理上看，法律和规章，各有其专门的指向，法律是全国人大及其常委会制定的规范，而规章是国务院各机关、部门或者省级人民政府制定的规范。法律和部门规章并非可以混同的概念。

比如，《刑法》第96条对“国家规定”的定义，也限定在是指违反全国人民代表大会及其常务委员会制定的法律和决定，国务院制定的行政法规、规定的行政措施、发布的决定和命令。由此可见，从《刑法》的角度看，国家规定也好，法律也好，都不应包括部门规章。

其次，从《刑法》通篇来看，可以发现，如果违反法规、规章需要处以刑罚的，在《刑法》条文中都将明确规定是违反法规和规章的法律后果。

最后，从立法解释看，在《刑法修正案（九）（草案）》中原来的组织考试作弊罪的考试是指“在国家规定的考试中”，但在发布的《刑法修正案（九）》中将其范围限定为“在法律规定的国家考试中”。可见，从立法原意看，国家权力机关也没有将该条款适用的范围扩大。

因此，辩护人认为，《刑法》第284条规定的“法律规定的国家考试”的“法律”二字的范围扩大到部门规章是不妥当的。

而公诉机关引用《银行业监督管理法》第20条的规定，认为组织的考试科目中有“银行管理科目”则说明该考试是法律规定的考试。辩护人认为该法条规定的是银行业金融机构的董事和高级管理人员的考试，与组织的“银行业从业人员职业资格考试”是两个完全不同的考试，不应等同适用。

另，公诉机关认为依据人社部颁发的〔2017〕68号《国家职业资格目录》中列举了“银行业专业人员职业资格”，则认为该考试为法律规定的国家考试，辩护人注意到在《国家职业资格目录》中明确了各种职业资格证书的设立依据，其中“银行业专业人员职业资格”的设立依据为《银行业专业人员职业资格制度暂行规定》，很显然该依据是部门规章，并非刑法意义上的法律。

鉴于此，辩护人认为，被告人汪某某的行为虽在一定程度上破坏了考试的公平性和有序性，存在一定的社会危害性。但刑法的“罪刑法定原则”和刑法的谦抑性决定了汪某某的行为不应被认为构成组织考试舞弊罪。

三、裁判结果

法院在庭审后，充分注意到了辩护人提出的汪某某不构成组织考试作弊罪的辩护意见，对银行业专业人员职业资格是否为“法律规定的国家考试”这一焦点问题进行研讨，并就该案的法律适用问题逐级汇报至最高人民法院，最高人民法院、最高人民检察院于2019年9月2日出台了《关于办理组织考试作弊等刑事案件适用法律若干问题的解释》，对国家规定的考试作出了明确的界定，据此解释法院采纳了辩护人的意见，判决汪某某不构成组织考试作弊罪，汪某某犯对非国家工作人员行贿罪，判处有期徒刑1年，并处罚金人民币5万元。

四、经验总结

（一）在刑事辩护中，关键是要认真研究罪名的规定，精准地找出案件的辩护要点

在该案中辩护人结合组织考试作弊罪的法律规定，分析本罪的入罪条件，从而确定案涉考试项目是否为法律规定的国家考试是本案定罪的主要争议焦点。针对此，辩护人查阅了大量的法律法规及相关文件，得出案涉考试项目并非法律规定的国家考试，行为人组织该考试作弊不符合组织考试作弊罪的规定，不构成此罪的结论。之后辩护人通过对法律法规的详尽解析再结合相关法理及立法背景等提出了汪某某无罪的辩护意见，最终该意见得到了法院的采纳。

（二）辩护律师要积极与办案人员进行沟通交流，切实让自己的辩护意见得到办案人员的认同，最终达成辩护目的

此案从侦查阶段辩护人就找准了辩护重点，多次与办案人员沟通，虽然辩护意见在侦查及审查起诉阶段未被采纳。但在案件进入审判阶段后，辩护人坚信自己对法律的理解是正确的，在审判阶段就该案的

法律理解与适用问题提出了充分的辩护意见，在庭审前后多次与案件承办人员沟通交流，查阅收集了大量的法律规定及文件资料来佐证辩护观点。通过庭审及坚持不懈的努力，该辩护意见最终得到了法院的高度重视，基于该案在法律适用上存在重大争议，法院就此案的法律适用问题逐级报请最高人民法院。最高人民法院、最高人民检察院出台的《关于办理组织考试作弊等刑事案件适用法律若干问题的解释》对国家规定的考试作出了明确的界定，确定了汪某某不构成组织考试作弊罪。

通过该案的辩护，充分维护了当事人的合法权益，还因本案催生出台了一部司法解释，对在实践中存有争议的“法律规定的国家考试”作出了进一步的明文解释。该案不仅是一起成功的无罪个例，还切实地发挥了律师参与法治建设的积极作用。

实体辩护　探寻出罪突破口

——周某某涉嫌聚众扰乱社会秩序罪一案

江西贤和律师事务所　刘义程　纪璐环

一、案情简介

2012 年 5 月 28 日，X 区某某乡农贸市场项目所需用地经江西省国土资源厅同意，将原农村集体农用地转为建设用地。2012 年 7 月起，案涉地块村民委员会开始陆续与涉案批复被征地农户签订《征地协议书》，但该案周某某等 11 户村民认为政府征地补偿标准过低、未办理失地农民保险等未与村民委员会签订《征地协议书》。后村民委员会在周某某等 11 户未签订《征地协议书》的情况下，仍按原定补偿标准将征地补偿金转入周某某等人的农村信用社一卡通账户中。

2016 年 1 月 12 日，某某县国土资源局在《中国土地市场网》等媒体上将涉案土地的国有土地使用权公告拍卖。2016 年 2 月 15 日，郑某某以 797.02 万元拍得该宗地，并于同年 12 月 14 日支付了全部土地出让金。

2018 年 12 月，郑某某陆续取得案涉土地的建设用地批准书和建设用地规划许可证。2019 年 1 月 31 日和 6 月 18 日，郑某某又先后取得案涉土地的建设工程规划许可证、建设工程施工许可证。

2019 年 7 月 10 日，郑某某与某某建筑劳务有限公司签订《合同书》，将案涉土地的土方挖掘工程和场地平整工程承包给某某建筑劳务有限公司。2019 年 7 月 16 日，某某建筑劳务有限公司组织机械、人员进入案涉地块施工，遭到当地村民的阻拦。2019 年 8 月，周某某等村民取得新的农村土地承包经营权证。新的农村土地承包经营权证载明，周某某等未签订《征地协议书》的村民仍享有案涉土地的土地承包经营权。后在某某建筑劳务有限公司施工过程中，周某某等未签订《征地协议书》的村民通过建立微信群、筹集资金、在施工现场安装监控设备、在各自承包经营土地上设置障碍等方式阻止某某建筑劳务有限公司施工，导致某某建筑劳务有限公司施工进度受到一定影响。后郑某某、某某建筑劳务有限公司组织的人员与周某某等村民发生肢体冲突，导致部分村民受伤。

经某某价格认证中心鉴定，认定某某乡农贸市场项目部工地在 2019 年 7 月 16 日至 2019 年 10 月 11 日因被阻碍施工造成的损失为 515, 250 元。

2019 年 10 月 12 日，S 市 X 区公安局以周某某等人涉嫌聚众扰乱社会秩序罪刑事立案，于 2019 年 10 月 13 日对周某某等人刑事拘留，后于 2020 年 1 月 13 日移送 S 市 X 区人民检察院审查起诉。经 S 市 X 区人民检察院审查，于 2021 年 1 月 29 日移送 S 市 X 区人民法院起诉，后于 2021 年 4 月 7 日开庭审理。

二、辩护思路

1. 在审查起诉阶段，辩护人据理力争，说服公诉机关将周某某强制措施由逮捕羁押变更为取保候审。

2. 经阅卷并会见当事人后，辩护人认为该案争议焦点在于周某某等人对案涉土地是否仍具有法律上的土地承包经营权。如有，则周某某等人的行为系正当的民事维权行为，其行为不构成犯罪；如无，则其行为可能构成不法性，有可能构成犯罪。为此，辩护人围绕争议焦点，结合该案事实和证据积极展开辩护。辩护观点主要有：

（1）被告人周某某于2019年领取的农村土地承包经营权证可以证明：①至少在2016年4月23日颁证时，X区人民政府仍确认周某某对案涉土地（蓝家畈）拥有土地承包经营权。因此，在周某某对案涉土地（蓝家畈）仍拥有土地承包经营权的情况下，X区国土资源局拍卖土地的行为属于无权处分行为，为无效的行政行为。②从政府在2019年仍将该证颁发给周某某等人的行为可以看出，截至2019年，政府仍确认周某某对案涉土地（蓝家畈）拥有土地承包经营权。

（2）不管是之前的《物权法》还是现在的《民法典》，其都规定"不动产物权的设立、变更、转让和消灭，经依法登记，发生效力""不动产登记簿是物权归属和内容的根据"。也即在法律上，确认一个主体是否拥有相应不动产的物权权利，其判断的标准是看其登记的权利主体是谁。只要不动产物权仍登记在某一主体名下，且该登记未被依法撤销，则该主体在法律上就享有对该不动产的全部物权权利，包括但不限于占有、使用、收益和处分的独占性、排他性的权利。该案案涉土地的权利人是周某某等人，而非郑某某。郑某某通过拍卖方式取得建设用地使用权不能排除、对抗周某某等人合法的承包经营权，更不能据此就认定周某某行使承包经营权的行为违法，且从法律价值和权利位阶理由来讲，土地承包经营权是宪法和法律直接规定的权利，是个体的生存权；而施工许可是行政部门许可的权利，是经济权。两者相比较，土地承包经营权的权利位阶高于施工权利。

（3）该案项目名称虽然是农贸市场，但基于竞买人和开发人为自然人，其项目主体为商业开发，该项目为商业性项目。根据国家有关土地征收征用的法律规定，商业性征用土地必须事先取得原土地承包经营权人同意并与承包经营权人签订征地补偿协议。该案中土地征收既未遵循商业性征收的程序，又未取得原土地承包经营权人同意，征收本身并不合法。故基于征收而衍生的一系列权利和行为不能对抗原承包经营权的承包经营权。

（4）村民委员会在未经周某某等人同意的情况下，强行将所谓的“土地补偿款”汇入周某某等人的账户，不能据此认定周某某等人已经同意征收行为，更不能证明相关部门已经完成对周某某等人土地承包经营权的征收程序。至案发时，周某某等人都始终未同意相关部门对案涉土地的征收，始终未在征地协议书或者其他文件上签字同意征收决定，此足以说明，周某某等人并不同意征收。

（5）在一个土地同时存在两个权利的情况下，以一个权利阻止另一个权利，应属于民事纠纷，而不构成刑法上的不法性，其行为不受刑法规制。

三、处理结果

案件在审理过程中，经二次开庭，控辩双方围绕事实、证据和法律适用展开激烈辩论后，S市X区人民检察院向法院申请撤回起诉。2021年11月30日，江西省S市X区人民法院作出（2021）赣1104刑初78号之三刑事裁定书，裁定准予S市X区人民检察院撤回起诉。

四、经验总结

1. 该案是刑事、民事、行政法律关系交叉的案件。辩护人从被告人仍拥有承包经营权这一民事权利入手，分别从权利冲突、权利位阶、受害人权利的完整性等角度论证被告人的行为属于权利自力救济的行为，其行为不构成不法性，更不构成犯罪。因此，辩护人认为，律师在办理刑事案件过程中，在刑事、民事、行政法律关系交叉的情况下，应该从民事权利、行政程序以及权利冲突解决等多个角度论证当事人行为的正当性，并进行出罪论证，以为当事人争取最大权益。

2. 在移送法院起诉之前积极有效地与承办检察官沟通，并向检察机关提供类案，以让承办检察官对案件的性质有更客观公允的认识和判断。

以主观故意为焦点　结合证据精准辩护

——汪某、杨某涉嫌敲诈勒索罪、寻衅滋事罪一案

江西求正沃德律师事务所　喻宙翔

一、案情简介

因债务纠纷，自2017年10月起，被告人汪某、杨某多次采取尾随、拦截、辱骂、殴打等方式向被害人周某及其家属讨债。2017年12月被告人汪某与被害人周某签订了1600万元的还款协议。2018年9月，汪某以周某欠其1600万元为由，向N市中级人民法院提出民事诉讼，2019年5月汪某撤回起诉。其间，周某自认其欠汪某、杨某的债务不到1600万元，但认可欠款几百万元的事实。讨债期间，周某家属多次报警，民警告知汪某、杨某不可有过激行为，如协商不成可提起民事诉讼。汪某、杨某经民警批评制止后，仍对周某及其家属实施殴打、辱骂、恐吓行为。

2018年11月2日，被告人汪某、杨某将患病的父母带到周某的姑姑、姑父家，强行让其在周某姑姑、姑父家居住，后汪某、杨某向周某姑姑、姑父提出，周某有卖房款在周某姑姑家，应由其拿出100万元替周某还债。周某姑姑、姑父表示无力替周某还债，且不清楚周某与其二人之间的债务纠纷，周某的债务应由周某自己负责。周某姑姑、

姑父向汪某和杨某说明虽然其受让了周某一套40平方米的房屋和售房款57万元，但已全部用于周某的债务。汪某、杨某并不相信，仍多次到周某姑姑、姑父家中逼要钱款，并称若不替周某还款，其父母会一直住在周某姑姑家。周某姑姑、姑父因害怕杨某父母一直住在自己家中并怕杨某父母在自己家中出事，同时为摆脱汪某、杨某不断的上门滋扰，被迫同意给汪某、杨某50万元。2018年11月14日，周某姑父给汪某转款50万元，汪某、杨某将该款用于归还二人对外欠款。

2019年3月24日，被告人汪某、杨某被公安机关电话传唤到案。公诉机关指控汪某、杨某构成寻衅滋事罪与敲诈勒索罪（50万元），应当数罪并罚，同时具有共同犯罪情节。汪某经电话传唤到案后如实供述了自己犯罪事实，应认定为自首，杨某经电话传唤到案后如实供述了自己寻衅滋事的犯罪事实，寻衅滋事可认定为自首，敲诈勒索不构成自首。公诉机关建议对两被告人处10年以上有期徒刑。

二、辩护思路

1. 辩护律师在一审审判阶段接受汪某家属的委托后，第一时间前往法院复制在案卷宗，及时查阅卷宗、会见被告人与其沟通，详细了解案情，厘清争议焦点。

2. 及时向承办法院提交书面辩护意见并提出如下辩护观点。

（1）被告人汪某、杨某没有非法占有的主观故意，不构成敲诈勒索罪。

首先，汪某、杨某向周某追讨债务具有事实和法律依据，不具有非法占有的故意。其次，被告人汪某、杨某向周某姑姑追讨欠债是基于周某向其姑姑无偿转移房产、共同居住、财产混同等基本事实，其目的仍是周某的欠款，其行为具有有因性，应当排除非法占有的故意。具体理由如下：其一，周某曾无偿将一套房屋（据周某称价值40余万元）过户给其姑姑，并无偿转账售房款57万元，这个事实已为周某自己的陈述所证实，正是基于这个转移财产的行为，汪某、杨某向周某姑姑追讨债务的行为具有事实及法律基础。即使汪某、杨某在主张权利的过程中存在过激行为，甚至可能涉嫌违法，但绝不能因此就否认其主观上主张债权的合理性和有因性，据此应当排除其非法占有的故意。其二，周某姑姑与周某关系亲密，共同居住，财产混同，汪某、杨某向周某姑姑追债有合理性。其三，汪某、杨某的追债行为是有限度的，局限在自己合法债权范围之内，同时也局限在周某无偿向周某姑姑转移房产的价值范围之内。汪某、杨某接受周某姑姑提出的50万元的代还款数额并未超出被告人汪某、杨某应获取的欠款数额，虽周某不认可欠款1600万元，但其自认欠款几百万也远超50万元，该50万元金额也没有超出周某姑姑从周某处无偿接受的房产及售房款的价值。此外，周某姑姑与汪某、杨某签订的书面的代还款协议中，明确约定了周某姑姑替周某还款的事实。其四，从该案的证据来看，汪某、杨某确因知晓周某在负债的情况下无偿转让房产给周某姑姑的事实而向周某姑姑追讨债务。两被告人关于“因先知道周某存在向周某姑姑无偿转移房产的事，后才向周某姑姑索债”的当庭供述具有合理性，且两被告人关于向周某姑姑索债的理由，与两人之前在公安机关所作供述一致，系对侦查机关没有查明的重要事实的补充，与两人在侦查机关所作供述具有相同法律效力，且二人的陈述司法机关能够核实。若司法机关拒不核实，或认为没有核实必要，就应本着有利被告人的原则，予以认可。其五，根据我国的《刑法》及司法解释，行为人是否具有非法占有的目的是以是否具有刑法意义上的有因性作为判断标准的，而汪某、杨某向周某姑姑索债，是完全具备刑法意义上的有因性的。

（2）被告人汪某、杨某具有多项减轻、从轻处罚情节。

首先，被告人汪某、杨某两人均无任何前科劣迹，本次系为追债触犯法律，主观恶行较小。其次，被告人汪某、杨某两人均系接到公安电话传唤后主动到案，且如实供述了自己的主要犯罪事实。虽二被告人对自己行为的法律定性进行了辩解，但并不影响自首情节的成立，应认定两人具有自首情节，依法对两人减轻或从轻处罚。最后，两被告人的家属自愿代为赔偿被害人的部分损失，并取得了被害人的书面谅解，依法可以从轻处罚。

三、裁判结果

J省某某市某某区人民法院于2019年12月31日作出（2019）赣××××刑初×号刑事判决书，认为被告人汪某、杨某多次随意殴打、恐吓、辱骂、拦截、追赶他人，情节恶劣，其行为均已构成寻衅滋事罪，二人经公安机关电话传唤主动到案，并如实供述了自己的罪行，系自首，依法可以从轻处罚。二被告人对老年人寻衅滋事犯罪，酌情从重处罚。二被告人家属自愿代为赔偿被害人部分损失并取得谅解，酌情从轻处罚。对于辩护人提出的二人不具有非法占有故意，因而不构成敲诈勒索罪的辩护意见予以采纳。最终，判处汪某犯寻衅滋事罪，判处有期徒刑3年8个月，杨某犯寻衅滋事罪，判处有期徒刑3年10个月。

四、经验总结

1. 在形成辩护词之前，首先要对公诉机关指控的罪名有一个全面的了解，将构罪要件明了于心。其次要仔细查看公诉机关出具的起诉书。在起诉书中，辩护人能够了解公诉机关到底是基于被告人的何种行为认定行为人构成了何罪。这样才能在法律条文和起诉的事实之间来回穿梭，确定公诉机关的指控思路，在知己知彼的基础上确定辩护思路才能取得理想的效果。

2. 任何辩护都离不开证据，不以证据为基础的辩护将苍白无力。在制定辩护策略之前，要在了解被告人被指控罪名定罪量刑相关规定及被指控的案件事实的基础上，带着疑问去全面梳理在案证据，做好阅卷笔录，以求实现通过一次阅卷实现快速定位、查找的效果。除了在案卷宗的证据，还必须向被告人本人了解其对案件的观点和看法，往往当事人本人对于案件的看法能够给辩护人直接指明辩护方向。在审查完证据的基础上，才能知道具体是从无罪还是罪轻、此罪还是彼罪进行辩护。在制定辩护策略后，实现辩护目的时，也应结合在案证据进行辩护。对于自身提出的认可观点、看法，必须结合相关证据加以说明，而不能是空穴来风。印证或者驳斥某个事实时，应该审查证据三性并明确证据种类以加强或削弱证据的证明力，最终让办案机关采纳辩护人的观点。

3. 在制定辩护策略时，要根据每个案件自身特性，以目标辩护效果作为导向进行制定。该案中，辩护人从构成要件的角度发现，行为人的客观行为的相关证据难以推翻，而被告人汪某等人逼迫周某姑姑等人为周某还款的行为的主观故意并非基于非法占有目的，其主张周某姑姑还款的金额限于其对周某所享有的债权，且汪某完全有理由相信周某姑姑无偿接受了周某转移给其的财产，因此辩护人以此作为辩护突破口。在具体辩护时围绕“非法占有公私财物的主观故意是构成敲诈勒索罪的必要前提，而在认定行为人是否具有非法占有主观故意时，是以行为人与该财产之间是否具有有因性作为判断标准的”进行，将大部分“火力”集中在此点之上，实现“一轮明月胜过满天繁星”的效果。

4. 在任何阶段都不应放弃辩护，不应放弃和承办法官的沟通，即使在审判阶段才介入案件，辩护人的作用依旧不可小觑。在庭前和承办法官积极沟通有助于让承办法官庭前对案件事实有一个初步了解，明晰辩护人的辩护焦点，一方面能够尽可能避免承办法官在未了解基本案情的情况下，直接在公诉机关的指控中先入为主地产生被告人有罪、罪重的想法；另一方面有利于承办法官在庭审过程中对辩护焦点多加关注，最终实现理想的辩护效果。

立足罪轻辩护　兼顾财产保护

——邓某涉嫌参加黑社会性质组织罪、寻衅滋事罪、强迫交易罪、非法采矿罪、串通投标罪、隐匿会计账簿罪一案

北京德恒（南昌）律师事务所　胡　彬　李丁生

一、案情简介

2015年8月至9月，被告人汤某某先后向被告人权某某、傅某某、陈某某等人注资，权某某、傅某某、陈某某通过公开竞拍取得某河道3个采区3年的河道采砂权。为了垄断某县砂石市场，汤某某提出3个采区联合经营，并召集被告人陈某某、权某某、吴某某、傅某某、李某某、吴某丰、谢某某、邓某、郭某某等人商定了联合经营相关事宜，对外宣称“某县砂石公司”（未办理工商登记）。该组织违规联营后即宣称获得了某县全县范围的河道采砂权，并非法成立“稽查大队”，对私自采砂及从外县运砂进入该县的行为进行巡查。为阻止司机前往隔壁某县装运砂石，2015年12月的一天，该组织纠集数十人在县城某路段拦截了4辆货车，威胁、殴打了司机并强迫对方将所装运的砂石就地倒掉，该事件在司机圈广泛传播，对司机产生了极大的震慑，标志着以汤某某、陈某某为首的黑社会性质组织初步形成，“某县砂石公

司”演变成了黑社会性质组织。

为了牢牢垄断并控制该县境内的砂石市场，该组织一方面在该县与外县交接的各个卡点设立稽查点，随意、强行拦截从外县运砂到该县的车辆，阻止司机到外县运砂，并以暴力、威胁、恐吓、借用公权力等方式强令司机倒砂，致使司机不敢到外县运砂，强制该县内的运砂司机只能在其公司名下的砂场购买砂石，有效控制了外县砂石进入该县市场。另一方面，该组织充当“地下执法队”，安排稽查员在全县各个河道巡查，对新农村建设、村民修路等民生工程在附近河道采砂的群众以拦路、阻工、举报处罚等手段强行收取砂款或以“罚款”名义收钱，许多急需用砂的工程负责人只好书面提出申请，经该组织同意并缴纳费用后才能采砂，将自己凌驾于法律之上，人民群众怨声载道，造成恶劣的社会影响。为了牢牢控制司机，该组织还随意将运砂司机列入“黑名单”并收取所谓“保证金”，被拉入“黑名单”的司机在该县所有砂场装不到砂，从而断了生路，给该县所有的运砂司机造成巨大的心理震慑。

该组织为非法控制该县砂石行业，公开有组织地实施犯罪活动24起，其中寻衅滋事案16起，强迫交易案3起，非法采矿案2起，隐匿、故意销毁会计凭证、会计账簿案2起，串通投标案1起，违法行为59起，非法控制了整个县城的砂石市场，严重破坏了该县砂石行业经济秩序、群众生产生活秩序。通过实施这一系列的违法犯罪活动及其他手段，该组织获取了大量经济利益，具有强大的经济实力，并用所获取的经济利益支持该组织的违法犯罪活动，维系组织的生存和发展。

该案于2019年12月9日立案，而在案发前，邓某于2016年2月24日在汤某某名下投资“某县某某工程建设有限公司入股股金”30万元，于2017年5月26日在权某某名下投资“某搅拌站”60万元。邓某归案后，其名下的一辆丰田牌轿车及一部私人金立手机被扣押。

二、辩护思路

在庭审阶段，辩护人除了对被告人邓某提出从轻量刑的辩护意见外，还针对邓某在被告人汤某某、权某某名下的投资款，以及邓某名下被扣押的车辆、手机，提出了财产性辩护意见，总体辩护思路如下。

（一）被告人邓某的犯罪动机及身份相比于该案其余被告人而言，极具特殊性

1. 被告人邓某犯罪动机的特殊性。

该案中，被告人邓某加入黑社会性质组织的犯罪动机有其特殊的地方，与其他人为了牟取非法利益不同的是，邓某是为了让自己的建筑产业能够适度地对冲风险，顽强地生存下去。辩护人认为，不论何种犯罪动机，参加黑社会性质组织都不能被原谅，但平心而论，被告人邓某这样的犯罪动机应该可以理解。

被告人邓某是某县的一个建筑商人，在该县承建了大量的建筑（如某某工业园），其对砂石有长期的刚性需求，这也是汤某某拉他入股的一个重要原因。

当汤某某提出三大砂场联营的时候，很多人主动投资入股，而被告人邓某不是欣然接受而是反复犹豫，为什么会这样呢？因为通过联营，必然垄断全县的砂石市场，砂石价格也随之上涨，这样的做法其实最受伤的是像他这样的建筑商，他不愿意看到有这样的联营组织出现。但同时这样的做法又不是他能够阻止的，如果得罪这个利益集团，自己将来在该县的建筑业也必然无法生存，于是在这样的无奈之下邓某最终还是入股100万元，成为这个组织中最小的一个股东。

在庭审过程中，各被告人分别在依照水泊梁山的式样给各股东排位时，不时有“宋江”“吴用”“李逵”等角色上演，但说到邓某时，辩护人听到了一个被告人说的大实话、也是良心话，“邓某，就是一个商人，口碑也很好”。

辩护人希望合议庭能够对被告人邓某的犯罪动机充分了解，因为对故意犯罪而言，只有形成了犯罪动机，才有可能产生犯罪行为。在共同犯罪中，不同的犯罪动机决定不同的犯罪行为。也正是被告人邓某犯罪动机的特殊性，决定了他在此后的犯罪当中没有太大的积极性。

2. 被告人邓某在强迫交易罪中身份的特殊性。

被告人邓某在强迫交易罪中身份的特殊性表现在其既是该案强迫交易罪的被告人也是被害人。起诉书指控被告人邓某犯强迫交易罪，其指控的犯罪事实就是“某砂石装运案”，而这个案件中的主要被害人邓某新经营的运输车队，也是被告人邓某自己经营的车队。

在庭审中，公诉人就被告人邓某与被害人邓某新一起合伙的事情讯问了他，也认可他在强迫交易罪中身份的双重性。该搅拌站就在被告人邓某与被害人邓某新共同生活的村子附近，一直由被告人邓某与被害人邓某新共同经营的车队供应砂石，他们是叔叔与侄子的关系，这些情况其他股东都心知肚明，但因为被害人邓某新这个车队在隔壁某县装运砂石的数量较大，为了树立黑社会性质的组织的威信，对全县司机都产生震慑，这个车队成为某县砂石公司首要打击的目标。

当然，辩护人认可检察机关指控被告人邓某犯强迫交易罪，但在量刑方面，虽然被告人邓某签署了认罪认罚具结书，同意公诉机关对其强迫交易罪 2 年的量刑意见，但辩护人还是恳请合议庭根据被告人邓某在该罪中特殊性，对该罪的量刑给予适度的调低。

（二）被告人邓某在该案的 6 个罪名中，均应认定为从犯，在依法应从轻或减轻处罚的前提下，对其应当减轻处罚

1. 关于参加黑社会性质组织罪。

邓某作为一般参加者，是出资最少的股东，且并未积极参与该组织决策的制定或具体的经营管理，仅在部分事项的决策中起“消极不反对”的作用。

邓某在案涉某河道三个砂石采区中的投资数额为 100 万元，相对于其他 7 个股东而言，出资数额最小，且未积极参与公司的运营管理、也未积极主动地提出或参与制定任何决策，只是在公司的管理层作出相关决定后，被通知来开会。作为公司的小股东，邓某对公司的相关决策也只能表示遵守服从。因此，邓某作为黑社会性质组织的一般参加者，其并未积极参与该组织决策的制定或具体的经营管理，仅在部分事项的决策中起“消极不反对”的作用，依法应从轻或减轻处罚。

2. 关于寻衅滋事罪。

在案涉的 16 起寻衅滋事案中，邓某仅参与了其中一起（某镇增设砂场寻衅滋事案），但并未参与寻衅滋事的具体、直接的实施行为，其情节显著轻微，所造成的社会危害性也不大。

在该案中，公诉机关指控了 16 起寻衅滋事案，但邓某仅参与了其中一起“某镇增设砂场寻衅滋事案”，且在该次事件中，邓某仅去过采砂现场，并未参与打架斗殴的具体实行行为，该事件中所造成的两名被害人轻微伤也与邓某无直接的因果关系，其前往现场的行为在该事件中应评价为次要、辅助的行为。相对于全案 16 起寻衅滋事行为而言，邓某仅参与其中 1 起，情节显著轻微，所造成的社会危害性也极其有限，对邓某依法应从轻或减轻处罚。

3. 关于强迫交易罪。

在案涉的 3 起强迫交易案中，邓某也仅参与了其中一起（隔壁某县砂石装运强迫交易案），且在该事件中仅起次要、辅助作用。

在隔壁某县砂石装运强迫交易一案中，邓某前往相关路段参与拦截车辆系受公司组织领导者或主要负责人的安排，且邓某在前往现场以后，并未具体实施逼迫司机倒砂或与司机产生直接冲突的行为，其参与现场只是起到助威或撑场面的次要、辅助作用。在 2015 年年底的股东会中，邓某并非决策的制定者，也未参与拦截邓某新车队的事件，从整起强迫交易事件来看，邓某起到的仅是消极不反对的作用，而非积极主动的作用，故对邓某依法应从轻或减轻处罚。

4. 关于非法采矿罪。

在“A镇砂场非法采矿案”中，对邓某应从轻或减轻处罚；在“B镇砂场非法采矿案”中，对邓某应免除处罚。

在“A镇砂场非法采矿案”中，邓某并未参与商议增设采砂场或与黄某某等人洽谈合作经营的事宜，而是作为公司股东参加了会议而未提反对意见，其对该非法采矿案件的发生、运营未起积极的指挥或决策作用，而是消极、被动的次要、辅助作用，故对其应从轻或减轻处罚；而在“B镇砂场非法采矿案”中，与前一起非法采矿案不同的是，在邓某知悉该事件之前，该砂场的合作方李某某、符某某等人已经与陈某某洽谈好合作事宜并签订了相关协议，且对合作方案的具体落实作了周详的安排，如“符某某一方自行提供采砂设备，砂石公司负责销售和收取砂款，按每方12元的费用支付给符某某一方”等。在某砂场采砂的前期工作全部准备到位后，陈某某才在股东会上通报其余股东，作为小股东的邓某完全后知后觉。辩护人认为，邓某对开发该砂场一事事先并不知情，也并未参与任何决策的制定或方案的执行，其参加股东会未提反对意见的行为，无法改变该起非法采矿事件已尘埃落定的事实，其消极不反对的行为与该起采矿事件的产生、进展之间无实质的因果关系，应免除对邓某的处罚。

5. 关于串通投标罪。

邓某起到的为次要、辅助的作用，系从犯。

在该串通投标案件中，邓某并未参与投标的决策，也未参与向外接资质围标的行为，其只是受公司相关主要负责人的安排向参与围标的人转账并签订协议，起到的同样为次要、辅助的作用，依法应从轻、减轻处罚。

6. 关于隐匿会计账簿罪。

邓某起到的同样为次要、辅助的作用，系从犯。在该案中，邓某并非隐匿会计账簿的动议者，也未实施具体转移、隐匿会计账簿的行为，仅参与了期间的商议行为，起到的同样为次要、辅助的作用，依法应从轻、减轻处罚。

综上所述，根据《刑法》第 27 条的规定，邓某在上述 6 起犯罪事实中，均起次要或者辅助作用，是从犯，其所起的作用极其轻微，在依法应当从轻、减轻处罚或者免除处罚的前提下，综合评判时，对其应减轻处罚。

（三）在公安机关讯问被告人邓某的过程中，被告人如实供述了自己的犯罪行为，具有坦白情节，可以从轻处罚

在归案后，邓某积极配合公安机关的侦查，如实供述了全部犯罪事实，根据《刑法》第 67 条第 3 款之规定，依法应认定为坦白，对被告人邓某依法可从轻处罚。

（四）被告人邓某认罪态度好，在检察院第一时间就做了认罪认罚并签署了具结书，依法可以从宽处理

在审查起诉阶段，被告人自愿认罪，愿意接受相应处罚，也在第一时间就签署了认罪认罚的具结书，根据《刑事诉讼法》第 15 条规定，犯罪嫌疑人、被告人自愿如实供述自己的罪行，承认指控的犯罪事实，愿意接受处罚的，可以依法从宽处理。

（五）邓某归案后，第一时间全额退赃 270 余万元，也积极缴纳了罚金 28 万元，恳请对被告人从轻处罚

邓某在公安侦查阶段的第一时间即退还了全部赃款 270 余万元，且在法院开庭前积极缴纳了罚金 28 万元，认罪悔罪态度诚恳，行动积极，应对其从轻处罚。

（六）被告人邓某系初犯，在庭审中的认罪态度好，也无前科劣迹，一贯表现良好，请求法庭从轻处理

被告人邓某以前社会表现良好，无前科劣迹，此次犯罪也系初犯，望法庭能给其改过自新的机会，对其从轻处罚。

（七）邓某投资于汤某某名下的“某县某某工程建设有限公司入股股金”30万元，以及投资于权某某名下的“某搅拌站”投资款60万元，如果法院判处没收汤某某、权某某的财产，应以没收的财产偿还邓某在该二人名下的投资款

辩护人在庭审中举证证实，邓某于2016年2月24日在汤某某名下投资“某县某某工程建设有限公司入股股金”30万元，于2017年5月26日在权某某名下投资“某搅拌站”60万元，均属于正当债务。

根据《刑法》第60条的规定，没收财产以前犯罪分子所负的正当债务，需要以没收的财产偿还的，经债权人请求，应当偿还。而公诉机关指控汤某某涉嫌的数罪中，含组织、领导黑社会性质组织罪，指控权某某涉嫌的数罪中，含参加黑社会性质组织罪，且系积极参加者，二被告人均可能被判处没收个人财产。因此，辩护人认为，如果法院判处没收汤某某、权某某的财产，根据上述《刑法》的规定，该两笔债权经债权人邓某请求，应当在没收汤某某、权某某的财产前予以偿还。

（八）邓某名下被扣押的汽车及手机不属于赃物，依法应返还被告人

邓某名下的一辆丰田牌轿车及一部私人金立手机目前仍被扣押，该车辆及手机不属于赃物，即便扣押之初系侦查取证的需要，但在早已侦查终结且邓某已全部退赃、全额缴纳罚金的情况下，依法应返还被告人。

综上所述，邓某在该案中依法犯罪参与程度不深，作用极其轻微，应认定为从犯，且邓某认罪悔罪态度良好，积极配合相关办案机关认罪认罚、退赃、缴纳罚金，望合议庭综合考量各方面因素，对邓某减轻处罚。

三、裁判结果

某县人民法院审理认为，以被告人汤某某、陈某某为首的犯罪组

织结构稳定、层级清楚、分工明确、纪律严格，通过实施违法犯罪活动获取经济利益，为非作恶，欺压群众，严重破坏当地经济、社会生活秩序，具备黑社会性质组织的组织特征、经济特征、行为特征和危害性特征。根据各被告人具体的犯罪情节、认罪态度、悔罪表现、退赃情况等因素，以组织、领导黑社会性质组织罪、寻衅滋事罪等6项罪名，数罪并罚，于2020年11月作出了刑事判决书，分别对被告人汤某某、陈某某判处有期徒刑15年和12年6个月，剥夺政治权利3年，并处没收个人全部财产；其他21名黑社会性质组织成员分别被判处有期徒刑9年至1年4个月不等，并处罚金105万元至2万元不等，其中，邓某被判处有期徒刑3年零10个月，并处罚金人民币28万元。

此外，针对辩护人提出的邓某于2016年2月24日在汤某某名下投资"某县某某工程建设有限公司入股股金"30万元，于2017年5月26日在权某某名下投资"某搅拌站"60万元的辩护意见，法院在判决书中回应"被告人邓某的辩护人提交了邓某于2017年5月26日通过权某某投资了60万元至某某搅拌站、2016年2月通过汤某某投资某某工程30万元的相关证据……其中关于财产的相关证据将结合其他证据在涉案财产处置审判执行阶段一并处理"；针对辩护人提出的"邓某名下被扣押的一辆丰田牌轿车及一部私人金立手机应予返还"的辩护意见，法院在判决生效后，也返还给了邓某家属。

四、经验总结

在黑恶犯罪的辩护中，辩护人可以开展财产辩护，为当事人及家属争取财产利益，实现当事人利益最大化。2019年4月9日最高人民法院、最高人民检察院、公安部、司法部《关于办理黑恶势力刑事案件中财产处置若干问题的意见》即为财产处置规范化提供了指引。

（一）审查被告人与同案犯是否存在经济关系，及时识别合法债权

在涉黑案件中，除涉案的投资款、合作款涉嫌赃款赃物，面临被

罚没的风险之外，通常也存在被告人之间在其他合法项目相互投资的情形。在辩护工作中，辩护人有时要跳出案件藩篱，通过询问被告人或其家属，核实被告人与同案犯是否存在案外的经济关系，比如投资、借贷、入股等，如若存在，应该及时作出判断并进行债权清理，谨防同案犯被没收财产时，己方当事人的合法权益无法及时得到保障。比如在该案中，辩护人通过会见邓某，了解到邓某曾于2017年5月26日通过权某某投资了60万元至“某搅拌站”、2016年2月通过汤某某投资“某县某某工程建设有限公司入股股金”30万元的事实，随即向邓某的家属收集相关证据，并第一时间将证据连同辩护意见提交至检察院。

（二）厘清涉案财物的范围，避免合法财产被不当认定与处置

在案件被移送审查起诉时，辩护律师应注重审查财产移送清单、处理建议，甄别涉案财产及个人合法财产，论证查封、扣押、冻结措施及范围的合法性及必要性，并提前向办案单位提交相关辩护意见。该案中，公安机关移送的财产清单包含邓某名下的一辆丰田牌轿车及一部私人金立手机，辩护人经研判，认为该车辆及手机不属于赃物，在侦查终结且邓某已全部退赃、全额缴纳罚金的情况下，依法应返还被告人。在辩护人与检察机关沟通后，办案人员也初步认可了该意见，并同意提交法院后一并处理。

（三）说服法院将罚金数额控制在合理范围内

辩护律师应根据被告人所参与实施违法犯罪活动的次数、性质、情节、地位、作用、违法所得数额及造成损失的数额、认罪态度、委托人的支付能力、家庭经济状况、再犯可能性等方面的情况，向法院提出适用罚金的辩护意见，说服法官将罚金控制在合理范围内。在该案退赃环节，辩护人考虑被告人违法所得数额，建议其全额退赃270余万元。在做完退赃工作后，辩护人结合前述各方面的情况，进一步与法院沟通，并承诺一次性缴纳全额罚金，法院最终同意罚金数额为28万元，实现了将罚金数额控制在合理范围内的辩护效果。

紧扣法条　明晰罪名

——陈某玉涉嫌组织、领导、参加黑社会性质组织罪、故意伤害罪、抢劫罪、非法拘禁罪一案

北京盈科（南昌）律师事务所　赖　波　吴宗效

一、案情简介

2014年，被告人陈某玉先后纠集被告人何某刚、陈某、杨某兵，于H省C市成立“天津天狮”组织。之后该组织扩散到J省N市，分散在G区、N县，形成多个暂住点。犯罪过程分为“邀约”“抖包”“考察”“申购”四个过程。具体而言，组织成员以婚恋为名，在QQ等社交软件上注册女性身份信息账号，针对非江西省、非发达地区又具有一定经济条件的单身男性，与其确立“男女朋友”关系，将其骗进暂住点。将被害人骗进暂住点后，由大主任安排“抖包主任”和其他成员对被害人进行“抖包”，以恐吓、威胁等方式迫使被害人屈服，并交出手机、身份证、银行卡及取款密码。之后，对被害人采取拘禁、洗脑、编造各种理由向其亲属骗取钱财。最后，组织将从被害人处获取的钱财，以购买“产品”的名义取出并按照层级进行分发，最终实现非法占有。

该组织经过层层裂变和不断复制，涉案人员共计500余人。2014

年至2018年，该组织在N市实施抢劫、故意伤害、非法拘禁等刑事犯罪48起，其中致人死亡案件4起，已查明的组织、领导者通过该组织犯罪的非法获利，共计9900万元。2018年10月29日，陈某玉等人被N县公安局刑事拘留。N市检察院以组织、领导、参加黑社会性质组织罪、故意伤害罪、抢劫罪、非法拘禁罪向N市中级人民法院提起公诉，该案件已审理完结。

二、辩护思路

（一）案情复杂，责任重

该案起始是以组织、领导传销活动罪由N县公安局经办，笔者作为案件第一被告的辩护人，在侦查阶段便介入开展辩护工作。但随着侦查进度的开展，陈某玉团伙的犯罪线索不断浮出水面，最终，该案被定性为扫黑除恶N市“918”专案，由公安部督办，由N市人民检察院作为公诉机关，以组织、领导黑社会性质组织罪移送N市中级人民法院进行一审审判，具有涉案人数广、时间跨度长、案件数量多、影响范围大的特点。

该案前后涉及4条人命，社会影响重大，随着陈某玉罪名的升级以及涉黑定性的确定，笔者越发感觉工作的复杂与棘手，反复翻阅案卷，查看讯问同步录音录像，为陈某玉寻求辩护空间。此外，笔者也积极联络被害人家属，争取取得被害人家属谅解，既能有效维护当事人合法权益，也能弥补被害人损失，降低社会不利影响，实现法律责任与社会责任的统一。

（二）紧扣法条，找辩点

1.“非法控制”特征是认定黑社会性质组织的重要标准，也是该案关键辩点。

《刑法》第294条将“非法控制”特征表述为“通过实施违法犯罪活动，或者利用国家工作人员的包庇或者纵容，称霸一方，在一定区域或者行业内，形成非法控制或者重大影响，严重破坏经济、社会生活秩序”。

最高人民法院等发布的《办理黑社会性质组织犯罪案件座谈会纪要》（以下简称《黑社会犯罪纪要》）中提到：“即使有些案件中的违法犯罪活动已符合‘多次’的标准，但根据其性质和严重程度，尚不足以形成非法控制或者重大影响的，也不能认定为黑社会性质组织。”

根据上述法条及纪要总结，认定黑社会性质组织“非法控制特征”，一定得从“一定区域”、“行业内”、“非法控制”与“重大影响”这四个角度出发。

《黑社会犯罪纪要》对“非法控制特征”中“一定行业”“非法控制”与“重大影响”作出了相应的阐释。

对于“一定行业”解释为：黑社会性质组织所控制和影响的行业，一般涉及生产、流通、交换、消费等一个或多个市场环节。通过介入社会经济生活来攫取不法利益，不仅是黑社会性质组织发展壮大的必要手段，也是其反社会性的具体表现。因此，“一定行业”一般应与市场经济活动直接相关。而抢劫、盗窃、诈骗等以纯粹的侵权方式获取财产的违法犯罪活动，不能视为本罪中的“行业”。

对于“非法控制”解释为：对在一定区域内生活或者在一定行业内从事生产、经营的群众形成心理强制、威慑，致使合法利益受损的群众不敢举报、控告。

对于“重大影响”解释为：在办案时不应将“重大影响”仅仅理解为具体违法犯罪活动所造成的严重后果或者在社会上造成的轰动效应。

2. 该案涉案组织并未在“一定区域”“一定行业”内对经济、社会生活形成“非法控制”或“重大影响”，具体理由如下。

（1）涉案组织并未在“一定区域”内形成非法控制或重大影响。

公诉机关在起诉书中对于“一定区域”，并没有进行具体的阐述，只是笼统地指代N县区域、G区域。笔者认为对“一定区域”可以有两种不同理解：第一种是被害人户籍所在区域；第二种是窝点组织所在区域。

如果公诉机关所称的“一定区域”指的是被害人户籍所在区域，根据起诉书所指控的事实，涉案组织在邀约新人时进行过筛选，绝对不会筛选本省的人，因此与涉案组织相关的被害人户籍地均非同一区域。以被告人陈某玉所涉个案被害人为例，被害人石某系H省S市人、被害人张某系G省L市人、被害人张某1系H省X市人。因该案被害人数众多，故笔者不再一一赘述，但可以明显看出被害人均非窝点区域户籍，该案件在区域内只是个案，并不能在当地区域形成重大影响。

如果公诉机关所称的“一定区域”指的是窝点组织所在区域，笔者认为，涉案组织在该区域并未形成“重大影响”。首先，涉案组织在当地会尽量避免产生负面影响，因为负面事件的发生对组织的发展不利。因此，在暴力案件发生之前，当地大多数居民对窝点存在情况及事实并不知情，更谈不上对其产生重大影响。其次，按照公诉机关的指控，在暴力案件发生之后，涉案组织会及时将窝点成员全部遣散，遣散之后涉案窝点不复存在，个案结果的发生对该区域后续产生威慑力极其有限。最后，根据窝点组织所在区域附近居民的证言可知，石某、景某事件的发生对该区域居民的影响多是个案所造成的心理担忧。因此，该种结果的产生并非涉案组织对当地社会、经济生活的干预与控制所致，而仅仅是因为个案中存在死亡的结果。

（2）涉案组织并未在“一定行业”内形成非法控制的垄断地位。

在该案中，涉案组织通过传销活动获取利益，从公诉机关提供的证据可以看出，在N县地区像这样的传销组织还有许多，并不会因为有陈某玉团队的存在，其他团队就消失或被控制。因此在传销这个特定行业陈某玉团队并没有形成非法控制。

（3）涉案组织并未形成“非法控制”与“重大影响”。

该案起诉书以及公诉机关举证阶段均提到“N县L镇的社区工作人员、小区物业工作人员、N市G区A村委会工作人员多次接到业主及居民举报。2016年年初至2018年年底，N县L镇类案警情共计1596余起”。这恰恰能够说明，涉案组织并未对当地群众心理产生威慑力，群众根本不会因惧怕涉案组织而不敢报警。反而是涉案组织成员在日常生活中都要隐蔽，非常害怕被人发现他们的存在，也害怕被群众举报或被公安机关查处。

同时，针对“重大影响”的认定，公诉机关列举了N县打击传销组织的举措、附近居民和干部对传销组织的看法、涉及传销活动的群众举报等。笔者认为如果将多名周边群众干部对这个组织或者事件的看法、评论，认定为产生了“重大影响”，这种做法，与《黑社会犯罪纪要》本意是不相符的。在办案时不应将“重大影响”仅仅理解为具体违法犯罪活动所造成的严重后果或者在社会上造成的轰动效应。

该案涉及的石某被故意伤害致死案、景某被非法拘禁致死案对周围的居民造成了一定影响，但这种影响只是短暂的，从这些居民、干部、其他工作人员的评论陈述里完全看不出他们畏惧陈某玉、陈某的团队，心理威慑更无从谈起。这个组织中的成员所实施的行为属于典型的“窝里横”，对外界并无威慑力。

因此，综上所述，涉案组织并不具备黑社会性质组织中“非法控制”的特征，不应当认定为黑社会性质组织。

（三）根据该案组织的行为模式明晰罪名

具体到该案，笔者不认为该案涉案组织是黑社会性质组织。但笔者与办案机关多次沟通，仍毫无效果。该案立案侦查时就是以组织、领导传销活动罪立案，前期所有的侦查工作都是围绕传销活动罪展开的。而且该案的涉案组织符合我国《刑法》对传销组织的专门罪名，根据涉案组织的特征、性质，认定被告人构成组织领导传销活动罪。

根据涉案组织的行为模式，主观故意、获利方式、危害结果，涉案组织应定性为传销组织。

《刑法》第224条之一规定："组织、领导以推销商品、提供服务等经营活动为名，要求参加者以缴纳费用或者购买商品、服务等方式获得加入资格，并按照一定顺序组成层级，直接或者间接以发展人员的数量作为计酬或者返利依据，引诱、胁迫参加者继续发展他人参加，骗取财物，扰乱经济社会秩序的传销活动。"

从该条文中可以分析得知，非法传销活动的行为模式是以推销商品、提供服务等经营活动为名，通过不断发展下线进行牟利。

回归该案，被告人陈某玉、何某刚等所领导的涉案组织，以"T市天狮生物发展有限公司"名义，对外发展下线，并要求购买2800元"产品"作为入会费。最后通过层层扩张发展成百余人的团队，所获利润呈金字塔型向下分配。该组织的人员加入、利益分配、日常管理完全符合组织、领导传销活动罪的犯罪构成。涉案组织的行为模式是以推销商品、提供服务等经营活动为名发展下线的传销模式，陈某玉等人能够清楚地认识到组织的性质、行为、对象及结果，具备实施传销活动的主观故意。因此，该案可以按照组织领导传销活动罪定罪处罚。

三、裁判结果

该案在法院审判阶段未被定性为"黑社会性质组织"，最终N市中级人民法院以组织、领导传销活动罪、抢劫罪判决被告人陈某玉死刑，缓期2年执行。

四、经验总结

（一）熟悉卷宗，宏观把控

该案为涉黑案件，公诉机关指控犯罪事实共48起，含补充侦查案卷在内，共192卷。针对案涉组织时间跨度长，人员变更频繁等特点，笔者将48起案件的起始时间、参与人员等重要信息摘录出阅卷笔录，并制作成表格，经核实，其中仅有6起发生于被告人陈某玉团队组织领导期间。针对部分重要的讯问笔录，笔者向办案单位申请查阅同步录音录像，并对部分内容进行文字版的整理与摘录，还原了审讯现场。对于陈某玉在团队及个案中的作用力大小，笔者也反复翻阅共案犯讯问内容，不错过任何对陈某玉的有利细节。上述工作虽然繁杂，但客观上对被告人陈某玉最终判罚起到了有利的作用。

（二）明晰罪名，精准辩护

针对公诉机关的黑社会性质组织的指控，笔者反复查阅涉黑案件相关规范性文件及会议纪要，明确其中关于涉黑组织四大特征的详细认定标准与构成要件，并与该案案件事实进行比对，提供了扎实的理论基础，最终确定了案涉组织为非法传销组织，不构成黑社会性质组织的辩护方向，从而取得了有效辩护。

积极辩护　实现无罪

——曹某某涉嫌参加黑社会性质组织罪、寻衅滋事罪一案

江西华邦律师事务所　涂国虎　王　琳

一、案情简介

2018年1月，中共中央、国务院发布《关于开展扫黑除恶专项斗争的通知》，全国扫黑除恶专项斗争开始。2018年2月，以刘某某（原N县某某村党总支书记）为首20余人的黑社会性质组织被某某县公安局立案侦查，刘某某在2014年至2017年纠集王某某、曹某等人逐步形成较稳定的犯罪组织，有组织地通过违法犯罪活动获取经济利益并用以支持该组织活动。该团伙以暴力、威胁等手段多次实施敲诈勒索、寻衅滋事等违法犯罪活动，为非作恶，欺压、残害群众，称霸一方。共实施敲诈勒索31次，多次组织、纠集组织成员以及其他人随意殴打、威胁、辱骂他人、强拿硬要，在公共场合起哄闹事，在当地和运输渣土行业内形成非法控制和重大影响。刘某某涉嫌罪名包括组织、领导黑社会性质组织罪、敲诈勒索罪、寻衅滋事罪、盗窃罪、聚众扰乱社会秩序罪、强迫交易罪、诈骗罪、职务侵占罪等。

2018年2月2日，原N县某某村副主任曹某某因涉案被某某县公安局传唤后主动投案，后被某某县人民检察院批准逮捕，2018年8月

该案经某某县公安局侦查终结，以曹某某涉嫌参加黑社会性质组织罪、寻衅滋事罪（系刘某某等黑社会性质组织三号人物）向某某县人民检察院移送审查起诉，2019 年 2 月 1 日，曹某某被依法办理了取保候审。

二、辩护思路

辩护人在接受委托后依法多次会见了曹某某，并进行了详细的阅卷工作，对案件情况清楚掌握后，辩护人制定了如下辩护思路：

1. 根据该案实际情况，辩护人积极争取对犯罪嫌疑人取保候审。

2. 及时向办案机关提交书面不予批准逮捕辩护意见并提出如下辩护观点。

（1）曹某某构成寻衅滋事罪的证据不足，不构成寻衅滋事罪，不具有羁押的必要性。曹某某既没有寻衅滋事的主观故意，更没有实际参与阻工或组织策划阻工的行为。

（2）曹某某系主动投案，积极配合公安机关的侦查活动，不存在妨碍侦查的情况，不具有羁押的必要性。

（3）曹某某并未实际参加黑社会性质组织所实施的犯罪事实，依法不属于黑社会性质组织成员，不构成参加黑社会性质组织罪。

（4）曹某某人身危险性较低，实施再次犯罪的可能非常小，不具有继续羁押的必要性。曹某某具有正当固定职业，一直遵纪守法，无任何前科劣迹，品行良好，人身危险性低，不予羁押不致发生社会危险。

3. 及时向办案机关提交书面不起诉辩护意见并提出如下辩护观点：

（1）曹某某等人的行为从组织性、经济性、行为特征、危害性特征四个方面而言并未达到黑社会性质组织犯罪的基本标准，侦查机关对于该组织的认定并不恰当。

（2）该案的所有涉案人员均没有犯罪前科，大部分人员在案发前为当地的农民，只是为了维持生计而加入某某村委会或某某行动组这两个合法成立的组织，在这两个组织工作期间虽然参与实施一些阻工行为，但是行为的暴力性非常不明显，与黑社会性质组织犯罪的行为特征相差甚远。

（3）指控曹某某参加黑社会性质组织犯罪、寻衅滋事犯罪证据不足，曹某某所在的组织为某某村委会，其并未加入刘某某所在的某某中队和某某行动组，且其虽然作为某某村副主任，但在被控阻工的时间段里，正值其在某某村进行防洪工作，作案时间上有冲突，曹某某并未参与滋扰、阻工的行动。某某粮站阻工的参加者为村里的“老年协会”成员，曹某某虽为该村集体组织的成员和村委会副主任，但并没有证据表明其有唆使他人参与阻工的行为。对于高标准农田建设项目阻工事件，第一次曹某某并未参加，第二天村干部到达现场的时候工程已经停工了，曹某某并未在高标准农田建设项目阻工中起到任何实质性的作用。

（4）侦查机关的证据存在重大瑕疵。辩护人查阅某某县公安局刑侦大队的辨认笔录，发现除补充侦查的辨认笔录外，其他辨认笔录均无见证人签名，该辨认笔录具有明显瑕疵。

三、处理结果

某某县人民检察院采纳了辩护人的意见，同意为曹某某变更强制措施，曹某某于 2019 年 2 月 1 日被依法办理了取保候审，最终某某县人民检察院依法对曹某某作出不起诉决定。

四、经验总结

曹某某从被采取强制措施到重获自由，其案件在侦查机关经历了两次延长侦查期限，在某某县人民检察院经历了两次退回补充侦查，三次延长审查起诉期限，历时一年，最终，某某县人民检察院采纳了辩护人的辩护意见，将曹某某从黑社会性质组织中剥离，并认定侦查机关指控其寻衅滋事罪证据不足，依法对其作出不起诉决定。获得这样的结果，离不开辩护人的及时介入和专业敬业的付出，也离不开检察机关认真负责的坚守。作为该案的辩护律师，有着如下经验总结和感悟。

（一）扫黑除恶大背景下刑事辩护律师应当积极参与

扫黑除恶专项斗争是党中央在当前社会涉恶问题呈现新动向背景下的重大决策，事关社会大局稳定和国家长治久安，律师身为和谐社会的法律服务者，更应积极参与到扫黑除恶专项斗争中，做到依法辩护、敢于辩护、善于辩护。

辩护人介入该案后，非常慎重，按照最高人民法院、最高人民检察院、公安部、司法部《关于办理黑恶势力犯罪案件若干问题的指导意见》的规定，第一时间向江西省律师协会进行了备案。刑事律师在处理此类案件时，应以案件事实为依据，以法律为准绳，严格遵守职业纪律，通过对相关的法律法规、最新司法解释的准确把握，厘清黑社会性质组织犯罪与普通刑事犯罪的区别，区分黑社会性质组织犯罪当中参与者情况的不同，详细分析单个犯罪事实的指控证据，进而开展有效辩护活动。

（二）防止黑社会性质组织犯罪案件标准扩大化

该案是我国正在实施“扫黑除恶”专项斗争中所引发的一起典型刑事案件，属于当地开展扫黑除恶专项斗争以来第一起涉黑案件，省内主流媒体先后对该案进行了报道，案件不仅关系曹某某等十几个人的个人前途命运，也涉及对农村基层组织和自发性成立的譬如老年协会的法律评价与社会评价。律师开展具体辩护活动时，除关注犯罪组织定性外，还应注意犯罪成员中可以不作为犯罪处理以及不属于黑社会性质组织成员的情形。

我们对国家正在实施的“扫黑除恶”专项斗争全力拥护。在处理涉黑案件时办案部门应该进行严格审查，防止将普通刑事案件作为黑社会性质组织犯罪处理，更要防止随意降低黑社会性质组织犯罪中单个犯罪事实的指控标准，牢固树立谦抑、审慎、善意的观念，刑罚作为最严厉的处罚措施，运用应当慎之又慎，避免打击无辜！

（三）辩护人的及时介入与坚守

2012年的《刑事诉讼法》第33条规定，犯罪嫌疑人自被侦查机关第一次讯问或者采取强制措施之日起，有权委托辩护人，在侦查期间，只能委托律师作为辩护人。可见在案件经历侦查、审查起诉、审判三个阶段，只有律师才能在案件的起始侦查阶段进行有效的辩护工作。刑事案件的有效辩护，需要律师在认真阅卷、掌握案件基本证据材料的情况下，披沙炼金，分析案件的基本法律关系，辨别证据的真实性、合法性和证明效力，查找证据链漏洞，从而开展详尽调查。很多当事人常常在审查起诉或者审判阶段才委托律师进行辩护，辩护效果相对不如从侦查阶段就开始的辩护效果来得出色。对于被羁押的当事人来说，律师的及时介入，也往往意味着能对其羁押的必要性及时提出意见，从而更早申请变更强制措施。

在该案中，辩护人在侦查阶段就接受了犯罪嫌疑人家属的委托，担任其辩护人，辩护人及时向办案机构了解案情、会见在押当事人，提出变更强制措施申请，结合案件事实与证据材料，积极地展开了有效的辩护工作。虽然辩护人第一次提交的不予批准逮捕意见书没有被采纳，但正是由于从一开始就介入案件并紧紧地追踪案件办理进程，及时跟进案件的办理进程，与办案机关开展积极有效沟通，才能在接下来的阶段中，顺利帮助当事人向办案机关提出取保申请、不起诉申请，并且都被审查机关采纳。此案表明，只要辩护律师能够认真研读案情，准确理解我国《刑法》及相关司法解释对于黑社会性质组织犯罪相关规定，及时提出专业的辩护意见，是可以取得良好辩护效果的。

准确理解诈骗罪中既、未遂量刑幅度的适用

——肖某涉嫌诈骗罪一案

北京市中银（南昌）律师事务所　张梦凡　崔哲嫒

一、案情简介

杨某、肖某、邓某经事先商量，由邓某在牌九上作记号，杨某负责去找赌博的地点和上桌赌博，肖某带被害人方某来赌博，赢了被害人方某的钱后进行分赃。

第一次在2017年12月的一天，按事先约定，被害人方某在这次赌博中共计输掉了57,000元，其中现金7000元，另外由肖某担保后被害人方某从魏某手里借来50,000元（该欠条中有30,000元被害人方某没有归还）。第二次在2017年年底某天，肖某和邓某联系，两人商量通过相同的手法再次对被害人方某进行诈赌赚取被害人方某的钱财，这次赌博被害人方某输了1万多元现金。

原一审某某区人民法院认为，被告人肖某、邓某伙同被告人杨某以非法占有为目的，采取在牌九上作记号的方式骗取被害人的赌资共计人民币67,000元（其中30,000元未遂），认为其行为均已构成诈骗罪。

同时，一审法院认为其中肖某、邓某参与诈骗二次，数额达67,000

元（其中30,000元未遂），杨某参与诈骗一次，数额为57,000元（其中30,000元未遂），认定各被告人的诈骗数额均符合“数额巨大”，应适用3年以上10年以下的有期徒刑。被告人杨某、肖某、邓某当庭认罪，并如实供述犯罪事实，系坦白，依法可从轻处罚。

故2019年12月23日，原一审法院分别判处被告人杨某有期徒刑3年，并处罚金人民币2万元，判处被告人肖某有期徒刑3年6个月，并处罚金人民币3万元，判处被告人邓某有期徒刑3年6个月，并处罚金人民币3万元。

一审判决后，被告人肖某以未认定自首，应量刑从轻为由自行提出上诉。

二、辩护思路

辩护人认为：上诉人肖某诈骗金额共计人民币67,000元（其中30,000元未遂），并未达到“数额巨大”，依法应适用3年以下有期徒刑的量刑幅度，一审适用法律错误，具体从以下四个方面分析。

（一）从案件的发展经过来看，原起诉书仅认定构成“数额较大”，后经一审开庭后，才错误变更起诉书为“数额巨大”

从案件一审审理进程来看，某某区人民检察院的第一份起诉书中指控肖某涉案金额为37,000元，数额较大。原一审的庭审调查中对数额问题产生争议，在一审第一次开庭结束后，某某区人民检察院则变更起诉决定书指控上诉人肖某涉案金额为67,000元（30,000元未遂），数额巨大；后一审法院据此判决认定构成“数额巨大”，应属于法律适用错误。

（二）从法律规定来看，该案应适用“数额较大”的3年以下有期徒刑的法定刑幅度

根据《关于江西省办理诈骗刑事案件执行具体数额标准的规定》，诈骗公私财物“数额巨大”，以5万元为起点。该案中，肖某诈骗金额

应为：诈骗既遂37,000元、诈骗未遂30,000元，属于最高人民法院、最高人民检察院《关于办理诈骗刑事案件具体应用法律若干问题的解释》（法释〔2011〕7号）中第6条规定的既有诈骗既遂，又有诈骗未遂的情况，且诈骗既遂、未遂均在同一量刑幅度，应当以诈骗既遂处罚，即应以诈骗罪既遂部分37,000元所对应的“数额较大”3年以下有期徒刑的法定刑幅度处罚。

另作提示，根据2021年江西省最新的量刑指导意见（此案二审改判后才出台）已经明确规定“对于诈骗犯罪既有既遂又有未遂的，既、未遂所对应的量刑幅度相同的，以既遂部分确定基准刑，其他可以作为调节基准刑的量刑情节”。

（三）从量刑指导意见以及量刑基本方法来看，该案宣告刑应在3年有期徒刑以下

1. 该案量刑起点在1年之内。

根据最高人民法院量刑指导意见以及当年该省的量刑实施细则的规定，对于达到“数额较大”情形的，可以在1年以下有期徒刑、拘役幅度内确定量刑起点。江西省规定对于达到数额5000元的，可以在3个月拘役至1年有期徒刑幅度内确定量刑起点。那么从量刑起点来看，该案既遂部分是37,000元，应在1年之内确定量刑起点。

同时，若根据原一审法院提出的以“数额巨大”具体量刑，那么根据最高人民法院以及江西省高级人民法院的规定，从全案67,000元的“数额巨大”的数额标准来看，应在3年至4年有期徒刑量刑幅度内确定量刑起点。若在3年至4年有期徒刑量刑幅度之内确定量刑起点，那对于该案67,000元之中30,000元诈骗的法定未遂情节，以及上诉人坦白、认罪等从轻、减轻的量刑情节根本无法得以运用，原一审量刑3年6个月也明显不符合法律规定，不符合罪责刑相适应原则。

2. 未遂30,000元部分应依法调整基准刑，但宣告刑不应突破法定最高刑。

根据最高人民法院量刑指导意见以及当年该省量刑实施细则的规定，在调节基准刑的方法中，犯罪未遂属于优先适用的量刑情节，应先适用该量刑情节对基准刑进行调节，并且在确定宣告刑的方法中明确，即使“量刑情节对基准刑的调节结果在法定最高刑以上的，可以依法确定法定最高刑为宣告刑”，也可以明确看出，无论如何调节该案的基准刑，都应当在3年以下的法定最高刑内进行量刑并确定宣告刑。

（四）从各地司法实践来看，也予以认定该案应适用3年以下法定刑

辩护人经查阅司法审判案例，因同时具有犯罪未遂、犯罪既遂且在同一量刑幅度的案例较少，以犯罪金额较为接近的同一省份的某A市中级人民法院、某B市中级人民法院的诈骗罪的司法审判案例为例，明确可以看出该案也应依法适用3年以下法定刑，以及原一审某某区人民法院、同地市中级人民法院关于诈骗数额高于该案的全案既遂案例予以参考，也可见该案一审判决违反罪责刑相适应原则。

且经辩护人查阅，在某某省高级人民法院《〈关于常见犯罪的量刑指导意见〉实施细则》对于各类犯罪有较为明确、详细的量刑规定，其中，对于诈骗罪明确指出诈骗犯罪既有既遂也有未遂，既遂、未遂部分所对应的量刑幅度相同，以既遂部分确定基准刑，其他可以作为调节基准刑的量刑情节，但不得根据该量刑情节提高量刑幅度。这与最高人民法院刑事审判第三庭编著出版的《量刑规范化实务手册》第204页的观点“对于达到同一量刑幅度的，以诈骗罪既遂部分确定量刑起点、基准刑，未遂部分作为从重情节调节基准刑”也相符。

故结合最高人民法院观点以及司法审判实践，该案应当适用3年有期徒刑以下的法定刑。原一审法院适用法律错误，直接将诈骗既遂金额和诈骗未遂金额简单相加，将原3年以下的法定刑直接升格为3

年以上的法定刑，严重损害了法律的权威，导致上诉人肖某量刑畸重。

三、裁判结果

2020年5月11日，某市中级人民法院依法作出二审判决，认定根据最高人民法院、最高人民检察院《关于办理诈骗刑事案件具体应用法律若干问题的解释》第6条规定，诈骗既有既遂，又有未遂，分别达到不同量刑幅度的，依照处罚较重的规定处罚；达到同一量刑幅度的，以诈骗罪既遂处罚。该案中，上诉人肖某、邓某共同诈骗两次，诈骗既遂37,000元，诈骗未遂30,000元，上诉人杨某共同诈骗一次，诈骗既遂27,000元，诈骗未遂30,000元。按照上述解释的规定，依法应对3上诉人适用3年以下的量刑幅度。对于辩护人提出应适用3年以下量刑幅度的辩护意见予以采纳。

依法判决撤销原一审某某区人民法院刑事判决中第一、二、三项，予以量刑减档，并依法改判：上诉人杨某犯诈骗罪，判处有期徒刑2年3个月，并处罚金人民币2万元；上诉人肖某犯诈骗罪，判处有期徒刑2年6个月，并处罚金人民币3万元；上诉人邓某犯诈骗罪，判处有期徒刑2年6个月，并处罚金人民币3万元。

四、经验总结

（一）辩护人单独代理二审案件时，应对案件全面审查，对于定性无争议的在量刑上要仔细核查量刑情节适用是否符合法律规定，了解各量刑情节的法定内涵

辩护人在单独代理二审案件时，须第一时间严格审查罪名定性以及量刑有无不当。对于量刑的核查必须严格遵照现有法律规定、各省市量刑具体规定来予以审查量刑情节有无遗漏。同时要清楚各个量刑情节的法定内涵、立法本意（如以最高人民法院出版的量刑适用书籍观点或最高人民法院刑事审判参考案例观点为主线），以便于在量刑情

节适用时，能够精准适用。如该案中，对于诈骗罪的犯罪既遂、未遂在同时存在的情况属于区分适用，与其他罪名的既遂、未遂同时存在的计算方式未必相同。

（二）辩护人在量刑辩护中要熟练量刑指导意见、掌握量刑计算方法、步骤、幅度，以便于准确审查现有量刑是否正确，并根据司法实践判例予以核对有无计算错误

尤其是在认罪认罚从宽制度的广泛适用之下，辩护人必须具备准确核算量刑的基本技能。通过对量刑情节、幅度以及量刑起点的计算、基准刑的调解、宣告刑的确定等来掌握量刑是否精确，是否是依法、恰当的。同时，对于量刑的估算还可结合审理法院以及同地市、省市法院的生效裁判来审查在具有相似犯罪金额、量刑情节的情况下，量刑是否合适、准确。以此达到对量刑的计算既专业同时又接地气，符合司法实践实情。

（三）辩护人自代理案件掌握事实证据之后要及时核算量刑，并与承办人员预约时间适时沟通对接，对量刑有疑问的，要有条文依据、事实依据、参考案例，有理有据、有效沟通

从量刑辩护来看，对于犯罪事实清楚、证据确实充分的案件，在量刑的“紧要关头”即审查起诉阶段的认罪认罚中，就应当做好量刑建议的充分协商，以及单独代理二审的诉讼程序“快速性”的量刑协商。辩护人务必在该两个阶段自阅卷后迅速核算量刑，并同时与承办人员约好沟通时间。与承办人员沟通之前，务必要做到量刑心中有数。例如，像制作《量刑幅度计算表》一样，明确知道所办案件什么类别量刑情节幅度多少，多少刑期属于重，多少刑期属于轻，多少刑期属于居中正常范围，以及需要与犯罪嫌疑人、被告人及委托的家属有量刑的提前沟通，了解当事人及委托人的心理预期程度和能接受的量刑范围。以便于辩护人在与办案人员量刑沟通时，能够准确把握量刑的谈判空间和幅度，以及结合当事人的承受能力有效商议出对犯罪嫌疑

人、被告人最有利的量刑建议，充分保障辩护人的辩护权。同时，量刑幅度一定要尽早沟通，能够在审查起诉商议一致的就不要延到下一个阶段，从认罪认罚从宽幅度大小以及早认罪优于晚认罪来看，也要适时把握，避免在事实证据符合认罪认罚条件的案件中，无故错失认罪认罚从宽幅度最大化的机会。

两罪减一罪　刑期减一半

——张某涉嫌开设赌场罪、诈骗罪一案

江西心秤律师事务所　冯圣君

一、案情简介

2022 年 7 月，被告人张某为非法获利，在“WePoker”赌博手机上创建彩虹俱乐部，层层发展代理，由各代理组织玩家到彩虹俱乐部里面以打德州扑克的方式进行赌博。彩虹俱乐部从每手牌中抽取赢家有效盈利额的 3%，然后按 70% 到 95% 的比例分成给一级代理，一级代理再按一定比例分给二级代理。另外，为非法获利，被告人张某与被告人杨某某、陈某合伙成立工作室，招募牌手在彩虹俱乐部里面，采用隐瞒同一个牌桌多个账号只有一个人的事实，或多名牌手同时在同一个牌桌上串通赌博的方式控制赌局，提高赢钱概率，骗取玩家财物。公诉机关认为：被告人张某以非法占有为目的，隐瞒真相，骗取他人财物，数额特别巨大；利用网络开设赌场，情节严重，应当以诈骗罪（共同犯罪）、开设赌场罪（共同犯罪）追究其刑事责任，且应数罪并罚。被告人张某在共同犯罪中起主要作用，系主犯；认罪认罚，可以从宽处理；归案后能如实供述犯罪事实，系坦白，可以从轻处罚。建议以诈骗罪判处其有期徒刑 10 年 5 个月，并处罚金人民币 10 万元；

以开设赌场罪判处其有期徒刑5年10个月，并处罚金人民币6万元；合并执行有期徒刑13年5个月，并处罚金人民币16万元。

二、辩护思路

（一）指控的诈骗罪程序上没有立案，不符合起诉条件

根据《公安机关办理刑事案件程序规定》第178条第1款的规定，公安机关接受案件后，经审查，认为有犯罪事实需要追究刑事责任，且属于自己管辖的，经县级以上公安机关负责人批准，予以立案。就该案而言，公安机关于2020年10月20日立案的案由是开设赌场罪，其后，公安机关所有的侦查行为均围绕被告人的开设赌场行为，移送审查起诉的起诉意见书，记载的也是开设赌场罪名。该案中，公安机关并没有对张某是否涉嫌诈骗罪进行立案，更没有调取任何诈骗罪相关证据材料。在没有立案，没有调取证据基础上的起诉，等于无源之水，无本之木，是明显不适当的，是不符合起诉条件的。

（二）没有适格的被害人

凡诈骗罪，必然有被害人，被害人是诈骗行为的侵犯对象，也涉及犯罪结果问题。案卷显示，该案在补充侦查期间，检察机关要求公安机关查找被害人，此期间，公安机关没有找到适格被害人。现有的案卷材料中记载了打德州扑克输钱的人有张某本人，输了200多万元；作为被告人的张某当然不可能同时是被害人；还有郭某，输了2万元左右；朱某某输了1万多元，田某输了10万元，孙某输了6万多元，这些人，讲述的都是自己打德州扑克的过程，主观上都是认赌服输，都没有认为自己是被害人。甚至该案的举报人，在彩虹俱乐部里上分（缴款）400元，玩了两手，一手赢23元，另一手输85元，合计输了62元，剩余部分338元，在其申请后，俱乐部全额返还，他的涉案金额不足5000元，不够J省诈骗罪立案标准。所以该案中，公安机关一直没有出具刑事诈骗的立案决定书。公诉人在法庭辩论中，也认可该

案中暂时没有找到具体被害人，既然诈骗案的被害人无法查明，相当于诈骗罪的基本构成要件缺失，诈骗行为无法认定。

（三）现有证据无法证明存在明确具体的欺骗方法

在该案中，公诉人认为存在两种或者两类诈骗行为。其一，1 个人用多个账号在彩虹俱乐部，跟陌生玩家打德州扑克，骗取他人财物；其二，多名牌手同时在同一个牌桌上以串通赌博的方式控制赌局，骗取他人财物。在现有案卷中，能够确定打伙牌身份的选手仅有 3 人，分别为许某某、杨某某、陈某某。许某某证明 1 个人用 4 个账号，跟别人打牌；陈某某，仅证明杨某某给了他 4 个账号。他是不是每次用 4 个账号，案卷材料中未能体现，并不清楚；至于杨某某，证明的是 1 个人用两三个账号打，至于他陈述的两个人在同一个桌子上打牌，没有任何其他证据印证，没有得到另外两个打伙牌的证人的言词证据的印证。公诉人指控的多名牌手同时在同一个牌桌上以串通赌博的方式控制赌局的情形也是没有的，现有证据是看不出来的。

按照游戏规则，1 个人如果拿 4 个账号打德州扑克，他需要下注四份筹码，手中扑克底牌不好的时候，也需要扔掉筹码，因为他并没有能力换牌，也没有能力看到别人的底牌。甚至一个牌桌上的 9 个账号中，另外四五个账号是不是也是同一个人持有，他也不清楚。而且公诉人（认为牌手不需要花钱，是空手套白狼，所以是诈骗）的逻辑并不成立，牌手之所以不需要出钱，是因为有被告人杨某某买单，有杨某某兜底；牌手如果打牌输了分，结算时一样是需要掏钱的。唯一的区别是，其余玩家是先花钱买分，再打牌；这些牌手是先上分，再现金结算输赢，这仅是一个顺序的问题，是信用担保问题，不是空手套白狼的诈骗行为。

（四）邀约他人打伙牌尚无证据证明能够提高赢钱概率

一般人对于赌博的认识，基本是十赌九输，尤其是有庄家抽水的赌博。它不是零和博弈，仅是负和博弈。这是不言自明的生活常识。

该案中，输了10多万元的田某没有报警说自己被骗，输了几十元的郭某某也没有报警说自己被骗。任何一个正常的人，对于自己参加赌博可能会输，都有清醒的认识。回到该案，德州扑克游戏，是世界风行的智力娱乐活动，输赢跟牌手心理素质、数学概率知识相关。一个心理素质不好、粗心大意的人，哪怕他一个人拿8个账号，也不一定能够打赢拿1个账号的正常玩家。

（五）从定性上看，开设赌场的行为可以吸收打伙牌的行为

该案中打德州扑克的行为，无论是一个人用多个账号参与游戏，还是多个人同时用多个账号参与游戏，都在《关于办理网络赌博犯罪案件适用法律若干问题的意见》第3条“一个账号多人使用或者多个账号一人使用的”范畴内，这些行为，都是网络赌博里面的常见行为，不应当再被重复评价为诈骗行为。

（六）从轻、减轻情节

1. 被告人首次供述就完整讲述了整个犯罪过程及细节，具有坦白情节。

2. 被告人首次供述就主动交代了赃款保管位置及金额，相应金额已经全额上缴国库，属于法律规定的可以从轻处罚的退赃情节。

3. 被告人在接受第一次讯问时，对于开设赌场的事实供认不讳，自愿认罪认罚；虽然对于公诉机关指控的诈骗罪的行为性质有所辩解，但该辩解，属于法律适用问题，不影响其认罪认罚的态度，其主观态度也是一个可以从轻考虑的情节。

三、裁判结果

B县人民法院于2021年11月12日作出（2021）赣××××刑初×××号、×××号刑事判决书，判决被告人张某犯开设赌场罪，判处有期徒刑6年，并处罚金人民币50万元。截至上诉期届满，检察机关未提起抗诉。

四、经验总结

（一）家属的宽容与坚韧是律师前进动力源头之一

接待该案当事人家属时，距离开庭时只有 4 天（两个工作日 + 周末两天）。案件涉及十几个被告人，他的孩子是第一被告，涉嫌两个罪名，且已经签署认罪认罚具结书，法院为其指定了辩护人，但是，家属还是想请律师为其孩子做诈骗罪无罪的辩护。笔者第一反应是这个案件不适合接。理由有三：（1）时间紧张，开庭前只有两个工作日，能否见到当事人都成问题。（2）工作量大，十几名被告人，各种错综复杂关系，正常情况下，案卷不低于 10 本，数千页案卷是少不了的。第一被告辩护人，案卷通看是少不了的，不说细致阅卷，初阅一遍都很难。（3）压力大，家属放弃法援律师，希望做无罪辩护，而无罪辩护成功率极低。在详细沟通后，笔者明确告知家属，由于时间过于紧张，基本辩护工作无法保证有效开展，怕辜负他的期望，只能抱歉了。如果一审结果出来后不理想，想上诉，愿意做二审辩护工作。家属当晚再次微信联系，一再恳求不要求律师承诺结果，只希望尽心尽力辩护就好。为其父爱所感动，笔者毅然接下了这块“硬骨头”。

（二）相关行业专业知识的重要性

在该案中，涉及德州扑克的玩法问题，而辩护人之前对该扑克玩法，一无所知，在接受正式委托后，将某网站上所有点击量过万的德州扑克教程几乎通学了一遍，懂得了“大小盲”“枪口”“结位”“官位”等基本术语，理解了一些基本游戏规则及牌型大小，更明确了德州扑克游戏中运气与实力并重的道理。在与当事人的会见沟通中，也就没有了障碍，在法庭审理环节也就更有了底气。

（三）统筹安排不可少

在接受委托后，辩护人第一时间联系了某某看守所，预约会见被告人张某。正常情况下的预约会见本难以在这么短的时间内实现。但经笔者一再与办案警官沟通，陈述该案案情紧急的特殊情况后，警官及时安排了周一的会见时间。首次会见与审前会见同一，对笔者的十几年辩护生涯来说，尚属首次。在会见时间敲定后，辩护人当天上午立即前往 B 县人民法院，刑庭法官助理在笔者递交手续后，也非常给力，将 13 本近 3000 页电子案卷及时拷贝，同时附上检察院起诉书。从法院出来后，辩护人又联系到了公安侦查阶段的承办律师，向他了解一些案情，以及他对这个案子的看法。总体来说，虽然时间短，但在庭审前的准备工作却异常顺利，没有在哪个环节卡壳，没有出现无法会见，无法及时拿到完整案卷的担忧事项。两个工作日及两个休息日的时间，笔者静下心来，暂停一切与辩护工作无关的事情，不仅研究案卷，还查找了相关法律规定，在网上下载生效判例，做了尽可能详尽的准备工作。努力终有回报，庭审辩护工作和判决结果，获得了当事人及其家属的肯定，取得了满意的辩护效果和判决结果。

深挖案件证据　厘清帮信罪与开设赌场罪的界限　帮助行为正犯化的现实确立

——王某涉嫌开设赌场罪案的罪名之争

江西求德律师事务所　万艺娇　章松涛

一、案情简介

某某科技有限公司为著名网络搜索企业，某某网络推广公司的主营业务系为某某科技有限公司的搜索业务提供推广、代理类服务。王某为某某网络推广公司员工，负责客户维护、员工培训等工作。2018年，王某通过网络结识拟为某平台进行网络推广的蔡某，并承接其推广业务。后王某联系同公司的罗某（监察部专员）共同帮助某平台进行网络推广。

按照某某科技有限公司业务要求，客户应提供相关营业证照等相关资质文件。在实际操作中，王某、罗某未要求蔡某提供相关资质文件，而是直接套用其他公司资质材料直接上传到某某科技有限公司进行审核。案涉期间某平台共计投放广告推广费为7400万元，推广过程中，某某科技有限公司多次提示某平台存在风险，王某本人亦供述，一般企业难以承担如此巨额推广费用，某平台极可能从事赌博活动。后该案因被人举报某平台充值赌博案发。

2020年6月，王某因涉嫌帮助信息网络犯罪活动罪（以下简称帮信罪）被公安局刑事拘留。公安部门呈报检察机关批准逮捕时，检察机关认为王某涉嫌罪名应是开设赌场罪。其后，公安部门的起诉意见书以王某涉嫌开设赌场罪移送至检察机关审查起诉。

二、辩护思路

（一）辩护思路的形成

根据该案情况，作为王某的辩护人，笔者在以下几个方面的思考之上开展工作，最终确定辩护方向和思路。

1. 基于何种原因，王某涉嫌罪名从刑拘时的帮信罪变更为移送起诉时的开设赌场罪。

帮信罪和开设赌场罪量刑差异较大。帮信罪量刑标准为3年以下有期徒刑或者拘役，并处或者单处罚金。开设赌场罪的量刑标准是5年以下有期徒刑、拘役或者管制，并处罚金；情节严重的，处5年以上10年以下有期徒刑，并处罚金。案件罪名变化直接影响王某所受刑罚的轻重。什么原因导致罪名发生变化，是辩护人首先要了解和关注的问题。通过与办案单位的沟通，王某罪名变化的主因是办案单位在同一犯罪事实下对法律规定的不同理解，这在司法实践中有一定的普遍性。

2. 厘清帮信罪和开设赌场罪的概念和区别。

在研读法律的基础上，辩护人进一步检索文献及案例，查阅权威部门发布的立法背景资料等，进一步明确帮信罪和开设赌场罪的不同法律适用情形。基于网络犯罪的特性及传统的共同犯罪理论，因信息网络共同犯罪的参与人完全可能处于不同的区域，行为主体之间可能完全不相识，根据传统的共犯理论，如果没有查明正犯，便无法判断正犯的年龄及是否具有刑事责任能力，更无法判断帮助者与正犯是否有合谋，因此增设帮助信息网络犯罪活动罪。

3. 深挖案件证据，确定案件事实，甄别罪名定性。

笔者通过反复查阅案卷，多次会见王某，在充分熟悉和掌握案件事实的基础上，对王某行为应界定为帮信罪的辩护思路最终形成。

（二）辩护意见的提出

经过前期充分研判和思考，辩护人向审查起诉部门提出如下律师意见。

1. 该案没有充分证据证明“开设赌场”的行为存在。

开设赌场罪客观方面表现为行为人营业性地提供赌博场所，设定赌博方式，提供赌具、筹码、资金等。综合该案证据，全卷对于赌博场所、赌博方式，开设人、赌具、筹码、资金等关于证明开设赌场行为方面几乎无证据。唯一涉及赌场存在的证据仅有“远程勘验工作记录”这一电子证据，仅凭该证据远不足以证明开设赌场罪成立。首先，这份证据不能证明该案犯罪嫌疑人在主观上有开设赌场犯罪故意和意思联络。其次，这份证据存在提取上的不规范、不充分之处，如未扣押原始存储介质或未扣押原因、原始存储介质的存放地点或者电子数据的来源等情况；未附电子数据提取固定清单，并注明类别、文件格式、完整性校验值；未安排见证人等。最后，该证据也不能证明该平台具有充值和提现功能，对如何实现提现及游戏币如何转移并不清晰，明显不符合刑事证据的要求。在开设赌场犯罪尚未查证成立的情况下，更不能证明王某的帮助行为与开设赌场犯罪之间有确定的关联性。

2. 该案证据是关于“帮助”行为存在的证明体系。

公安机关系围绕“帮助犯”而非“被帮助犯”的下游行为展开，所有的证据均以帮信罪为侦查方向进行收集：犯罪嫌疑人均是帮助进行广告推广这一技术支持的公司人员；证人的身份均是该公司的负责人、财务、总经理及其他不知情的人员；实物证据也主要系进行广告推广的物料及推广资金往来流水。该证据体系显然以证明王某等人有“帮助行为”存在为中心，而非以“开设赌场”为证据对象。

3. 没有证据证明王某有开设赌场的主观故意。

王某不知道谁是赌场开设人，和他们之间不存在共同谋议，也没有分工或者分赃，即王某与上游犯罪之间没有同谋共议，也无犯罪意识联络。

王某虽自认曾意识到某平台有“不对劲”或者“不正常”，但出于做业务的心态并未深究。其主观上是一种对他人可能利用信息网络实施犯罪的概括的“放任”故意，而非明知他人开设赌场而提供帮助。

4. 王某的行为应定性为帮信罪。

根据《刑法》关于共犯的规定，要认定帮助犯构成犯罪，则必须先认定主犯实施了相应的犯罪活动，这是帮助犯的入罪前提。具体到该案中，与王某进行对接的上游人的身份如何？其在上游犯罪起到的作用如何？其推广的相关游戏平台是否具有相关资质？4个平台是否构成开设赌场罪？这些均直接影响该案的开设赌场罪是否成立，也是认定开设赌场罪所必须查明的事实。因此，该案如以开设赌场罪定性，证据远未达到事实清楚，证据确实充分的标准。

最高人民法院、最高人民检察院《关于办理非法利用信息网络、帮助信息网络犯罪活动等刑事案件适用法律若干问题的解释》（法释〔2019〕15号）第12条第2款规定：“实施前款规定的行为，确因客观条件限制无法查证被帮助对象是否达到犯罪的程度，但相关数额总计达到前款第二项至第四项规定标准五倍以上，或者造成特别严重后果的，应当以帮助信息网络犯罪活动罪追究行为人的刑事责任。”该条第2款明确规定了特殊入罪标准。按照传统的共犯理论，帮助行为构成犯罪以实行行为构成犯罪为前提，需要有共同的犯罪故意和犯罪行为。但在网络犯罪中，一方面，网络犯罪形成比较完整的产业链，实行行为和帮助行为被分为若干个环节，相互紧密联系，又带有相对独立性，一定意义上有不同于传统共犯的特点，通常不是“一对一”，而是“一对多”“多对多”，犯罪链条比较复杂，被害人也具有不特定性，有时很难完全查清全案各个环节；另一方面，网络犯罪的帮助行为相较于传统的帮助行为，其对于完成犯罪起着越来越大的决定性作用，社会危害性凸显，有的如果全案衡量，甚至超过实行行为。因此，为体现立法本意，该款明确在特殊情况下帮信罪可以不要求被帮助对象构成犯罪，同时作了适当限制：一是确因客观条件限制无法查证被帮助对象是否达到犯罪的程度。主要是为了避免侦查机关避重就轻、“点到为止”，在不深挖犯罪链条、查证共同犯罪的情况下即简单适用帮信罪追究刑事责任。二是入罪标准高于一般入罪标准，即数额标准达到5倍或者造成特别严重后果的，此时帮助行为本身就具有十分严重的社会危害性，达到单独刑事追究的程度。

具体到该案中，该案属于网络犯罪，上游犯罪的隐蔽性强，行为方式具有灵活性，公安司法机关经常难以查获并收集到有关犯罪证据，而王某等人所提供的广告推广这一技术服务既有中立性，又有危险性，明显区别于传统的共同犯罪，且因上游犯罪嫌疑人并没有查获，案件材料对上游犯罪是否构成犯罪的事实不清、证据不足，因此，在被帮助对象是否构成犯罪尚未查明的情况下，将该案定性为涉嫌帮信罪符合该罪的立法本意。

5. 王某还具有自首等从轻情节。

王某系经公安机关传唤后到案，是否自首存在争议。辩护人依据《最高人民法院关于处理自首和立功具体应用法律若干问题的解释》第1条“自动投案，是指犯罪事实或者犯罪嫌疑人未被司法机关发觉，或者虽被发觉，但犯罪嫌疑人尚未受到讯问、未被采取强制措施时，主动、直接向公安机关、人民检察院或者人民法院投案”的规定，向办案机关提出王某经公安机关传唤后到案，符合自动投案的特征，且归案后能如实供述，应认定为自首。理由：其一，传唤不属于强制措施。传唤是使用传票、传唤证通知犯罪嫌疑人在指定的时间自行到指定的地点接受讯问的诉讼行为，它强调被传唤人到案的自觉性，且传唤不得使用械具。经传唤归案的犯罪嫌疑人具有归案的自动性和主动性。犯罪嫌疑人经传唤后，有自主选择的余地，其可以选择归案，也可以选择拒不到案甚至逃跑，而其能主动归案，就表明其有认罪悔改、接受惩罚的主观目的，即具有归案的自动性和主动性。其二，王某归案后如实供述了犯罪事实。办案机关最终采纳辩护人的法律意见，认定王某构成自首。

三、裁判结果

该案一波三折，辩护人就案件定性多次与办案单位沟通交流，取得了积极的效果：其一，为王某争取到取保候审；其二，改变该案定性，检察机关以王某帮信罪向法院提起公诉；其三，法院以帮信罪对王某定罪量刑。王某及其家属对裁判结果满意，表示认罪服刑。

四、经验总结

（一）聚焦争议焦点，多层面进行定性说理

关于该案的定性，该案辩护人围绕“涉嫌的犯罪构成条件是否成立”“上游犯罪成立的证明标准”“类案检索报告”等进行说理，有理有据提出辩护意见。

1. 认真分析“开设赌场罪”及“帮信罪”的区别与关联。辩护人接受委托后，第一时间查阅了案件材料，认为该案的难点在于“开设赌场罪”与“帮信罪”的界定与区分，“帮信罪”作为帮助犯正犯化，在《刑法》条文中和其他犯罪一样是以单独正犯的模板进行规定，故在该案中与上游犯罪“开设赌场罪”如何进行区分是重点，受思维惯性及传统刑法理论帮助犯为共犯从属理论的影响，此罪行为常常被认定为上游犯罪（重罪）的共犯。因此，如何将其从上游犯罪中抽离出来，必须进行充分的法理解读，必须从法律规定、立法目的及罪刑法定原则、罪责刑相适应原则等方面进行解读。因此，辩护人积极检索

该两罪名相关的法律规定、司法解释及学术论文进行阅读，对两罪名的犯罪构成及法律关系有了更为精准的理解。

2. 该案的重点还在于上游犯罪是否成立，否则，皮之不存，毛将焉附。该案除区分是否有共谋构成上游犯罪的共犯外，还需要审查在上游的犯罪行为是否达到了可以构成犯罪的证明标准，案件材料中是否有相关证据证明。因此，辩护人认真审查该案上游开设赌场罪的案件材料并对相关证据予以梳理，从而得出上游犯罪没有达到相关的证明标准的结论。

3. 积极检索同类案例并将有利于当事人的案例进行整理。除向检察机关进行释法明理外，提交同类案例可以达到更为直接有效的法律效果。因此，辩护人积极将提供广告服务被定性为帮信罪的同类案例进行检索并整理，梳理其中的裁判观点、行为方式、涉案金额、处罚结果等信息并提交至承办人，以进一步强化辩护人关于该案的定性及量刑的观点。

（二）除对该案定性进行大量说理外，积极梳理该案在量刑上对当事人有利的情节

比如，该案单位犯罪行为，当事人具有自首、初犯偶犯、认罪认罚等情节，以这些法定与酌定情节来获得司法机关在量刑上的从轻处罚。

（三）积极申请取保候审

如成功改变该案定性，那么该罪的量刑将为 3 年以下有期徒刑、拘役，属于轻罪名，且属于经济类犯罪，社会危害性及人身危险性轻，加上其他法定、酌定量刑情节，能够为当事人争取到取保候审。

（四）律师的主战场不仅在法庭，也在“庭前”

该案的成功之处在审查起诉阶段改变了罪名，大大降低了后期工作难度。这与辩护人在审查起诉阶段的大量工作密不可分，除阅卷与提交律师意见外，还应对所存争议问题及时查找依据，有效沟通。很

多律师习惯将律师工作放在法院审理阶段，仅将开庭视为“主战场”，从而忽视了审查起诉阶段的工作。但实际上，“庭前”的沟通工作更有利于维护当事人的合法权益，可以通过了解承办人员对案件的看法并提出针对性的辩护意见与之交流，大家坦诚相见，争取把案件的争议焦点在庭前予以解决，这是提高诉讼效率，促进司法公正，保障当事人合法权益的重要工作方式。

有效辩护助力企业破产重整

——周某涉嫌合同诈骗罪、非法处置查封的财产罪一案

江西盛义律师事务所　毛　雯　吴骏杰

一、案情简介

某建设公司（以下简称涉案公司）投资建设某房产项目（以下简称涉案房产项目）过程中由于项目进度受阻，资金断裂，遂向法院申请破产重整。2019 年 7 月 3 日 A 县人民法院裁定受理涉案公司的破产重整申请。2019 年 7 月 30 日公安机关对周某（周某为涉案公司总经理）涉嫌合同诈骗、非法处置查封的财产案立案侦查，并于 2020 年 7 月 28 日移送检察院审查起诉。

（一）非法处置查封财产罪

2017 年至 2018 年，浙江某建筑公司、江西某建筑公司因与涉案公司建设工程合同纠纷向法院提出财产保全；自然人黄某因与涉案公司民间借贷纠纷向法院提出财产保全。法院分别于 2017 年、2018 年裁定查封涉案房产项目 100 余套房产，周某为解决房产投资资金短缺问题，将上述房产中的 30 余套交由销售人员进行预售。

（二）合同诈骗罪

周某为偿还个人及公司债务，将涉案房产项目 18 套总价值为 880

余万元的商品房通过与张某等债权人签订《商品房买卖合同（预售）》方式抵消所欠债务，并将上述18套房产向房地产管理局进行备案登记。从2017年8月开始，周某在明知该部分房产已经签订购房合同并已备案给债权人的情况下，仍然将上述18套商品房列为可出售房产交由销售人员再次进行预售。

二、辩护思路

（一）及时梳理案情，找到案件的关键点，及时提交相关辩护意见、案例检索报告，并与案件承办人充分沟通

经查阅案卷，辩护人认为根据相关法律规定合同诈骗50万元以上法定刑为10年以上；非法处置查封的财产罪法定最高刑为3年以下。因此，周某行为是否构成合同诈骗罪成为辩护的重中之重，我们遂在此基础上提出如下辩护观点：

1. 关于合同诈骗罪，辩护人认为，周某将相关房产"一房二卖"是为了推进项目顺利进行而不是为非法占有他人财物，因此，周某主观上没有非法占有目的。

首先，该案中暂无证据证明周某在不具备履约能力的情形下将房产"一房二卖"。通过A县房产信息网查询，涉案房产项目可售房产远多于18处，且现有证据无法证明周某、涉案公司的资金情况、经营状况以及销售情况，因此，现有证据不能证明周某已经完全丧失履约能力。

其次，最高人民法院指导性案例72号的裁判要旨指出，借款合同关系转化为商品房买卖合同关系须至少满足三个条件：一是双方达成合意，终止借款合同关系，建立商品房买卖合同关系；二是经对账清算且不属于流押；三是商品房买卖合同订立目的不属于民间借贷合同的担保。因此，涉案公司与相关债权人虽然签订了商品房买卖合同，但实际上是以房产作为债权实现担保，并未实际发生购房款项的转移，

也未经任何的清算，故双方之间仍然属于借款合同关系而非商品房买卖合同关系。

再次，该案中的实际购房人虽与涉案公司签订了《商品房买卖合同（预售）》并约定了交房日期，但由于相关房产尚未进行竣工验收不具备合同约定的交付条件，即合同约定的房产交付条件尚未成就，各实际购房人尚未遭受实质上的经济损失。故辩护人建议周某积极与张某等债权人进行协商，通过房产置换、归还借款等方式保障张某等债权人的权益，并以此换取张某等债权人解除原有的房屋备案。后周某通过与张某等债权人积极协商，涉案的18处房产全部解除备案，并登记至实际购房人名下。

最后，周某及其控制的涉案公司与刘某、秦某某等人控制的江西某工程公司就涉案房产项目签订了《建设工程施工合同》及相关补充协议，将涉案房产项目发包给江西某工程公司承建，且合同约定房屋售卖的房款可作为工程款予以结算。在实际房产销售过程中，涉案项目的房产销售款均直接进入刘某、秦某某等人控制的银行账户中，周某无法对销售的房款实施任何支配权，故依据合同约定房屋售卖的销售款转入刘某、秦某某等人控制的账户应当视为对工程款的支付。

综上所述，周某虽然实施了“一房二卖”的行为，但销售所得款项均被用于涉案房产项目建设，且现有证据无法证明周某不具备履约能力进而导致购房人遭受损失或周某通过“一房二卖”行为骗取购房人购房资金。因此，周某主观上不具有非法占有目的，不构成合同诈骗罪。

2. 关于非法处置查封财产罪，辩护人认为此罪为结果犯，因此需要具备“情节严重”的实质性法益侵害结果。

首先，《刑法》第314条规定，“隐藏、转移、变卖、故意毁损已被司法机关查封、扣押、冻结的财产，情节严重的……”，故此罪并非行为犯，而系结果犯，需具有造成情节严重后果的情形。虽然并无相关司法解释对此罪“情节严重”进行明确界定，但根据体系解释的方法，参照《刑法》其他罪名关于“情节严重”的规定，“情节严重”应当指“严重妨害了诉讼活动的正常进行或者使国家、集体、公民的利益遭受了重大损失”。

其次，不动产所有权属的变更以登记为效。根据《民法典》第209条第1款之规定，“不动产物权的设立、变更、转让和消灭，经依法登记，发生效力；未经登记，不发生效力，但是法律另有规定的除外”，即不动产物权变动需登记方发生效力。而该案中由于房产均被查封，购房人无法完成不动产物权登记，也就无法产生物权变动效力。

最后，该案中，虽然周某将被法院查封的30余套房产予以销售，但由于房产的销售仅是在购房人与销售人之间产生了基于购房合同的债权债务关系，并不直接产生物权变动效力。而且由于上述房产已被查封根本不能办理过户登记，即周某虽然将被查封的房产予以销售，但因无法办理登记而无法产生物权变动效力，继而无法对法院的查封状态造成实质性影响。

综上所述，周某的行为并未对法院的查封状态造成影响，也不会妨害诉讼活动进行，故对法益没有实质性侵害。

（二）由于办案机关始终认为周某构成非法处置查封的财产罪，辩护人在征得当事人同意后及时调整辩护方案，以认罪认罚为基础争取办案机关作出不起诉决定

在提交辩护意见、案例及多次当面陈述辩护意见后，办案机关认可了辩护人关于合同诈骗罪的相关意见，但同时认为周某的行为对法院的查封效力产生了较为严重的负面影响，故而，周某的行为符合非法处置查封的财产罪的构成要件，构成该罪。

在得知办案机关的意见后，辩护人认为非法处置查封的财产罪法定刑为3年以下有期徒刑，如果周某认罪认罚存在适用情节轻微不起诉的可能性，辩护人将有关情况及相关法律规定告知周某后，周某表

示愿意认罪认罚。随后辩护人向办案机关提交了关于周某认罪认罚的辩护意见，据此请求办案机关对周某从宽处罚，并对周某作出不起诉决定。

（三）将“六稳”“六保”政策作为辩护重要切入点，争取不起诉的结果

2020年7月最高人民检察院印发了《关于充分发挥检察职能服务保障“六稳”“六保”的意见》。辩护人通过走访涉案公司充分了解涉案公司的破产重整情况。经了解，涉案公司进入破产重整程序后，各方面均在稳步推进逐渐向好，此时周某被起诉必然会对涉案公司的破产重整产生一定的不利影响，因此，我们将走访了解到的情况汇总并以书面方式提交给办案机关，希望办案机关能够根据“六稳”“六保”的相关政策，保护民营经济稳定发展，对周某作出不起诉决定。

三、处理结果

办案机关经审查认为，周某将抵押给债权人或作为银行担保的房产预售给他人，目的是还清债务，主观上不具有非法占有目的，不构成合同诈骗罪；将被法院查封的房产预售给他人，构成非法处置查封的财产罪，但犯罪情节轻微，自愿认罪认罚，积极配合破产重整工作，有悔罪表现。最终办案机关决定对周某不起诉。

四、经验总结

（一）不具有非法占有目的的“一房二卖”行为不应当认定为诈骗类犯罪

在实践中，合同诈骗和民事合同欺诈是较为典型的“刑民交叉”且因为二者客观行为表现通常具有较高的相似性，某些情形下甚至完全相同，往往难以从客观行为表现上区分二者，必须通过分析行为人是否具有履行合同的意愿和行为，行为人主观上是否具有非法占有目

的等来判断。

通过类案检索，我们发现在“一房二卖”的相关案例中，既有认定为合同诈骗的案例，也有认定为民事合同欺诈的案例。司法机关对于二者的区分通常从行为人是否具有履约能力、偿债能力、经营能力、购房款去向、行为人目的等方面综合加以分析判断，如行为人存在不具备履约能力，购房款被用于肆意挥霍等情形则通常被认定为刑事诈骗；如行为人具有履约能力，购房款被用于生产经营通常被界定为民事欺诈。

所以，在办理此类案件或者诈骗类案件过程中，要着重分析行为人是否具有履约能力、偿债能力、经营能力、钱款去向、行为人的主观目的等，特别是在行为人具备履约能力且未将所得款项肆意挥霍而是用于生产经营的情形下，此时行为人通常不具有非法占有目的或者非法占有目的不明显，故不宜认定为诈骗类犯罪，作为辩护人应及时提出行为人不具有非法占有目的不构成诈骗类犯罪的辩护意见。如该案中，经查阅案卷发现周某具备履约能力且有履约的意愿和行为，所获购房款也均用于后续的项目建设，其主观上并无非法占有购房人购房款的故意，基于此辩护人向司法机关提出了不构成合同诈骗的辩护意见，最终也获得了司法机关的采纳。

（二）提交类案检索报告，强化辩护意见的说理

最高人民法院于2020年7月发布了《关于统一法律适用加强类案检索的指导意见（试行）》，据此规定法院在审理案件过程中应当进行类案检索。因此，律师在办理案件中做好类案检索工作显得尤为重要。在该案中，辩护人制作的类案检索报告与辩护意见相辅相成，并取得了较好的辩护效果。

对于类案检索，辩护人认为，应当按照下列顺序进行检索：指导性案例→公报案例、刑事审判参考案例→普通案例。需要注意的是，对于普通案例的检索还应同时遵循以下两个规则：最高人民法院案

例→高级人民法院案例→中级人民法院案例→基层人民法院案例；同一法院案例→同一设区市法院案例→本省其他县市法院案例→其他省份法院案例。

（三）根据案件情况及时调整辩护方案，争取当事人利益最大化

辩护方案并非一成不变，应当根据案件的情况及时作出调整，以退为进也是辩护的重要策略。正如在该起案件中，最初辩护人依法向办案机关提出了周某不构成犯罪的辩护意见，但由于多次的当面陈述、交流，办案机关坚持认为周某的行为构成非法处置查封的财产罪，在此情况下，仍坚持无罪辩护意见，办案机关将案件起诉的可能性较高。综合评估后，辩护人认为，办案机关已经认可周某不构成合同诈骗罪的辩护意见，基于认罪认罚有较大可能性适用“情节轻微”不起诉，于是将相关案件情况、法律规定以及可能产生的法律后果详细告知周某，由周某决定是否认罪认罚，后周某表示同意认罪认罚争取不起诉的辩护方案。在征得周某的同意后，再次向办案机关提出了认罪认罚请求从宽处罚不起诉的辩护意见，该案最终取得了不起诉的结果。

（四）将“六稳”“六保”政策融入刑事辩护，实现政治效果、社会效果、法律效果相统一

2018 年 7 月 31 日召开的中共中央政治局会议首次提出“六稳”；2020 年 4 月 17 日召开的中央政治局会议首次提出“六保”。2020 年 7 月，最高人民检察院印发了《关于充分发挥检察职能服务保障“六稳”“六保”的意见》，该意见指出“深刻认识‘六稳’‘六保’最重要的是稳就业、保就业，关键在于保企业，努力落实让企业‘活下来’‘留得住’‘经营得好’的目标”。

在实践中，由于企业的高级管理人员，如企业法人代表、董事长、总经理、企业实际控制人等，涉嫌刑事犯罪后均会对企业正常生产经营产生巨大的负面影响，因此，在企业高级管理人员涉嫌犯罪的案件

中，应当综合分析企业高级管理人员被羁押、起诉后对企业生产经营造成的不利影响，在法律规定的范围内提出变更强制措施、罪轻、无罪等意见，降低企业高级管理人员涉案后对企业正常生产经营所造成的负面影响，继而实现政治效果、社会效果、法律效果相统一。

猎奇异宠触刑法　专业辩护获自由

——胡某涉嫌非法收购、出售珍贵、濒危野生动物罪一案

江西秦风律师事务所　蔡方友

一、案情简介

2016年年底至2017年年初，犯罪嫌疑人胡某与章某二人通过网络社交软件互发陆龟照片、点评陆龟品相并谋划购买陆龟，后胡某以2万余元的价格向某网络平台一卖家购得5只陆龟，交易方式为胡某微信转账至章某后由章某付给卖家，由卖家采用快递运输方式运至江西南昌昌北机场快递提货点，胡某、张某二人共同签收。

2017年年底，胡某将上述5只陆龟中的3只（其中2只在饲养中死亡）寄养于章某处，并向章某每月支付2500元寄养费。

后章某在私自售卖过程中被抓获，公安机关以涉嫌非法收购、出售珍贵、濒危野生动物罪对胡某、章某立案侦查并移送审查起诉。

二、辩护思路

辩护人在审查起诉阶段接受当事人委托介入案件，经过仔细阅卷，及时与办案机关沟通，从以下几个方面提出辩护意见。

（一）在案证据无法证实胡某明知涉案陆龟属于珍贵、濒危野生动物而予以收购

现有的胡某的微信聊天及微信收藏记录不足以证实胡某明知涉案陆龟属于珍贵、濒危野生动物。胡某微信中所收藏的资讯文章大多为陆龟如何饲养的相关内容，并无直接指向珍贵、濒危野生动物辨别的文章。虽有一篇名为《安格洛卡象龟——最稀有的陆龟》的收藏文章，提到安格洛卡象龟被纳入《濒危野生动植物种国际贸易公约》（CITES）附录1中，但该龟种与案涉陆龟外观并不一致，文中也未对陆龟属于珍贵、濒危野生动物进行提示说明。因此，不能据此推定胡某明知案涉陆龟为珍贵、濒危野生动物。

此外，各大网络论坛充斥大量的关于陆龟如何饲养的文章、攻略，此类现象的存在难以让包括胡某在内的猎奇网民知晓自己购买、饲养陆龟的行为系犯罪行为，侦查机关仅通过胡某手机微信中收藏的关于陆龟的资讯文章，认定胡某主观上具有犯罪故意，显然无法达到刑事案件的证明标准。

（二）公安机关指控胡某非法收购的5只陆龟中，只能认定其中3只属于《濒危野生动植物种国际贸易公约》中的物种

1. 已经死亡的2只陆龟不能确认为辐纹陆龟。

对于已经死亡的2只陆龟属于何种具体物种，应属何种保护类别，系关乎该案定罪的关键证据，应由具备资质的专业鉴定机构与鉴定人员通过法定鉴定程序予以鉴证。而该案中2只死亡的陆龟并未经过具有资质的专业鉴定机构予以鉴定，且2只陆龟已经灭失，不具备鉴定条件，即从“存疑有利于被告人”原则推定，已经死亡的2只未经鉴定的陆龟不能确认为辐纹陆龟。

2. 现有嫌疑人供述亦无法认定案涉5只陆龟为辐纹陆龟。

胡某和章某均系动物饲养爱好者，并非专业的爬行动物科研人员，只知道购买的异宠属于龟类，根本不知晓还有豹纹陆龟、辐纹陆龟、

苏卡达陆龟、赫尔曼陆龟等细分品种，更不知晓上述陆龟经相关法律规范后系按国家保护动物同等评价。根据在案胡、章二人供述，其二人对案涉的5只陆龟的特征、品种及相关细节均无法指向同一客观事实，亦未有其他证据能够证明案涉5只陆龟均系参照国家一级保护动物的辐纹陆龟。

3. 购买的记录亦无法认定案涉5只陆龟为辐纹陆龟。

该案指控胡某非法收购陆龟，但是卖方并未到案且无法核实，没有证据能够印证此前购买与发货的具体情况，更不能明确是否为同一品种、同一批次的辐纹陆龟，出售陆龟的人员对陆龟认知程度也会影响其具体发货的陆龟品种，即陆龟的售卖人员向胡某交付的陆龟并不能当然认为属于辐纹陆龟。

（三）在案证据无法证实涉案的3只陆龟系野生的珍贵、濒危动物，应当适用降级保护原则，视为《濒危野生动植物种国际贸易公约》附录二内所列的物种标本

《濒危野生动植物种国际贸易公约》（华盛顿公约）明确规定了“降级保护原则”，该保护原则被写进公约的正文，除作出保留条款的国家外，一切批准并加入该公约的国家均应遵守该公约原则。中国为该公约的批准加入国，且未对该降级保护原则作出保留，故也适用“降级保护原则”。

《濒危野生动植物种国际贸易公约》第7条第4项规定：“附录一所列的某一动物物种的标本，系为了商业目的而由人工饲养繁殖的，或附录一所列的某一植物物种的标本，系为了商业目的，而由人工培植的，均应视为附录二内所列的物种标本。”即便该案涉案的3只陆龟为《濒危野生动植物种国际贸易公约》附录一中的辐纹陆龟，但因该案辐纹陆龟是否系野外种群无法认定，无法排除系人工繁育种群的可能性，应视为附录二内所列的物种标本。根据当时有效的最高人民法院《关于审理破坏野生动物资源刑事案件具体应用法律若干问题的解

释》（法释〔2000〕37 号），附录二内所列的物种标本中的陆龟科为凹甲陆龟，须达到收购 6 只以上才能构成情节严重，而该案只有 3 只，当属情节轻微。

三、处理结果

辩护人通过仔细研读、分析涉案濒危野生动物、相关国际公约及司法解释规定，认为侦查机关对案涉濒危野生动物定性及法律适用存在错误，辩护人查阅了大量案例，积极撰写书面的辩护意见，与检察机关多次沟通，在辩护律师的有效沟通下，检察机关采纳了辩护人的意见，认为现有的证据无法认定已经死亡的 2 只陆龟属于濒危野生动物，对于现有的 3 只陆龟也无法甄别是否属于野生物种，本着“存疑有利于被告人”的原则，检察机关依法认定胡某的行为不属于情节严重，对胡某作出了相对不起诉决定。

四、经验总结

（一）在办理涉及专业知识案件的过程中，辩护人需要对所涉及的专业知识深入学习

该案涉及较为专业的野生动物保护知识，当时有效的最高人民法院《关于审理破坏野生动物资源刑事案件具体应用法律若干问题的解释》（法释〔2000〕37 号）第 1 条之规定“刑法第三百四十一条第一款规定的‘珍贵、濒危野生动物’，包括列入国家重点保护野生动物名录的国家一级、二级保护野生动物、列入《濒危野生动植物种国际贸易公约》附录一、附录二的野生动物以及驯养繁殖的上述物种”。除该司法解释后附的非法猎捕、杀害、收购、运输、出售珍贵、濒危野生动物刑事案件“情节严重”“情节特别严重”数量认定标准表外，辩护人还详细查阅了《国家重点保护野生动物名录》与《濒危野生动植物种国际贸易公约》，该案中的陆龟品种并未出现在《国家重点保护野

生动物名录》之中，但存在于《濒危野生动植物种国际贸易公约》的“附录一”之中，与《国家重点保护野生动物名录》单纯的物种保护类别表格不同，《濒危野生动植物种国际贸易公约》具有明确且体系化的公约条款，明确规定了：“为了商业目的而由人工饲养繁殖的，或附录一所列的某一植物物种的标本，系为了商业目的，而由人工培植的，均应视为附录二内所列的物种标本。”《濒危野生动植物种国际贸易公约》的“附录二”中的陆龟品种为“凹甲陆龟”，而凹甲陆龟为司法解释后附表非法猎捕、杀害、收购、运输、出售珍贵、濒危野生动物刑事案件“情节严重”“情节特别严重”数量认定标准中列明的二级保护动物类别，情节严重的标准以6只为起算点，从而为案件的办理找到了关键突破口。

基于以上办案过程，我们不难得出一个结论：无论是承办人还是辩护人，都需要基于案件本身延伸出的非法律专业内容予以了解从而对案件事实作出正确的认定。

作为辩护人，有责任与义务对相关动物保护法规及条约做详细了解，并汇总成文与司法机关承办人沟通，协助司法机关承办人更为客观、全面地看待案件相关事实从而依法作出相关裁决。也从侧面反映出，辩护人在办理案件的过程中，不能仅着眼于法律条文，更应将视角放宽至案件的整个专业范围，充分利用检索工具与检索方法，为案件的办理拓宽思路，为案件找到可行、有效的辩护方案。

（二）从在案证据出发，审慎核实案件的法律事实是否达到了刑事诉讼证据标准，从而严格依法推导法律事实

严格把握刑事案件待证事实清楚，证据确实充分的证明标准，在该案无任何实物证据的前提下，指出现有证据中的逻辑缺失，在犯罪嫌疑人相互矛盾的口供，特别是无相关专业鉴定意见的前提下，依法不能认定定罪量刑的关键事实。

对“非法采矿罪”中“开采”及“采矿许可证”的理解

——李某4涉嫌非法采矿罪一案

江西南芳律师事务所　郭　涛

一、案情简介

公诉机关指控：2017年9月李某1以河床较浅，采砂船无法航行为由，向水利局水政部门提交了变更河道采砂上岸地点的申请，但该砂厂未取得水政主管部门批复。2017年9月15日李某1同李某4商定并签订了《砂场合作经营协议书》，擅自将采砂上岸点由Z乡X村移至所属采区的Z乡禾坪下河段上岸，协议约定由李某1占股40%，李某4占股60%，李某4将自己股份分成3份（李某2、李某3各占20%），由李某2和李某3每人投10万元至李某4处，协议还明确销售砂石后，支付给李某1资源费每立方米10元。新增禾坪下砂场由李某1负责证件办理，李某4负责生产管理，李某2负责管理账目，李某3不负责砂场事务只参与分红。自2017年9月15日起，李某4、李某2、李某3、李某1等人在未经水政主管部门批准的情况下，购置两条采砂船，新增采砂设备，组织采砂人员擅自在法定采区内增设禾坪下上岸点，属于非法采矿行为。经核查，禾坪下新建采砂场非法采砂量为

11,258.9 立方米，对外销售每立方米为 40—50 元，非法获利共计 525,116 元，情节特别严重，应当以非法采矿罪追究其刑事责任。

二、辩护思路

1. 对公诉机关在起诉书中认定李某 4 等四被告人的行为没有异议。

2. 对公诉机关指控该案李某 4 等四被告人新建砂场及增加采砂船行为的法律评价，辩护人认为李某 4 等四被告人的两个行为不构成《刑法》所调整的“非法采矿罪的行为”。

非法采矿罪是指违反矿产资源法的规定，未取得采矿许可证擅自采矿，擅自进入国家规划矿区、对国民经济具有重要价值的矿区和他人矿区范围采矿，或者擅自开采国家规定实行保护性开采的特定矿种。非法采矿罪强调的是无采矿许可证，维护的是国家管理制度以及环境保护。

（1）检察院指控李某 4 新建砂场的法律评价。

新建砂场是指新建一个堆砂的地点，增加砂子上岸点，李某 4 的供述与公安机关查清的事实基本一致，即李某 4 在法定的采矿区内增设了禾坪下砂子上岸点，增设的原因是下坝河段干燥水少无法行驶采砂船，原有的设备无法生产，没有办法盈利。但新增的堆放点仍然在采矿许可证批准的采砂区范围以内，没有越界堆放。

非法“采砂”强调的是“开采”行为，而增设采砂堆放上岸点不是开采行为。

李某 4 擅自新增砂子堆放点的行为违反了《江西省河道采砂管理条例》第 45 条第 2 项“不随采随运，在河道内擅自设置砂场、堆积砂石或者废弃物的，责令停止违法行为，恢复原貌，清除在河道内堆积的砂石、废弃物或者采取其他补救措施，处恢复原貌或者采取补救措施所需资金百分之十以上百分之二十以下的罚款，但最高不超过五万元；拒不履行的，由县级以上人民政府水行政主管部门代为履行，费用由责任人承担”的规定。

行业行政主管部门已明确李某4的行为不属于非法采矿的行为。2018年，H县水利局针对李某4采砂堆放上岸点的行为，专门发函向J省水利厅进行了书面请示《要求明确和坪下沙场采砂行为性质》。2018年3月7日J省水利厅书面回函H县水利局《关于明确和坪下沙场采砂行为性质的复函》:“依据《江西省河道采砂管理条例》第四十一条等相关的规定，采砂主李某1在依法取得采砂采矿许可证的前提下，在其法定采砂区内的采砂行为，不属于未经许可的无证非法河道采砂行为。”

（2）检察院指控李某4等人新增采砂船的法律评价。

①新增采砂船的行为不属于《刑法》第343条第1款规定的四种行为之一。

②公诉人认为李某4新增采砂船超过了采矿许可证批准的两条船就是没有采矿许可证无证开采的行为，很明显法律依据不足，偷换概念。最高人民法院《关于审理非法采矿、破坏性采矿刑事案件具体应用法律若干问题的解释》第2条的规定:“具有下列情形之一的，属于本解释第一条第（一）项规定的‘未取得采矿许可证擅自采矿’:（一）无采矿许可证开采矿产资源的；（二）采矿许可证被注销、吊销后继续开采矿产资源的；（三）超越采矿许可证规定的矿区范围开采矿产资源的；（四）未按采矿许可证规定的矿种开采矿产资源的（共生、伴生矿种除外）；（五）其他未取得采矿许可证开采矿产资源的情形。”而李某4采砂的范围没有超过采矿许可证许可的范围，采矿许可证的许可针对的是是否可以开采矿，是否具有开采资质，而不是船只的采矿许可证，船只并没有要求采矿许可证，李某4等人超出采矿许可证批准增加两条船的行为不能等同于最高人民法院《关于审理非法采矿、破坏性采矿刑事案件具体应用法律若干问题的解释》（已失效）中第1条第1项规定的“未取得采矿许可证擅自采矿”的情形。

因此，公诉机关指控李某 4 新建砂场及增加采砂船的两个行为不构成《刑法》所调整的“非法采矿罪的行为”，而是违反行政法应受到行政处罚的行为。

三、处理结果

在诉讼过程中，H 县人民检察院以证据不足为由向 H 县人民法院提交了撤回起诉决定书，决定对李某 1、李某 4、李某 2、李某 3 撤回起诉。H 县人民法院裁定准许 H 县人民检察院撤回对李某 1、李某 4、李某 2、李某 3 的起诉。

四、经验总结

1. 吃透案情，抓住关键。在接受李某 4 的委托后，笔者通过阅卷熟悉案情，与李某 4 等人沟通后，立马意识到该案不同于常规的非法采矿罪案件。李某 4 取得了采矿许可证且在采矿许可证规划的区域内进行采矿，只是因为水浅，新增了砂子上岸点和采砂船，即李某 4 等人在该案中有两个关键的行为“新增砂子上岸点”和“新增采砂船”。

2. 准确理解非法采矿的构成要件，厘清“采矿许可证”的功能。非法采矿罪强调的是无采矿许可证、超过采矿许可证许可范围等的行为，辩护人查阅了相关的法律法规、司法解释及案例，在取得采矿许可证及在采矿许可证范围内的前提下，李某 4 等人“新增砂子上岸点”和“新增采砂船”的行为，并没有任何法律法规应认定为违法行为。

3. 改变办案思路，巧用相关部门复函证明李某 4 等人行为不违法。辩护人发现在该案刑事立案前，该县综合执法机构在行政立案调查期间，就李某 4 等擅自变更“采砂上岸点”的采砂行为的性质，咨询过县水利行政部门，县水利行政部门书面请示了省级水利行政部门，省级水利行政部门的复函认为该行为“不属于未经许可的无证非法河道采砂行为”。也就是说，相关主管部门也认定李某 4 等人“新增砂子上岸点”和“新增采砂船”的行为并不违法。

总之，面对非法采矿罪案件：一是要吃透案情并抓住案件的关键点；二是准确理解该罪名的构成要件及适用情形；三是就关键点进行重点突破，该案相关部门的复函对该案不予起诉起到了至关重要的作用。

从相对不诉到绝对不诉

——吴某涉嫌危害国家重点保护植物罪一案

江西南芳律师事务所　谢智勇

一、案情简介

2020 年 9 月，江西某建筑有限公司通过 G 市 Z 区政府竞标，承建了 Z 区 S 镇某景区庙足下至宝兴禅寺的防火巡护通道施工项目，并委托吴某为该项目的总负责人。同年 9 月至 10 月，因修建防火巡护通道的护坡上有两株樟树妨碍了施工，吴某便在未获得林业主管部门批准的情况下，自行安排工人将两株樟树砍伐，并与渣土一起填埋在防火巡护通道旁的池塘中。后经公安机关委托鉴定，被砍伐的两株树木均为樟树，林木蓄积量共计 1.0212 立方米。

2020 年 12 月 7 日，吴某经 G 市 Z 区森林公安局民警电话传唤后主动到公安机关接受调查，并如实供述了犯罪事实。同日，吴某涉嫌危害国家重点保护植物罪被公安机关立案侦查，同年 12 月 22 日被取保候审。案件于 2021 年 7 月 29 日被移送至 G 市 Z 区人民检察院审查起诉。当事人吴某遂委托笔者为一审阶段辩护人。

二、辩护思路

在辩护人接受委托后，第一时间到现场查勘，掌握第一手资料；

随后到Z区人民检察院调阅所有案卷资料，在阅卷之后初步形成辩护思路并撰写了辩护意见初稿；在判断分析整个案情之后，与犯罪嫌疑人吴某进行了充分沟通，最后形成书面的辩护意见与后续的整改措施等建议，并主动与检察机关进行了沟通，充分争取检察机关对该案辩护人意见的理解与后续整改措施的支持。该案的辩护思路历经了两个阶段。

（一）第一阶段：判断性质情节，争取相对不起诉

辩护人接手案件并在阅卷后，首先综合分析了案件事实和基本案情，判断该案犯罪事实基本清楚、证据充分、定性无异议，但犯罪情节较轻，具有争取相对不起诉处理的条件，遂从最大限度地降低社会危害性和减少生态影响的角度出发，建议吴某移栽复绿，积极消除生态影响和社会影响，吴某亦接受了此建议。

随后，辩护人与检察机关主动沟通并向其提交书面辩护意见：

1. 该案犯罪情节较轻，吴某砍伐树木是出于公共道路工程建设考虑，也仅砍伐了2株樟树，且砍伐后是做直接填埋处理而未出售获利，可见其主观恶性低、社会危害性小。辩护人通过举重以明轻的思路充分论证吴某的情节较为轻微。

2. 犯罪嫌疑人吴某系经森林公安民警电话传唤后主动到案接受调查，并如实供述了犯罪事实，应依法认定具有《刑法》第67条第1款规定的自首情节，且认罪悔罪态度好，应从轻或减轻处罚。

3. 吴某系初犯、偶犯，作为施工负责人没有到第一现场详细核实树种，当时因为路两旁确实存在较多杂树，对砍伐的树种缺乏明确的认知，就安排工人一并砍伐了，并且吴某已赔偿经济损失，可以酌情从轻处罚。

4. 吴某积极、主动地消除犯罪行为对社会和生态环境的影响，将购买同等树龄的人工种植香樟树进行种栽。

检察机关对于吴某主动消除社会影响和生态影响的行为表示认可，

亦见证了吴某进行种栽的过程。至此，检察机关采纳了辩护意见，准备对吴某的行为作相对不起诉处理。

（二）第二阶段：抓住法规变化契机，争取绝对不起诉

2021年9月7日，国家林业和草原局、农业农村部发布新修订的《国家重点保护野生植物名录》，与1999年发布的名录相比，主要有三点变化：一是调整了18种野生植物的保护级别；二是新增野生植物268种和32类；三是删除了3种国家一级保护野生植物、32种国家二级保护野生植物。其中樟树（又称香樟）因分布广、数量多、居群稳定、分类地位改变等原因被从名录中删除，因此樟树不再属于国家重点保护野生植物，采伐和毁坏樟树的行为不再构成《刑法》第344条所规定的危害国家重点保护植物罪。

辩护人迅速捕捉到该信息，在第一时间向检察机关提出了书面的补充辩护观点，并且与检察院承办人员当面沟通交流并强调：

2020年3月21日起施行的最高人民法院、最高人民检察院《关于适用〈中华人民共和国刑法〉第三百四十四条有关问题的批复》第1条规定："古树名木以及列入《国家重点保护野生植物名录》的野生植物，属于刑法第三百四十四条规定的'珍贵树木或者国家重点保护的其他植物'。"

2021年9月7日国家林业和草原局、农业农村部发布新修订的《国家重点保护野生植物名录》，其中将樟树（又称香樟）从该名录中剔除，因此樟树不再属于国家重点保护野生植物，采伐和毁坏樟树的行为不再构成《刑法》第344条所规定的危害国家重点保护植物罪。

从旧兼从轻原则已作为一条最基本的刑法适用原则在审理刑事案件的司法实践中得到适用。如果修改后的法律对一个行为时的法律认为有很大的社会危害性的行为作出了没有社会危害性或社会危害性较小的评价，并相应地取消对这种行为的惩罚或作出较轻的惩罚的规定，应适用新的法律对这种行为重新进行评价并相应地调整惩罚。因此，

该案应适用从旧兼从轻原则，吴某采伐和毁坏樟树的行为已不构成犯罪。

当时沟通交流的过程中，检察机关承办人员也未掌握该名录修改的信息，表示会第一时间查询信息以确认辩护人的意见是否可采信。辩护人立即将相关新闻报道、官方网站查询的法规信息打印出来，将其交给承办检察官供其参考。

不出几天，G 市 Z 区承办检察官便确认了辩护人提供信息的真实性，当即表示将对该案作出绝对不起诉决定，但要通过区检察院的内部程序作出相应处理，并报 G 市检察院批准。

三、处理结果

2021 年 10 月，J 省 G 市 Z 区检察院作出赣 Z 检刑不诉（2021）43 号文书，决定对吴某作绝对不起诉。经网上查询，该案成为自《国家重点保护野生植物名录》修改并颁布后江西省首例涉嫌危害国家重点保护植物案被绝对不起诉的案件。

四、经验总结

该案或许有些简单，但老子有云，“九层之台，起于累土”，刑事辩护只有不断总结积累，才能有所收获和精进。总结该案办案经验的关键有三点。

（一）对于侵害环境资源类案件要注重建议当事人积极主动修复生态从而降低社会影响与生态影响，争取案件处理朝有利方向发展

在该案中，辩护人在接受当事人吴某委托后便第一时间查勘了现场，并了解到香樟树在此地已生长多年，因此，第一个想法便是建议当事人购买人工种植的同等树龄香樟树移栽此地。

“绿水青山就是金山银山”的理念已深入人心，生态保护人人有责。对于侵害环境资源类案件，无论是颁布的司法解释，还是出台的

政策文件，都非常注重对已造成的生态破坏进行修复，以最低限度减少影响。

辩护人在接受此类案件的辩护工作后，应第一时间对如何修复生态等整改措施了然于胸，在征得当事人认可后积极与检察机关沟通，争取承办检察官的支持与配合，为后续案件处理朝着有利方向发展奠定基础，也就是说辩护人的辩护理念应与国家的大政方针相契合，在同频共振的前提下付诸行动，转化为辩护工作的突破口。

所谓辩，亦道也。辩护人要知行合一，穷尽一切合法手段，为当事人争取最大化合法利益。

（二）辩护人要时刻“更新”，及时掌握法律的动态变更信息

法律并非一成不变，在辩护过程中，辩护人应当时刻高度关注案件相关法律的调整、更新动态，抓住时机的同时竭力促成案件性质的转变，从而保证当事人权益得到最大限度的保护。另外，辩护人认为此“法律”应作广义理解，应囊括行政法规、部门规章等以及最高人民检察院、最高人民法院等有权解释机关作出的司法解释等。准确适用法律，合法权益才能得到最大限度的保障。而刑事辩护律师提供的法律服务是全流程的，在已取得良好辩护效果的前提下要持续保持积极的心态，以期取得进一步的良好辩护效果。

我国是野生植物种类最丰富的国家之一，仅高等植物就达 3.6 万余种，其中特有种高达 1.5 万—1.8 万种，占我国高等植物总数近 50%，如银杉、珙桐、百山祖冷杉、华盖木等均为我国特有的珍稀濒危野生植物。自 1999 年《国家重点保护野生植物名录》发布以来，我国部分濒危野生植物得到有效保护，濒危程度得以缓解。部分野生植物因生态环境被破坏、过度利用等原因，濒危程度加剧。因此，国家林业和草原局、农业农村部也于 2021 年 9 月 7 日对《国家重点保护野生植物名录》进行了科学的调整，调整了 18 种野生植物的保护级别，新增野生植物 268 种和 32 类，同时删除了 35 种野生植物。《国家重点

保护野生植物名录》的修订、出台也有利于拯救濒危野生植物，维护生物多样性和生态平衡，是我国积极践行生态文明，建设美丽中国的重要举措。

《刑法》第344条规定："违反国家规定，非法采伐、毁坏珍贵树木或者国家重点保护的其他植物的，或者非法收购、运输、加工、出售珍贵树木或者国家重点保护的其他植物及其制品的，处三年以下有期徒刑、拘役或者管制，并处罚金；情节严重的，处三年以上七年以下有期徒刑，并处罚金。"《国家重点保护野生植物名录》是认定危害国家重点保护植物罪的重要依据，内容的调整修改直接影响到是否构罪，辩护人只有及时掌握法律信息的变更，才能抓住有效辩护的机会。

在该案中，从辩护人与检察机关承办检察官的交流沟通中可知，辩护人掌握法律信息变化的时间是早于检察官的，这为案件的绝对不起诉获得了时间优势。因为在该案中，检察机关已启动了相对不起诉处理的程序，因此辩护人在案件辩护过程中第一时间掌握法律变更信息尤为重要！甚至在有些信息或政策未出台且有利于犯罪嫌疑人或被告人的情况下，辩护人都应尽可能通过合法程序延长案件处理的时间，等待相应信息或政策的出台，从而实现更有利于被告人的处理结果。而这也是辩护人依法履行辩护职责、追求公平正义的要义所在！

（三）熟知并运用刑法理论，依法适用从旧兼从轻原则

《刑法》第12条明确规定，中华人民共和国成立以后该法施行以前的行为，如果当时的法律不认为是犯罪的，适用当时的法律；如果当时的法律认为是犯罪的，依照该法总则第四章第八节的规定应当追诉的，按照当时的法律追究刑事责任，但是如果该法不认为是犯罪或者处刑较轻的，适用该法。该法施行以前，依照当时的法律已经作出的生效判决，继续有效。

刑法溯及力是指："新法施行前的行为，原则上适用旧法（行为时旧法），即新法原则上没有溯及力；若新法使用的效果较旧法更为有利

于当事人时，则适用新法。”其是刑法溯及力的核心原则，也是最基本的刑法适用原则，在刑事案件审理司法实践中已得到充分适用。

凡事应一鼓作气，且步步为营。在检察机关准备作出相对不起诉决定后，辩护人不可懈怠、止步，而是需要继续推进辩护工作，因为绝对不起诉与相对不起诉之于当事人的人生意义、影响而言是不可同日而语的。

该案从相对不起诉到绝对不起诉的转化关键正是辩护人没有停住脚步，及时地掌握到了新法规的出台，并且正确地适用从旧兼从轻原则，使犯罪嫌疑人的行为依法被认定为不构成犯罪，合法权益得到了最大限度的保障。经济社会的发展变化决定了我国成文法一旦制定便落后于实际，所以相关司法解释或据以定罪的行政法规被修正、修改是比较频繁的，这也是进行无罪辩护的利器——能化腐朽为神奇，诉讼过程中出现了就一定要抓住它！

世界上没有完全一样的两片树叶，刑事案件也是如此，因此，美国实用主义法学倡导者霍姆斯大法官说：“法律的生命不在于逻辑，而在于经验。”我们始终坚信，深耕法理基础、不断精进专业，遇到案件方能敏锐抓住问题，以专业、敬业、勤业，不负当事人的期待与信任，同时也为国家法治进步持续助力。

勇于质疑　谨慎求证

——冯某乙涉嫌走私、贩卖、运输、制造毒品罪一案

江西景扬律师事务所　江清汉　江逸群

一、案情简介

2016 年 6 月 6 日下午，公安缉毒警察来到景鹰高速月亮湖服务区，根据公安机关掌握的可靠情报，晚上有人从广东汕头购买毒品来江西景德镇市及周边地区贩卖，为躲避被查获的风险，犯罪嫌疑人将会在离市区还有 20 多公里的月亮湖服务区下车，转乘出租车进城。为及时截获贩毒分子，防止毒品流入社会，缉毒警察提前进入服务区严密布控，张网以待。

当日 19 时许，一辆从广东汕头过来的长途大巴缓缓驶入服务区，两名下车转乘的旅客被缉毒警察截住去路，其中一人拎着手提袋。缉毒警察责令提袋人当场打开手提袋，发现袋内有 3 个小包，每个小包内都装有疑似毒品的白色晶体。

经审查，被缉毒警察截获的旅客是兄弟二人，拎手提袋的是哥哥冯某甲，与之同行的是弟弟冯某乙。

经委托鉴定机构鉴定，冯某甲手提袋中的 3 包白色晶体均含有甲基苯丙胺成分，就是俗称的冰毒，总重量为 2596. 2885 克。

侦查终结后，公安机关认定冯某甲、冯某乙涉嫌贩卖、运输、制造、走私毒品罪，起诉意见书认定与冯某乙有关的涉案情节是："2016年5月27日上午，犯罪嫌疑人冯某甲（冯某乙亲哥哥）乘坐都昌至汕头的长途汽车到广东汕头，当日14时许犯罪嫌疑人冯某乙从都昌乘坐汽车到达南昌，再从南昌乘坐飞机于28日凌晨到达汕头。二人从汕头上线人员处购买毒品后，乘坐汕头至都昌的长途汽车，在景鹰高速月亮湖服务区下车，然后乘坐出租车返回市区。二人所购买的毒品贩卖至都昌等地。2016年6月4日，犯罪嫌疑人冯某乙从都昌县乘坐至汕头的长途汽车来到广东省汕头市，6月5日犯罪嫌疑人冯某甲从景鹰高速月亮湖服务区乘坐都昌至汕头的长途汽车前往汕头与犯罪嫌疑人冯某乙会合。二人从汕头市购买冰毒后又乘坐汕头至都昌的长途汽车返回景德镇，6月6日19时许在景鹰高速月亮湖服务区下车后即被蹲守已久的我局民警抓获，从犯罪嫌疑人冯某甲携带的手提袋中查获三袋疑似冰毒的白色晶体。经J市公安司法鉴定中心鉴定，三袋疑似冰毒白色晶体中均检出甲基苯丙胺成分，经过称量，总重量为2596.2885克。"

2016年6月7日，犯罪嫌疑人冯某甲、冯某乙因涉嫌贩卖、运输、制造、走私毒品罪被刑事拘留，同年7月14日，经J市某某区人民检察院批准，由J市公安局某某分局执行逮捕。7月22日，冯某乙之妻委托笔者担任冯某乙的辩护人。

因案情重大，该案侦查终结移送审查起诉后，于2016年9月20日由J市某某区人民检察院报请J市人民检察院审查起诉。

二、辩护思路

公安机关认定冯某乙参与毒品犯罪两次，第一次因无实物证据而未认定涉案毒品数量，但第二次是"人赃并获"，查获的涉案毒品甲基苯丙胺近2.6公斤。经全面了解案情，冯某乙并无自首、立功、从犯、刑事责任能力欠缺等法定从轻、减轻处罚的情节，甚至连坦白这样的轻量级酌定从轻情节也没有。根据《刑法》及其司法解释的规定和惩治毒品犯罪的司法实践，如果冯某乙涉嫌的罪名成立，对于“毒品数量超过实际掌握的死刑数量标准，且没有法定、酌定从轻处罚情节”的罪犯，死刑，是人们都可以预见的结果。

冯某甲与冯某乙是亲兄弟，证据表明，二人两次在不同时间、从不同地点、乘坐不同交通工具抵达同一目的地广东汕头，次日又一同返回江西，行程神秘而隐蔽，冯某甲为贩卖毒品而出行已是确凿无疑的事实，与之同行的冯某乙不能给出合乎常理的出行目的，根据经验法则，一般人几乎会断言，神秘兮兮不辞辛劳千里往返的冯某乙，不可能与冯某甲的贩卖毒品行为没有关联。

但是，辩护律师的工作，就是要从看似不可能的案情中发现可能，并且通过法律逻辑的证明将不可能转化为可能。

刑事辩护，通常的路径选择，根据具体案情有以下几种供辩护人斟酌考虑：罪与非罪辩、此罪彼罪辩和犯罪情节辩。在已由现有客观证据证明并已被公安机关起诉意见书认定的涉案事实中，与冯某甲同往同归的冯某乙，行为情节的差异只有一点，就是装有冰毒的手提袋由冯某甲携带，仅凭这一点，当然不可能将冯某乙的行为定性为毒品犯罪以外的其他较轻犯罪，也不足以据此将其认定为共同毒品犯罪的从犯。显而易见，在该案中，相对容易而安全的此罪彼罪辩和犯罪情节辩已经是“此路不通”，唯有罪与非罪辩也就是无罪辩护，成为无法回避的“华山一条路”了。对于这种“人赃并获”的重大案件，无罪辩护的难度可想而知。

通过多次会见冯某乙，其明确表达对贩卖毒品不知情，没有与冯某甲共同贩卖毒品的主观故意，并坚持不认罪，这坚定了辩护人进行无罪辩护的选择。要尝试推翻冯某乙涉嫌的罪名，首先要详细了解侦查机关收集掌握了哪些有罪证据，其次按照刑事诉讼证据规则，分析这些证据本身是否确实，相互之间是否统一，能不能形成完整的证据链，达到“事实清楚，证据确实充分，足以排除合理怀疑”的程度，从中寻找推翻涉嫌罪名的突破口。基于此，辩护人对已有证据进行了全面的梳理。

关于第一起案件，侦查机关收集的证据有：

（1）犯罪嫌疑人冯某甲、冯某乙的供述和辩解笔录；

（2）证人邹某某的陈述笔录；

（3）证人邹某某辨认笔录。

关于第二起案件，侦查机关收集的证据有：

（1）犯罪嫌疑人冯某甲、冯某乙的供述和辩解笔录；

（2）物证——抓获冯某甲、冯某乙时，在冯某甲的包里查获三袋甲基苯丙胺，总重 2596. 2885 克；

（3）证人证言——出租车司机、客车售票员等人的证言；

（4）书证——冯某乙手机通话记录、银行账户交易记录。

对照起诉意见书认定的涉案情节，我们分别考察了两起案件的控辩证据，列示分析论证如下。

1. 关于第一起案件。

侦查机关认定的涉案情节之一：冯某甲、冯某乙二人从汕头上线人员处购买毒品。

证据考察：

（1）冯某甲的供述与辩解，仅承认自己一人在汕头购买毒品，冯某乙并不知情；

（2）冯某乙的供述与辩解，承认到过汕头，但从未承认曾参与买卖毒品；

（3）案卷中，没有关于毒品交易上线人员的证据。

可见，认定冯某乙参与“从汕头上线人员处购买毒品”，没有任何证据支持。

侦查机关认定的涉案情节之二：冯某甲、冯某乙二人所购买的毒品将贩卖至都昌等地。

证据考察：

（1）冯某甲、冯某乙均无二人共同卖出毒品的供述。

（2）证人邹某某证称：2016 年 6 月初的一天，冯某甲和一个朋友一起在都昌县城卖给他一小袋冰毒，交易价为 1000 元。侦查机关安排邹某某进行辨认，邹某某指认一组 12 幅照片中的第 7 号是与冯某甲一起卖给他冰毒的人，该人正是冯某乙。

但是，经反复查阅案卷，并未发现有其他证据能够与邹某某的证言相印证，也就是说，邹某某的证言是一个孤证。

2. 关于第二起案件。

侦查机关认定的涉案情节之一：冯某甲、冯某乙二人从汕头市购买冰毒。

证据考察：与第一起案件一样，认定冯某乙参与购买毒品没有任何证据支持。

侦查机关认定的涉案情节之二：在景鹰高速月亮湖服务区抓获准备在此转车的冯某甲、冯某乙，从冯某甲携带的手提袋中查获 3 袋甲基苯丙胺，总重量为 2596. 2885 克。

证据考察：

从冯某甲的手提袋中查获 3 袋冰毒，冯某乙与冯某甲从汕头到景德镇一路同行，侦查机关收集的证据能证明冯某乙是冯某甲涉毒行为的共犯吗？我们对收集在案的证据逐一进行了分析。

（1）犯罪嫌疑人冯某甲、冯某乙的供述和辩解笔录：与第一起案件所述情形一样，冯某甲仅承认自己一人在汕头购买毒品，冯某乙并不知情；冯某乙承认到过汕头，但从未承认曾参与买卖毒品。

（2）物证：抓获冯某甲、冯某乙时，从冯某甲的手提袋里查获 3 袋甲基苯丙胺，总重为 2596. 2885 克，这是事实。但没有证据证明冯某乙知道冯某甲的手提袋里装有毒品，甚至没有证据证明冯某乙曾经接触过冯某甲的手提袋。毒品犯罪是故意犯罪，“明知”是必备的主观要件，而侦查机关收集的证据恰恰不能证明冯某乙对冯某甲涉毒行为的明知。因此，该物证只能证明冯某甲有涉毒行为，而对于认定冯某乙有毒品犯罪行为则不具有证据意义。

（3）证人证言：出租车司机、客车售票员等人的证言，只能证明冯某乙曾经乘坐过他们的汽车，对于冯某乙是否有涉毒犯罪行为，他们一无所知。

（4）书证：冯某乙手机通话记录、银行账户交易记录，其中并未发现冯某乙毒品犯罪的任何线索。

通过以上分析，可以清楚地看到，侦查机关据以认定冯某乙两次参与毒品犯罪的证据，远没有达到“事实清楚，证据确实充分，足以排除合理怀疑”的程度。因此，为冯某乙作无罪辩护，从证据上看是可行的，从法律上看是可能的，辩护人对无罪辩护的成功充满了信心。

在充分把握案情证据的基础上，辩护人向J市人民检察院提交律师意见书，全面梳理分析了前述在案证据，郑重建议公诉机关以“事实不清，证据不足”依法对冯某乙作出不起诉的决定。

三、处理结果

2017年3月27日，J市人民检察院作出该院（2017）2号不起诉决定书：“经本院审查并退回补充侦查，本院仍然认为J市公安局某某分局认定的犯罪事实不清，证据不足。根据现有证据难以认定被不起诉人冯某乙共同参与了冯某甲贩卖、运输毒品犯罪，不符合起诉条件。依照《中华人民共和国刑事诉讼法》第一百七十一条第四款的规定，决定对冯某乙不起诉。”

次日，被羁押9个月又21天的冯某乙被无罪释放。

四、经验总结

笔者有过很多无罪辩护的成功案例，案情虽然千差万别，但成功的经验都是相通的。就该案而言，以下几点经验值得总结。

（一）不相信所谓的“铁案”

侦查机关的起诉意见书在叙述了冯某甲、冯某乙两人涉嫌犯罪的“事实”之后，在结语中写道：“上述犯罪事实清楚，证据确实充分，足以认定。”就是面对这样人赃并获、侦查机关以为“足以认定”的案件，笔者也同样投以怀疑的眼光。事实证明，怀疑，是成功辩护非常重要的第一步。

（二）在事实证据上下足功夫

有说服力的辩护，都是证据说话的结果。接受委托后，笔者先后会见冯某乙 6 次，认真听取他对案件事实的陈述，不放过任何一个细节，这对辩护人尽快找准案件突破口帮助很大。同时，认真查阅案卷材料，一字一句，反复再三，熟记于心，在这样的基础上，形成自己对案情的全面认识，凝练出“认定冯某乙参与毒品犯罪事实不清、证据不足”的辩护观点。

（三）谨慎而大胆

案情重大，生死攸关，辩护律师自然应当谨慎再谨慎，必须对法律深怀敬畏，对生命深怀敬畏，辩护意见中的每一句话，都要有不容置疑的事实和法律的依据。

同时，要有敢于提出无罪辩护的勇气，大案要案面前不心虚，不气短，不畏缩，相信事实的力量，相信法律的权威。

有效质证　两次无期改六年

——程某1涉嫌贩卖毒品罪一案

国浩律师（南昌）事务所　张代平

一、案情简介

1. 程某1与张某在监狱服刑期间结识成为好友，2018年6月，程某1多次电话、微信联系张某未果，通过联系他人得知张某可能出事，便电话联系张某女友章某将藏匿于某广场A公寓2002房间的毒品转移，双方约定在某酒店附近会面。随后，章某携带毒品乘坐出租车至某酒店旁与在该处等候的程某1汇合，程某1上车旋即被公安机关抓获，公安机关当场从章某手提袋内查获结晶状疑似甲基苯丙胺物4包，红色丸状疑似甲基苯丙胺片剂物3包以及白色粉末状疑似毒品物一包。经鉴定，涉案物质分别为甲基苯丙胺（677.38克）和甲基苯丙胺片剂（94.82克）。

2. 吸毒人员甲常在张某处购买毒品，2018年4月，张某将程某1微信推送给甲，称以后找程某1购买毒品，甲随后添加了程某1微信。2018年5月，甲微信转账1000元给程某1，欲购买毒品，两人约定在某银行附近交易，后程某1在车内递给甲一个烟盒，盒内装有1.4克甲基苯丙胺和一粒甲基苯丙胺片剂。

二、辩护思路

（一）开篇亮明观点，提出争议焦点

A公寓并非程某1居所，也并非其实际控制的物理空间，藏匿的毒品与程某1无关；甲通过程某1向张某购买毒品，程某1未从中牟利，属于委托代购，不构成贩卖毒品罪。综上所述，根据《刑法》相关规定与最高人民法院《全国法院毒品犯罪审判工作座谈会纪要》（以下简称《武汉会议纪要》）精神，程某1对起诉书指控的677.38克冰毒、94.82克麻果依法不构成贩卖毒品罪。

（二）证据采信是基础

1. 章某前后供述矛盾，且与张某系男女朋友关系，在取保候审期间与彼时未归案的张某有串供嫌疑，应采信到案之初的第一、二份笔录。

章某取保候审前供述与程某1供述相互印证，对张某不利，取保候审后则翻供，使局面倒转。卷宗显示：2018年6月21日，章某因怀孕被取保候审。同年7月13日，张某被刑拘。章某与张某系同居男女朋友关系。综合二人特殊关系、有长达22天的自由时间和张某有贩毒前科等因素推断，章某与张某有重大串供嫌疑。故章某取保候审前供述真实性、可采性高，而取保候审后供述系虚假供述。

2. 二审检察机关当庭出示的技术侦查取得的证据可与章某第一、二次笔录相互印证，应采信章某第一、二份笔录。

在二审庭审中，检察机关向法庭出示的技术侦查取得的证据显示，程某1得知张某出事后，打电话给章某，“去广场把东西拿出来，越快越好”，章某听后立刻前往A公寓转移毒品，说明章某既知道“东西”是指毒品，也知道毒品放在A公寓；到达A公寓后，章某打电话给程某1：“这里面有一包东西死都拉不出来。”程某1说：“什么情况?”说明章某知道毒品放在厨房柜子里，只是因为毒品卡住了才打电话问程某1，章某并非在程某1的“指引”下找到毒品，而是知道毒品存放位置，与其第一、二份笔录相互印证。

3. 程某2（程某1弟弟）取证录像的程序严重违法，该录像在实体上也无法证明该衣服属程某1所有，应依法排除。

（1）关于程序。录像是由一名不具备独立执法办案资格的巡防队员在未出示证件明确表明身份、未明确告知正在录像和法律后果的情况下制作的，严重违反《刑事诉讼法》及相关司法解释的取证要求。

（2）关于实体。办案人员预设房内有程某1衣服的前提，通知案外人程某2“领取”程某1衣服。录像中，该巡防队员言语引导程某2拿取衣服，致使程某2“领取”了不属于程某1的衣服。程某2在一审庭前向法庭提交了一份声明，称其当时实不确定该衣服是否是程某1所有，是在公安机关的指引下作出了猜测，两人系成年兄弟，各自分开生活居住，不常见面，彼此不知对方平日所穿衣服，无法准确认出程某1衣服。之后，侦查机关未对该衣服进行毛发采样鉴定，该录像无法证明该衣服确属程某1所有。

（三）针对争议焦点进行分析

1. 现有证据无法证明程某1住在A公寓。

（1）关于公寓钥匙。程某1有钥匙的情况没有证据证明，程某1亦供述其没有钥匙。与之对应的是，章某在第二份笔录中供述“我们（张某与章某）一人一把钥匙住在一起（A公寓）”。此外，程某1在得知张某可能出事时，通知有钥匙的章某前往A公寓转移毒品，从侧面印证程某1没有钥匙。

（2）关于监控视频。辩护人多次申请调取公寓出入监控，侦查机关未调取，以情况说明敷衍了事，公寓方面也未出具监控情况的说明，故无监控视频显示程某1住在A公寓。

（3）关于生活用品。若程某1住在A公寓，必定会留有毛巾、牙刷、床单等生活用品，在案证据中却没有生活用品及相关生物鉴定报告，仅凭录像中不属于程某1的衣服，不能证明程某1住在A公寓。

(4) 关于供述。程某1自始至终供述其不住在A公寓，章某取保候审前供述其与张某共同住在A公寓，一人一把钥匙，程某1只是偶尔会来玩，但在取保候审后翻供，称程某1住在A公寓，张某给了其一把钥匙。

(5) 关于程某1案发时的住处。房屋租赁合同证明，新桥的房子(程某1实际住处) 2018年6月27日到期。房东黄某某证明，2018年五六月期间程某1一直在新桥住，交了水电费。

综上所述，A公寓并非程某1居住或实际控制。

2. 毒品与程某1无关，张某应对该毒品构成贩卖毒品罪。

首先，对比张某与程某1，张某不仅吸毒多年，且长年贩毒，是毒品再犯，而程某1不吸毒，其唯一一次贩毒是委托代购，毒品来源于张某，未有任何获利。

其次，程某1和章某的供述相互印证张某会在A公寓厨房的橱柜里藏毒，两人均看见过张某在橱柜里存取毒品。根据毒品类案件证据采信规则，可以断定A公寓毒品系张某藏匿。

再次，即使张某居住后在2018年5月20日搬离了该公寓，也应认定其实际控制该公寓，因在案证据不能证明程某1随后搬入A公寓。张某有较强的反侦查能力，承租了多套房，不能因为其住在其中一套，便排除其对其他几套的控制，而应认定这些房子均为其控制。根据《武汉会议纪要》有关规定，贩毒人员被抓获后，对从其住所、车辆等处查获的毒品，一般均应认定为其贩卖的毒品。张某系贩毒人员，该毒品系从其住所取出转移时被查获，依法应认定为其贩卖的毒品。故即使在案证据无法证明毒品来源，也应由张某负责，应认定张某构成贩卖毒品罪。

最后，二审检察官在庭审中提交的技术侦查取得的证据显示，章某取出毒品后与程某1商量将之转移到山水某园（章某与张某承租的另一套房子)。从逻辑上分析,若非张某的毒品,程某1没有理由叫章某转移毒品,章某也不会想到把毒品转移至山水某园。

综上所述,该案争议焦点是程某1是否居住或实际控制A公寓。构建还原案件事实的基础是对证据的采信,如章某在取保候审后的供述、程某2取衣服的录像等。排除串供笔录及程序严重违法的录像后,可还原案件事实:程某1不住在A公寓,在得知张某可能出事后,出于朋友义气,打电话通知章某转移毒品,系转移毒品。因无任何证据证明该毒品与程某1有关,故程某1对起诉书指控的677.38克冰毒、94.82克麻果不构成贩卖毒品罪。

三、裁判结果

J省高级人民法院于2021年12月10日作出(2021)赣刑终×××号刑事判决书,判决:(1)维持J市中级人民法院(2021)赣02刑初×号刑事判决第二、三、四、五项;(2)撤销J市中级人民法院(2021)赣02刑初×号刑事判决第一项;(3)上诉人(原审被告人)程某1犯贩卖毒品罪,判处有期徒刑2年,并处罚金人民币5000元,犯转移毒品罪,判处有期徒刑5年,决定执行有期徒刑6年,并处罚金人民币5000元。

四、经验总结

(一)归纳争议焦点,树立争议焦点思维

辩方应树立争议焦点思维,主动从起诉书指控逻辑、薄弱证据、公诉人庭前意见中归纳争议焦点,主动将控辩双方核心分歧进行提炼,全面细致地梳理在案证据,从证明力的角度推翻控方对争议焦点的指控,将指控的错误之处呈现给法官,引起法官重视。辩方不应被动等待法官庭审归纳争议焦点,主动归纳争议焦点往往对辩护工作起到事半功倍的效果。

阅卷时，面对复杂的案情、浩如烟海的案卷，辩方要有争议焦点思维，先紧扣罪名构成要件，全面细致地梳理在案证据，找到构成要件方面的薄弱证据，再结合起诉书、公诉人的指控思路，预判争议焦点。该案中，辩护人预判的争议焦点是程某1是否居住或实际控制A公寓，并对此提出针对性辩护思路。一审庭审中，法官提炼的争议焦点与辩护人预判的争议焦点不谋而合。

在庭审时，辩护人要围绕争议焦点进行发问、举证、质证、辩论，锁定主攻方向，抓住薄弱指控点进攻，动摇法官内心确信。对与定罪量刑无关紧要的细枝末节，可摘要性地辩论。

（二）紧扣“三性”，有效质证

1. 关于合法性。

合法性，是指证据形式及证据收集主体、方法和程序应当符合法律规定，对证据的采信须经法定审查程序。刑事辩护实践中，围绕证据合法性的质证往往收效甚微，即使辩方提出诸多疑点，也难以取得预期效果。该案中，辩护人对程某2取衣服的录像向法庭提出了程序违法的质证意见，一审法庭并未采纳，依旧作为定案证据。因法官考虑的重点往往是疑点是否会导致证据不真实，如果仅是程序上的瑕疵，多数情况下都不足以动摇法官的内心确信。因此，围绕证据合法性的质证应当以证实证据不真实为目标。后辩护人提出了该视频系在误导下制作、无法证明衣服确实属于程某1的质证意见，最终得到二审法院采纳。

2. 关于真实性。

真实性，是指证据所指向的内容或者证据事实是真实的。辩方应充分利用生活、司法经验进行质证，从利害关系、生活逻辑、相互印证三个方面入手，对真实性进行审查。证据真实性是动摇法官内心确信的关键因素。在该案中，章某取保候审前后笔录在谁住在A公寓这一点上存在矛盾，势必一真一假。辩护人从利害关系、生活逻辑出发，综合张某与章某的特殊关系、章某取保候审后22天张某才归案、张某具有贩毒罪前科等因素，提出章某取保候审期间与张某有串供嫌疑的意见，并详细罗列前后供述矛盾点。在庭审中，围绕矛盾点集中连续发问，动摇了法官内心确信，法官在随后的庭审中让章某解释前后供述为何不一致，章某称解释不了，前后笔录孰真孰假，自不待言。

3. 关于关联性。

关联性，是指证据须与待证事实有关，具有证明待证事实的属性。首先要明确与之对应的待证事实是什么，其次要找到待证事实与证据之间的客观联系，如因果联系、空间联系等，与待证事实没有客观联系的证据不能作为定案依据。在该案中，一审法院采信的证据，除章某翻供笔录和程某2猜测性认领衣物的录像外，没有有关程某1控制A公寓的任何有关联的证据，进一步说明一审基本事实认定错误。

（三）坚持、坚持还是坚持

该案历经四审，两次判处无期，在被告人和辩护人双方的坚持和努力下，最终取得有期徒刑6年的判决结果。

原一审判处无期徒刑后，辩护人在原二审时接手该案，提出事实不清、证据不足等意见，成功使原二审法院裁定撤销原判，发回重审。重审一审中，辩护人重新梳理辩护思路，归纳争议焦点，明确核心辩点，在庭审中围绕争议焦点展开发问、辩论，取得了良好的庭审效果。庭后会见时，程某1向辩护人表达了感谢，对改判满怀期待，辩护人也同样对改判满怀期待。然而一个月后，重审一审以同样的证据、同样的事实、同样的说理作出了同样的无期判决。重审二审，辩护人更加积极地与控审双方沟通，提出辩护意见，申请调取证据，与程某1会见，寻找新的证据和突破点。然而，此时距案发已经过去3年，可能存在的证据随着时间的流逝，再难找到。或许是程某1和辩护人的这份坚持，二审检察官主动调取了技术侦查证据，而这份技术侦查证据的内容，完全印证了辩护人的意见：章某并非在程某1“指引”下找到毒品，而是知道A公寓毒品存放位置，其和张某正是该房间的居住者、控制者，该案迎来重大转机。2021年10月25日，二审开庭，公诉人发表公诉意见，采纳了辩护意见，向合议庭提出有期徒刑6年的量刑建议。2021年12月，辩护人收到二审判决书，程某1改判有期徒刑6年。

注重罪责辩护　死刑改死缓

——李某某涉嫌贩卖毒品罪一案

江西镜衡律师事务所　朱龙太

一、案情简介

2016年6月12日，被告人李某某从外号“小凤”的人手中购入一批价值16万元的甲基苯丙胺（冰毒）。同年6月15日，被告人李某某与外号“老马”的人约定以19万元的价格将该批甲基苯丙胺（冰毒）卖给“老马”。当天晚上9时30分许，被告人李某某独自驾驶荣威牌小轿车前往洪都南大道耳鼻喉医院附近，在去与“老马”进行交易的路上被侦查机关当场抓获（注：“老马”未与李某某见面）。侦查机关在被告人李某某驾驶的汽车后排座椅下缴获5包甲基苯丙胺（冰毒）。经称重，上述缴获的甲基苯丙胺（冰毒）重量分别为995.3克、995.0克、996.4克、994.2克、994.9克，总计4975.8克。经鉴定，上述缴获的甲基苯丙胺（冰毒）中均检出甲基苯丙胺成分，甲基苯丙胺含量为68.63%至70.12%。

二、一审、二审辩护人的辩护思路

（1）指控李某某贩卖毒品罪的证据不足，应以非法持有毒品罪对李某某定罪；（2）该案双方并未进入实质交易阶段，即使李某某的行为构成贩卖毒品罪，也是犯罪未遂；（3）“老马”未被列入网上在逃人员，亦未被采取强制措施，不能排除“老马”系公安机关特情人员，也不能排除李某某系在特情引诱下实施贩卖毒品的行为；（4）涉案毒品被全部查获，未流入社会造成现实危害；（5）李某某有坦白情节，且认罪、悔罪；（6）李某某归案后，举报“老马”“刘某”“刘某番”等人，对“老马”进行了辨认，有立功的强烈愿望和积极行为，请求对被告人李某某从轻处罚，不宜判处死刑立即执行。

三、一审、二审法院判决理由与判决结果

1. 一审法院认为，被告人李某某向他人贩卖毒品甲基苯丙胺4975.8克，其行为已构成贩卖毒品罪，公诉机关指控罪名成立。被告人李某某归案后能如实供述罪行，庭审中自愿认罪，有坦白情节，辩护人提出被告人李某某有坦白情节且认罪，辩护意见与事实相符，予以采纳。但被告人李某某贩卖毒品数量大，社会危害性大，应依法从严惩处，且曾因犯罪被判过刑，虽有坦白情节，不足以从轻处罚，辩护人提出涉案毒品未造成现实危害的辩护意见，与事实、法律不符，不予采纳。依照《刑法》第347条第1款、第2款第1项，第67条第3款，第57条第1款，第64条之规定，作出判决：（1）李某某犯贩卖毒品罪，判处死刑，剥夺政治权利终身，并处没收个人全部财产；（2）扣押的甲基苯丙胺4975.8克，由扣押机关依照国家有关规定处理。

2. 二审法院认为，李某某贩卖甲基苯丙胺4975.8克，其行为已构成贩卖毒品罪，应依法予以严惩。李某某的上诉理由及其辩护人的辩护意见均不能成立，不予采纳。原判认定犯罪事实清楚，证据确实、充分，定性准确，量刑适当，审判程序合法。依照《刑事诉讼法》第225条第1款第1项、第235条、第236条第2款之规定，裁定驳回上

诉，维持原判。

四、死刑复核阶段辩护思路与主要辩护观点

二审法院判决李某某死刑并报请最高人民法院死刑复核后，2018年李某某家属委托朱龙太律师作为李某某死刑复核阶段的辩护人，辩护人阅卷后，发现该案李某某与“老马”贩卖毒品是上下家的关系，且在该案一审、二审的审理过程中，并未对李某某与“老马”的罪责予以区分，在死刑复核阶段，“老马”于2017年3月到案，且法院已判决。辩护人收集了“老马”的判决书，依据判决书中的认定，辩护人从李某某与“老马”是上下家罪责予以区分的角度等进行辩护。其主要的辩护思路与辩护观点如下。

1. 该案李某某与“老马”贩卖毒品是上下家的关系，且“老马”在该案中占主要作用，根据2012年《刑事诉讼法》第55条、第250条以及《关于办理死刑案件审查判断证据若干问题的规定》第5条和《全国部分法院审理毒品犯罪案件工作座谈会纪要》（以下简称《大连会议纪要》）《武汉会议纪要》的规定，应当对李某某不予核准死刑。

（1）“老马”贩卖毒品的数量、次数多于李某某，贩卖毒品的对象范围也大于李某某。

首先，“老马”贩卖毒品的数量明显要比李某某多。江西省某某市中级人民法院（2017）赣××刑初××号刑事判决书认定“老马”与李某某交易毒品甲基苯丙胺为4975.8克、从王某处购进甲基苯丙胺为997.85克，以及抓获时查获的甲基苯丙胺为37.6克，总共6011.25克。“老马”贩卖毒品的数量要比李某某多1035.45克。

其次，“老马”贩卖毒品的次数与对象范围比李某某广。根据江西省某某市中级人民法院（2017）赣××刑初××号刑事判决书及（2016）赣××刑初××号刑事判决书可知，“老马”不仅与李某某交易毒品甲基苯丙胺4975.8克，还从樟树市王某处购进甲基苯丙胺

997.85克运回南昌，以及抓获时查获甲基苯丙胺37.6克；贩卖毒品次数多且对象范围明显比李某某多且广。

（2）在毒品交易中，“老马”比李某某更为积极主动，对促成交易所起的作用更大。

从该案中李某某与“老马”之间的毒品交易过程来看，“老马”始终处于积极、主动地位，而李某某则处于相对消极被动的地位，尽管李某某系毒品买卖的上家，但其并未事先购入大量毒品持毒品待售，而是依据“老马”的需求，向“小凤”那里购得毒品且没有支付毒资，马上转手给“老马”。从江西省某某市中级人民法院（2017）赣××刑初××号刑事判决书来看，“老马”不仅从李某某那里购进毒品，也从樟树市购进毒品，这就表明，李某某并非“老马”唯一的毒品上家，即使没有李某某，“老马”也能从其他人那里购进大宗毒品，其对上家李某某的依赖性不强，“老马”是李某某的毒品唯一的买家，毒品的交易均取决于“老马”的需求，如果没有“老马”，其因为缺乏销路也很可能不会主动向自己的上家购入大量毒品。由此可知，李某某的贩卖行为很大程度上依赖“老马”的购买行为，也说明“老马”与李某某的毒品交易中“老马”起着主导作用，对促成毒品交易的作用更大。

（3）从实际危害后果来看，涉案毒品通过“老马”进一步流向社会不特定的吸、贩毒人员，“老马”的贩毒行为的危害后果更为直接。

尽管该案毒品系从李某某处流向“老马”，但“老马”所购买的毒品并非用于自己吸食，而是用于贩卖给人数众多的下游吸、贩毒人员，“老马”并非毒品流转环节中最末端的吸食者，在与毒品吸食者的交易关系中又居于毒品上家地位，同样，李某某在该案中系毒品上家，但相较于毒品源头来说，其又处于下家的地位，可见，处于毒品交易中间环节的上下家，仅是一个相对的概念，在该案中，当李某某把毒品贩卖给“老马”时，毒品尚未被人数众多的吸毒者所持有和吸食，其社会危害性并未完全显现，而“老马”购得毒品再向下游贩卖，毒品犯罪的危害后果才进一步显现，故从实际危害后果来看，“老马”贩毒行为的危害性较李某某更为直接，也更大。

（4）“老马”的主观恶性较李某某更深，其人身危险性也明显要大于李某某。

从“老马”的主观恶性及人身危险性来看，其先后有3次犯罪前科，分别于2006年4月19日因犯容留卖淫罪被判处有期徒刑5年，2011年8月23日因犯非法持有毒品罪被判处有期徒刑1年7个月，2013年9月18日因犯贩卖毒品罪被判处有期徒刑2年6个月，可见，“老马”在此次犯罪之前不仅有犯罪前科，还曾因毒品犯罪被判刑，系毒品再犯、累犯，应依法从重处罚。而李某某并不具有毒品再犯和累犯这一法定的从重情节，反而具有坦白情节，由此可知，李某某的主观恶性相对而言均要小于“老马”。

综上所述，在该案李某某与“老马”的上下家关系中，无论从毒品的交易数量、次数、对象范围以及危害后果，还是从毒品交易过程中的主动性及对促成交易所发挥的作用，以及主观恶性来看，“老马”的罪行均较李某某更为严重，故判处李某某死刑立即执行明显量刑过重。

2. 依据江西省某某市中级人民法院（2017）赣××刑初××号和（2016）赣××刑初××号两份刑事判决书可知，在量刑时明显违反平等适用《刑法》和罪责刑相适应的原则。

江西省某某市中级人民法院（2017）赣××刑初××号刑事判决书显示，与李某某交易毒品的“老马”于2017年3月15日被刑事拘留，且“老马”所涉的犯罪行为除了与李某某交易的毒品数量外，另还有贩卖、运输甲基苯丙胺997.85克，在“老马”被抓获时查获甲基苯丙胺37.6克，总共1035.45克。也就是说“老马”贩卖毒品的数量比李某某还要多1035.45克，且“老马”属毒品犯罪的再犯、累犯。但法院在量刑时，对“老马”判处死刑，缓期2年执行，而对贩卖毒品数量少的反而判处了死刑立即执行，并未做到平等适用《刑法》和罪责刑相适应的原则。

3. 该案技术侦查在立案前就已启动，且无批准手续等程序，存在严重违法问题，足以影响到全案证据来源的合法性。

4. 一审、二审判决书认定事实所采信的证据，包括李某某所涉毒品的搜查、扣押、提取、保管到送检和检验，全部物证保管链条在收集和固定证据上存在严重违法和重大瑕疵问题，这样必然会导致现有的定罪事实的证明标准大大降低，更不要说全案证据的证明标准能否达到死刑案件的证明标准。

5. 该案一审、二审法院认定事实所依据的鉴定意见和见证类的证据均存在重大违法和瑕疵，足以影响到对李某某适用死刑立即执行的证据标准。

6. 李某某在该案中构成特别自首，依照《刑法》第 67 条、《大连会议纪要》、《武汉会议纪要》的有关规定，不应当对其判处死刑立即执行。

7. 一审、二审判决书所认定的事实显示，李某某在一审时已向司法机关举报“老马”、刘某等人，刘某在举报后被某某公安机关抓获，也就是李某某举报的线索经查证属实，应认定为立功。

8. 李某某在该案一审、二审均具有坦白情节，李某某第一次犯罪时未满 18 周岁且所犯的流氓罪的罪名，现有的《刑法》已经废止，不能作为加重李某某处罚的理由。

9. 结合该案的所有证据材料，公安机关在李某某与“老马”交易毒品之前，已经通过技术侦察，掌握了李某某与“老马”要进行毒品交易详细情况，所有的一切均在公安人员的监控下进行，明显的属于控制下交付，毒品不可能会流向社会。

10. 李某某于 2005 年 2 月 25 日与妻子离婚，婚生儿李某博于 2002 年 10 月 12 日出生，由李某某抚养，至今未成年，现就读于某某市第某中学，以国家助学金维持学业，生活无保障，如李某某被核准死刑，李某博就属于典型的孤儿。

五、最高人民法院的死刑复核结果

2019年10月25日最高人民法院作出（2018）最高法刑核×××
×号刑事裁定书。认定李某某贩卖甲基苯丙胺的行为已构成贩卖毒品罪。李某某贩卖毒品数量大，社会危害严重，应依法惩处。第一审判决、第二审裁定认定的事实清楚，证据确实、充分，定罪准确，审判程序合法。但鉴于与同宗毒品交易的下家“老马”相比，李某某在贩卖毒品链条中的罪责并不突出，为量刑平衡，对其判处死刑，可不立即执行。依照《刑事诉讼法》第246条、第250条和最高人民法院《关于适用〈中华人民共和国刑事诉讼法〉的解释》第350条第5项、第353条第1款的规定，裁定如下：

1. 不核准江西省高级人民法院（2017）赣刑终×××号维持第一审以贩卖毒品罪判处被告人李某某死刑，剥夺政治权利终身，并处没收个人全部财产的刑事裁定。

2. 撤销江西省高级人民法院（2017）赣刑终×××号维持第一审以贩卖毒品罪判处被告人李某某死刑，剥夺政治权利终身，并处没收个人全部财产的刑事裁定。

3. 发回江西省高级人民法院重新审判。

六、经验总结

1. 挖掘和收集与涉案事实相关的新的事实与证据。在一审、二审均判决李某某死刑的情况下，如继续从一审、二审的辩护的角度去辩护，改判的可能性较小，一定要挖掘和收集与涉案事实相关的新的事实与证据。

2. 把控共同犯罪关键性证据及毒品上下家的作用大小的证据。

《武汉会议纪要》已经明确上下家犯罪的死刑适用问题，对于贩卖毒品案件中的上下家，要结合其贩毒数量、次数及对象范围，犯罪的主动性，对促成交易所发挥的作用，犯罪行为的危害后果等因素，综合考虑其主观恶性和人身危险性，慎重、稳妥地决定死刑适用。对于买卖同宗毒品的上下家，涉案毒品数量刚超过实际掌握的死刑数量标准的，一般不能同时判处死刑；上家主动联络销售毒品，积极促成毒品交易的，通常可以判处上家死刑；下家积极筹资，主动向上家约购毒品，对促成毒品交易起更大作用的，可以考虑判处下家死刑。涉案毒品数量达到巨大以上的，也要综合上述因素决定死刑适用，同时判处上下家死刑符合罪责刑相适应原则，并有利于全案量刑平衡的，可以依法判处。

3. 仔细查找一审、二审中存在的程序问题，围绕庭审笔录，发现一审、二审中有如下问题：违反公开审判、回避制度、合议庭或者审判委员会组成不合法（如笔录表明临时换人但未重新进行必要程序的）；法院无正当理由拒绝律师证据调查申请；下级法院未指定适格辩护人或者辩护人无辩护资格，特别是下级法院将未经质证的控方证据作为定案证据；下级法院剥夺被告人最后陈述权可以要求发回重审等。

4. 合理利用各种宽严相济的刑事政策。（参照相关司法解释）死刑辩护要利用死刑辩护宽严相济的刑事政策，并结合具体案件情节进行辩护。比如，该案中李某某的儿子如执行死刑就属孤儿等。

5. 充分利用好最高人民法院推进的类案类判统一法律适用标准的契机，发挥好指导案例和典型案例的作用。应收集最高人民法院公报、刑事法院参考、当地法院公布的案例等。

厘定辩护思路　死罪改轻罪

——刘某生涉嫌非法买卖制毒物品罪一案

江西南芳律师事务所　肖笃炎

一、案情简介

2014 年 3 月，被告人黄某华以从事食品加工名义通过案外人租赁了 J 省 X 县一偏僻果园仓库，3 月 23 日以 10,000 元/月的薪酬雇请被告人刘某生、刘某伟并送至目的地，随即安排两人提取一种类似咖啡色的物品。因生产过程中挥发强烈刺激性气味被当地村民举报，X 县公安局现场抓获刘某生、刘某伟，并查获离心机、真空泵、反应釜等疑似制毒工具和大量疑似毒品的化学合成物品（编号为 1—180 号）。经 G 市公安局和公安部司法鉴定中心物证检验，查获物品中分别检出甲卡西酮和麻黄碱成分，其中含有甲卡西酮成分的物品总重 5421.05 千克，折算甲卡西酮净重 201.783115 千克，其他物品总重 28.35 千克，折算麻黄碱净重 9.2427 千克。2015 年 4 月，G 市中级人民法院以三被告人犯制造毒品罪，判处被告人黄某华死刑，被告人刘某生、刘某伟有期徒刑 15 年，并处没收财产。三被告人不服，向 J 省高级人民法院提出上诉。

二、辩护思路

（一）甲卡西酮系新型化学合成毒品，涉及复杂的化学专业知识领域，宜聘请专家辅助人提供专业意见

据了解，刘某生、刘某伟系表兄弟，均属F省C县禁毒内控对象，二人受雇前往J省X县协助提取麻黄碱，但现场查获的大部分物品中检出甲卡西酮成分，其余物品中检出麻黄碱成分，遂以涉嫌犯非法生产、买卖制毒物品罪立案，后以涉嫌制造毒品罪批捕。经查，甲卡西酮俗称“丧尸药”，是一种苯丙胺类似物，吸食后具有提神作用，2005年纳入I类精神药品管理。2013年11月11日，公安部等发布《关于公布麻醉药品和精神药品品种目录的通知》，甲卡西酮列为《精神药品品种目录（2013年版）》第一类管制药品，自2014年1月1日起施行。该案发生于2014年3月，甲卡西酮系毒品确定无疑。

笔者此前曾办理包括公安部挂牌督办的钟某等非法生产、买卖制毒物品等涉毒类案件，根据既往辩护经验，麻黄碱又名麻黄素，是一种生物碱，2005年11月1日施行的《易制毒化学品管理条例》将其列为第一类药品类易制毒化学品。麻黄碱、甲卡西酮均可通过化学合成方式获取，若案涉甲卡西酮物质成分系麻黄碱合成过程中产生的伴生物，则被告人涉嫌非法生产制毒物品罪而非制造毒品罪，故麻黄碱合成过程中是否伴生甲卡西酮物质成分系该案定性的关键。鉴于甲卡西酮系新型毒品，涉及复杂的化学专业知识领域，遂建议家属委托专家辅助人提供专业咨询意见，必要时出庭辅助辩护。家属认可笔者的分析和建议，但因此前已经委托了其他律师，故未就委托辩护事项进一步沟通。

（二）积极物色专家辅助人出庭发表专业意见，为二审裁定发回重审奠定坚实基础

2015年4月，G市中级人民法院以三被告人犯制造毒品罪，分别

判处黄某华死刑，并处没收全部财产；刘某生、刘某伟有期徒刑15年，并处没收财产5万元。被告人刘某生委托笔者担任其二审辩护人。鉴于被告人刘某生、刘某伟户籍所在地F省C县系涉毒重灾区，二人系禁毒内控对象，案发地为偏僻果园仓库，逃避打击目的明确，现场查获了数吨含有甲卡西酮成分的化学合成物品，折算毒品数量巨大，宜作罪轻辩护。但对被告人有利的是，现场未查获甲卡西酮或者麻黄碱制成品，而麻黄碱提取过程中可伴生甲卡西酮物质，甲卡西酮合成过程中也可提取麻黄碱，该案宜聘请专家辅助人辅助辩护，从犯罪定性入手，争取二审改判轻罪即非法生产制毒物品罪。经与委托人和被告人黄某华的辩护人多次沟通反复比较后，决定聘请厦门大学化学化工学院教授吐某担任辩方专家辅助人。2015年12月2日二审开庭时，专家辅助人出庭，笔者和其他两位律师就案件定性充分发表了辩护意见，建议二审改判被告人刘某生犯非法买卖制毒物品罪，判处有期徒刑3年。由于案件疑难复杂，二审法院报请最高人民法院批准延长审限，于2017年4月25日作出（2015）G刑二终字第69号刑事裁定书，以原审判决认定事实不清、证据不足发回重审。

（三）查获的合成化学物品中既有甲卡西酮成分又有麻黄碱成分时，应依存疑有利于被告人原则判处轻罪

该案发回重审后逐级退卷至公安机关补充侦查，侦查人员前往厦门大学询问了辩方专家辅助人，补充了其他证据材料，后以被告人涉嫌非法生产、买卖制毒物品罪移送X县检察院审查起诉。审查起诉期间，辩护人就该案犯罪阶段的认定多次与承办检察官沟通。2017年8月，检方以三被告人犯非法买卖制毒物品罪，且系预备犯，向人民法院提起公诉。

2017年9月27日庭审时，控辩双方对180号物质性质和麻黄碱折算方式及数量进行了多轮辩论。辩护人认为，侦查机关分别于2014年3月30日、4月3日、5月12日对涉案物品进行了分类和称重，前两

次均为第1类至第12类，第12类物品为单一物品即塑料袋装白色晶体物，编号180号。但2014年5月12日称量笔录则显示涉案物品调减为11类，编号为1—179号，该次称重及提取笔录均未记载第12类物品即编号为180号的白色晶体物。侦查机关5月27日委托公安部物证鉴定中心司法鉴定，11月6日出具物证检验报告，据此折算出涉案物品甲卡西酮和麻黄碱的总含量，但提取笔录并未反映侦查机关依法提取了称重编号为180号的白色晶体物并送检，公安部物证鉴定中心也未对该白色晶体物进行定性、定量检验。据此应当认定，编号为180号的白色晶体物性质不明，检方按净重4.1千克计入涉案麻黄碱总量缺乏依据，且与现场未查获麻黄碱成品的事实不符，应当核减不予认定。检方认为第1类至第3类物品中的甲卡西酮成分应当折算为麻黄碱含量，但缺乏相应的检验鉴定依据。专家意见反映，从化学理论上来分析，甲卡西酮既可能作为提取麻黄碱的中间体，也可能是合成麻黄碱过程中产生的伴生物。当被告人以合成提取麻黄碱为目的时，合成过程中伴生的甲卡西酮并非其刻意追求的犯罪结果，不能折算为麻黄碱，否则有悖主客观一致原则和存疑有利于被告人原则。因此，检方指控被告人非法生产、买卖麻黄碱9.2427千克缺乏充分证据、依据。

三、裁判结果

X县人民法院2017年10月12日作出（2017）G0734刑初95号刑事判决书，以三被告人犯非法买卖制毒物品罪分别判处黄某华有期徒刑7年，刘某生、刘某伟有期徒刑5年，并处罚金人民币3万元至5万元。

四、经验总结

（一）法律的生命不在逻辑而在于经验，厘清、坚定辩护思路是有效辩护的前提

现阶段，制造毒品包括易制毒物品类犯罪在生产环节多采用化学

合成的方式进行，且日趋专业化、创新化、复杂化。由于大部分律师均不具有理工科尤其是高等化学专业教育背景，对繁杂的化学合成及反应等专业问题往往一筹莫展，难以作出精准的判断，这也是辩护人在第一次接触该案时深感困惑的问题。但根据既往的辩护经验，相较于制造毒品重罪，非法生产、买卖制毒物品属于轻罪，争取二审改变定性是有效辩护的不二选择；麻黄碱、甲卡西酮均可通过化学合成的方式获取，生产工艺、方法存在诸多同一性，充分论证甲卡西酮物质成分系麻黄碱合成过程中的伴生物，从而动摇法官对指控罪名的内心确信是改变定性的关键，而物质不变和伴生定律亦为该辩护观点提供了必要的理论支撑。基于上述辩护思路，如何论证案涉甲卡西酮物质成分系麻黄碱合成过程中产生的伴生物系二审辩护的关键。古人云：术业有专攻，广泛咨询有专门知识的人检验辩护观点是否可行，并借助其专门知识加以充分论证亦为不二选择。为此，笔者先后联系了南昌大学、北京化工大学和厦门大学等高校专业人士，最终确定厦门大学化学化工学院教授吐某担任辩方的专家辅助人。吐教授提供的专业意见印证了笔者此前的判断和辩护思路，庭审时控、辩、审三方均围绕该案争点进行了发问，法庭充分听取了专家辅助人的意见。发回重审后，侦查机关补充侦查期间重点询问了专家辅助人，并经内部技术论证流程后变更了指控罪名。法律的生命不在逻辑而在于经验，涉毒尤其是化学毒品类案件聘请专家辅助人提供专业辅助是必要的，该案辩护思路也是正确的，正确的辩护思路往往是有效辩护的前提条件，并收获事半功倍之惊喜。

（二）擅于“借脑”系弥补律师特定专业知识不足的捷径

专家辅助人又称有专门知识的人，俗称专家证人。最早出现于1994年最高人民法院《关于审理刑事案件程序的具体规定》第44条，1996年《关于执行〈中华人民共和国刑事诉讼法〉若干问题的解释（试行）》第56条、1998年《关于执行〈中华人民共和国刑事诉讼法〉

若干问题的解释》第59条沿袭了该规定，但均存在明显的局限性，仅限于鉴定结论与其他证据有矛盾时，审判人员可以指派或者聘请有专门知识的人，对案件中的某些专门性问题进行补充鉴定或者重新鉴定。2012年《刑事诉讼法》第192条第2款规定，公诉人、当事人和辩护人、诉讼代理人可以申请法庭通知有专门知识的人出庭，就鉴定人作出的鉴定意见提出意见。2012年《关于适用〈中华人民共和国刑事诉讼法〉的解释》第87条第1款将其缩限为"没有法定司法鉴定机构，或者法律、司法解释规定可以进行检验的，可以指派、聘请有专门知识的人进行检验，检验报告可以作为定罪量刑的参考"。直至2015年《关于依法保障律师执业权利的规定》第32条规定"法庭审理过程中，律师可以提出证据材料，申请通知新的证人、有专门知识的人出庭……"后，辩护人申请有专门知识的人出庭这一刑事诉讼制度才落到实处。2018年3月，最高人民检察院《关于指派、聘请有专门知识的人参与办案若干问题的规定（试行）》第2条首次明确了"有专门知识的人"和"专门知识"的概念，前者是指运用专门知识参与人民检察院的办案活动，协助解决专门性问题或者提出意见的人，但不包括以鉴定人身份参与办案的人。后者是指特定领域内的人员理解和掌握的、具有专业技术性的认识和经验等。2021年《关于适用〈中华人民共和国刑事诉讼法〉解释》第100条明确规定，有专门知识的人就案件的专门性问题出具的报告，可以作为证据使用。

由上可见，相较于民事诉讼尤其是侵权诉讼指派、聘请专家辅助人出庭日趋常态化的现状，刑事审判中专家辅助人的诉讼地位和作用尚存一定的滞后性，有待辩护律师主动、积极申请专家辅助人出庭辅助辩护来加以完善。此外，律师专业化包括刑辩精细化固然是律师发展的长期方向，律师执业过程中亦可通过广泛涉猎、日积月累的方式拓宽其知识面，但涉及特定专业领域仍需擅于"借脑"，借助专业人士的专业知识厘定个案辩护思路，拓展辩护空间，提升辩护效率。

（三）根据尚未产出成品的案件事实，辩护人提出的“不能排除合理怀疑”的辩护意见系该案成功辩护的关键

由于被告人非法生产第三天即被当地村民举报，现场没有查获麻黄碱或者甲卡西酮制成品，因而为律师提供了必要的辩护空间和余地。化学合成麻黄碱的流程系以α-溴代苯丙酮加甲胺加热再加盐酸可形成甲卡西酮或者甲卡西酮盐酸盐，甲卡西酮盐酸盐加甲醇加硼氢化钾，最后形成麻黄碱。又因甲卡西酮与麻黄碱之间通过化学反应可以相互转化，甲卡西酮转化为麻黄碱的关键化学物品为含硼化合物（现场亦查获了硼氢化钾）。故不排除被告人在化学合成麻黄碱的过程中伴生甲卡西酮物质成分的可能。在案证据表明，钟某支付了仓库租金及前期改建费用具有组织犯罪的重大嫌疑，三名负责技术配比及合成操作的核心人员于案发当日逃逸，上述涉案人员至今尚未归案。黄某华否认其系雇主或老板，否认购进了案涉原材料及加工器具，辩称在钟某安排下搭乘刘某生、刘某伟至目的地，案发时不在现场；仓库业主及中间人现场辨认时未指认黄某华，相反证实承租的另有其人；刘某生、刘某伟供述不认识黄某华，钟某与其谈好薪酬后称有人接送，后在他人指导下从事白班“抽干”工序，干燥后制成圆饼状物，负责指导的几人在夜间完成配料和操作，意识到可能从事麻黄碱非法加工。三被告人对生产的物品如何处理包括销售渠道一无所知，运送原材料的大货车疑似套牌车，证据链尚未完全闭合。

有观点认为，甲卡西酮和麻黄碱系两种不同的化学合成物，无论就市场价格还是生产原材料抑或流程而言，该案都应排除被告人以甲卡西酮提取麻黄碱的可能。该观点虽不无道理，但从另一角度而言，现场毕竟没有查获甲卡西酮的制成品，查获物品中含有甲卡西酮物质成分的事实虽不排除组织正犯可能具有制造毒品的犯意，但具体到三被告人中，黄某华及刘某生、刘某伟仅从事该犯罪活动的单一环节或者非主要环节，在案被告人与在逃犯罪嫌疑人事实上建立了“防火

墙”，制造毒品犯意联络存疑。若以制造毒品罪维持原审判决，既不能排除合理怀疑，也有悖疑点利益归被告人的原则。因此，省高级人民法院多次延期亦在情理之中，充分体现了对死刑案件慎之又慎的态度。而检察机关依法变更指控罪名，亦体现了存疑有利于被告人原则以及法治精神的坚守。

坚定"排非"　一审、二审宣告无罪

——吉某林涉嫌受贿罪一案

江西南芳律师事务所　肖笃炎

一、案情简介

被告人吉某林系某市建设局副局长。检方指控，被告人 1995 年 3 月至 1998 年 3 月任某市建筑设计室主任期间，1996 年 7 月以其父名义将其私房交由陈某庆承建，1997 年 3 月将单位的办公楼、集资房工程交由陈某庆挂靠的建筑公司承建。1997 年 10 月，吉某林与陈某庆结算后确认私房工程款 5.143 万元，陈某庆出具了收条但未领受款项。2003 年 3 月 13 日，某市检察院传唤了吉某林，同日决定对其监视居住，吉某林供述了未付款收受陈某庆贿赂的事实，同年 3 月 17 日被取保候审。2005 年 1 月，检方以吉某林涉嫌受贿罪提起公诉。

二、辩护思路

（一）违法监视居住期间获取的被告人有罪供述属于《刑事诉讼法》（1996 年修正）第 43 条规定的禁止性情形，应当依法排除

笔者是在审判阶段介入该案的。阅卷时，发现某市检察院监视居住决定书载明"……期限从 2003 年 3 月 13 日起算，并由本院法警队

执行”。而被告人在该市区有合法住所，故办案机关以监视居住之名将吉某林监禁于某市检察院的做法违反了《刑事诉讼法》（1996年修正）第51条第2款“取保候审、监视居住由公安机关执行”之规定，构成变相拘禁，违反了《刑事诉讼法》第43条“严禁刑讯逼供和以威胁、引诱、欺骗以及其他非法的方法收集证据”之禁止性规定。被告人虽于监视居住期间承认受贿，但取保候审期间包括庭前阶段均否认受贿，主张应付工程款已在合伙清算时予以扣减并提交书证证明。故违法监视居住期间所获有罪供述是否属于《刑事诉讼法》第43条禁止非法收集证据的情形，被告人有罪供述应否依法排除系本案争点、难点，事关被告人出罪、入罪。审慎起见，笔者将该案提交了律所集体讨论，坚持变相拘禁期间所获有罪供述应当依法排除，指控证据不足且不能排除合理怀疑应当宣告无罪的观点，并获律所集体讨论通过。

（二）被告人供述及证人证言前后不一，相互矛盾且与书证不符，有罪指控尚未达到证据确实充分的证明标准

1. 被告人与证人陈某庆之间确实存在合伙关系。侦查期间，被告人和陈某庆均提交了合伙书证，证明二人于1995年8月5日合伙承包了某市第二成衣市场东区1栋建设施工工程（包工包料），陈某庆制作的第二成衣市场资金平衡表（以下简称平衡表）及收支清单证明被告人合计使用资金（分配利润）26.0594万元，其中包含一笔5.143万元的支出项，与被告人应付陈某庆工程款5.143万元一致，故被告人关于5.143万元工程款已在散伙清算时抵扣，没有受贿的辩解具有事实依据。2000年6月6日，双方就合伙工程收支、利润分配等事项签订《协议书》，第4条明确：“自2000年6月6日起，双方除划清的上述债权债务关系外，不存在任何经济关系，……”据此可见，截至协议签订日，双方之间包括但不限于合伙项目产生的债权债务已经结清，当然也包括被告人应付私房工程款。

2. 陈某庆制作、提交的平衡表前后不一，相互矛盾。侦查期间，

被告人和陈某庆均提交了陈某庆负责制作的平衡表，被告人持有的平衡表包含了一笔5.143万元的支出项，而检方庭审出示的同样由陈某庆制作的平衡表则无该5.143万元的支出项，公诉人庭审认可该平衡表系证人陈某庆应侦查机关要求制作提供的，强调被告人持有的平衡表系为掩盖受贿事实而要求陈某庆制作的虚假书证。辩护人则认为，平衡表系合伙项目结算的重要书证，陈某庆作为合伙人、施工负责人和制表人应当对其制作的反映合伙收支及盈利分配的合伙清算文书的真实性负责。当案涉平衡表内容不一、制作时间不一且不能作出合理解释时，应当推定陈某庆刑事立案前制作并提交被告人（合伙人）持有的平衡表真实有效，证明力优于陈某庆刑事立案后重新制作且未获被告人认可的平衡表。

3. 被告人前后供述不一，相互矛盾。检察机关2003年3月13日传唤了吉某林，同日决定对其监视居住，但吉某林此间并未供述受贿事实。检方移送的吉某林3月15日至17日及取保候审期间部分笔录虽供述了未付款收受5.143万元工程款收条的事实，但被告人反映监视居住及取保候审期间亦作无罪辩解即否认受贿，而检方并未随案移送该笔录。为此，辩护人申请一审法院调取被告人在检察机关所作的所有供述，包括自书材料。检方补充移送的被告人讯问笔录反映了其于监视居住和取保候审期间既有承认受贿的有罪供述，也有否认受贿的无罪辩解，前后供述不一，并不稳定。

4. 陈某庆证言同样存在前后不一、相互矛盾，行贿指证不连贯、不稳定的情形。根据辩护人申请，一审法院调取了没有移送的陈某庆数份笔录，该数份笔录表明陈某庆在被采取强制措施期间既有指证被告人受贿的陈述，也有否认向被告人行贿的辩解，非强制措施期间证词亦同。又因陈某庆行贿指证与其制作的合伙清算书证互相矛盾，控、辩双方出示的陈某庆针对同一项目制作的平衡表内容互相矛盾，并不排除被告人应付私房工程款已在合伙清算时抵扣的可能。

5.《刑事诉讼法》虽未明文确立排除合理怀疑的证明标准，但有罪指控、判决应当证据确实充分，排除合理怀疑已经成为控、辩、审三方之广泛共识。前述表明，现有证据既不排除被告人应付工程款已在合伙利润中抵扣从而排除受贿的可能，也不排除如检方指控，被告人为掩盖受贿犯罪而要求陈某庆出具收条以及制作虚假平衡表的可能，但均不具有唯一性。可见犯罪指控不能排除合理怀疑，未达到《刑事诉讼法》（1996 年修正）第 46 条“证据确实充分”的证明标准。在此情况下，该案应依存疑有利于被告人的原则，宣告被告人无罪。

6. 检方抗诉期间违法取证系促成二审维持无罪判决的重要契机。检方抗诉后，向二审法院提交了新证据即证人陈某庆 2005 年 6 月 17 日至 25 日数份笔录。笔者在阅卷时发现上述笔录均完成于某市看守所，陈某庆全盘推翻了之前所作有利于吉某林的证词。遂申请二审法院调取检方对陈某庆立案及采取强制措施的法律文书，进而发现检方虽以陈某庆涉嫌向胡某某、叶某行贿决定对其采取强制措施，但陈某庆早在 2001 年 12 月接受该院调查时，已经交代了贿赂胡某某、叶某的具体经过。检方没有提交立案决定书证明对陈某庆的羁押系因胡某某、叶某受贿案或者其本人行贿案而进行的合法侦查行为，且刑事拘留期间检方仅讯问了陈某庆如何向吉某林行贿的细节，针对性和指向性不言而喻。据此应当认定，检方在抗诉期间羁押陈某庆，旨在获取有利于推翻一审无罪判决的言辞证据即证据补强，违背了《刑事诉讼法》（1996 年修正）第 43 条禁止非法取证，以及《人民检察院刑事诉讼规则》（1999 年修正）第 265 条、最高人民法院《关于执行〈中华人民共和国刑事诉讼法〉若干问题的解释》第 61 条关于禁止羁押证人获取证言的规定。阅卷后，笔者当场向主审人提出异议，随后提交了书面质证意见和辩护词，请求二审依法排除陈某庆羁押期间的所有指证。

三、裁判结果

某市人民法院2005年6月6日作出刑事判决书，以证据不足，指控不能成立宣告被告人吉某林无罪。某市人民检察院依法提出抗诉，某市中级人民法院于同年8月30日作出刑事裁定书，驳回抗诉，维持原判。

四、经验总结

（一）刑辩律师应当养成良好的阅卷习惯

或许是笔者长期从事行政诉讼和刑事辩护的执业经历，尤为关注程序是否合法的问题，养成了先程序、后实体，先文书、后证据的良好阅卷习惯，细致入微，不放过任一细节。该案中，笔者在第一时间就发现了监视居住决定书中关于“由本院法警队执行”的违法问题，进而形成了检方变相拘禁、变相拘禁期间有罪供述应当依法排除的基本判断。然后，笔录反映被告人及证人均存在前后反复的现象，但检方并没有移送被告人及证人否定受贿、行贿的笔录，相反，补充移送的笔录及书证则反映了前后陈述不一、相互矛盾无法得出唯一结论，证明力存疑。因而形成了变相拘禁期间有罪供述应予排除，其他言词证据前后不一、相互矛盾，证据不足应当宣告无罪的辩护观点。由此可见，细节决定成败。若非细致，阅卷时通常仅关注有无程序性法律文书而忽略其具体内容，会错失时隐时现的辩护突破口；若非细致，也不能及时发现选择性移送证据，从而错失申请、发现有利于被告人证据的窗口时机。因此，“找茬”式阅卷是刑事辩护律师应当具备的基本职业素养，良好的阅卷习惯是找出最优辩点的正确之道，正所谓大道至简。

（二）正确的辩护思路是有效辩护的前提，刑事辩护律师法治理念应当与时俱进，咬定青山不放松

通说认为，排除非法证据制度及其规则始于2010年6月颁布的

《关于办理死刑案件审查判断证据若干问题的规定》和《关于办理刑事案件排除非法证据若干问题的规定》，简称“排非”规定。《刑事诉讼法》（1996 年修正）第 43 条虽明确“严禁刑讯逼供和以威胁、引诱、欺骗以及其他非法的方法收集证据”，但是否包括程序违法并无定论。而依《刑事诉讼法》（1996 年修正）第 51 条规定，没有逮捕必要系决定取保候审、监视居住的必要条件，当然不具有剥夺人身自由的监禁性质。该案中，检察机关决定监视居住虽无不当，但“由本院法警队执行”明显有悖监视居住由公安机关执行之法律规定，且将吉某林监禁于某市检察院近 90 小时无异于拘禁。综合该院合法传唤吉某林后未获有罪供述，变相拘禁后获取有罪供述的事实，故不排除检方通过“自决自执”、逃避监管的方式违法获取被告人有罪供述的可能，违法性质和程度与“威胁、引诱、欺骗”并无本质区别，故应认定以“其他非法的方法收集证据”，依法排除。

（三）刑事辩护律师应当保持初心，正确定位，以维护被告人合法权益和司法公正为己任

二审宣判后，人民网、新华网、央视网、正义网、中国法院网等媒体均有报道，红网为此发表特约评论员文章，盛赞该案为程序正义之典型判例，先后被写入《人民法院案例选》（2005 年第 3 辑，总第 53 辑）、北京大学出版社出版的《高级法官案例讲坛》（刑事卷）、法律出版社出版的《刑事证据规则运用手册》等。有专家认为，该案系“排非”规则颁布之前，人民法院排除非法证据宣告无罪的经典案例。实质不然，诚如《人民法院案例选》刊载的彭光华、杨坚编写的《吉某林受贿案》一文所述，该案即使不存在非法证据排除的问题，现有证据也不足以得出被告人有罪的确切结论。吉某林在被采取强制措施期间的有罪供述与其在非强制措施期间包括当庭陈述互相矛盾，证人陈某庆在被采取强制措施期间提供的证言（承认行贿）与其非强制措施期间某一时段提供的证言（否认行贿）内容互相矛盾，陈某庆在非

强制措施期间不同时段提供的证言内容亦互相矛盾，不同时间段的证言与其制作的书证内容互相矛盾，控辩双方出示的陈某庆针对同一事项制作的书证内容互相矛盾。这些互相矛盾的证据，既不能得出私房工程款已经在合伙清算时抵扣即被告人不构成犯罪的结论，也不能排除工程款未经合伙清算抵扣构成受贿罪的可能。由于据以定罪的证据之间互相矛盾且不能排除合理怀疑，刑事指控尚未达到证据确实、充分的程度，以及人民法院作出有罪判决的证明标准，故应维持一审无罪判决。编后补评亦强调：在刑事诉讼中，尽管发现真实并给犯罪的人以应得的惩罚是刑事诉讼的重要目的，但这绝不表明刑事诉讼容许不择手段、不问是非以及不计代价的方法来发现真实，因为这样做可能产生比不发现真实更不利的结果。因此，当指控事实存疑不能排除合理怀疑时，律师应当保持初心，正确定位，坚持法律真实，以维护被告人合法权益和司法公正为己任。

物证缺失　死因不明　职权不清　宣告无罪

——袁某某涉嫌滥用职权罪宣告无罪一案

北京市炜衡（南昌）律师事务所　廖军民

一、案情简介

被告人袁某某，某监狱的管教干警。2016年某日20时许，该监狱服刑人员劳动车间收工时，服刑人员黄某某向袁某某汇报服刑人员雷某某未完成当日生产任务，袁某某便来到雷某某的机位查看，确认雷某某未完成生产任务后，指使黄某某让雷某某将未擦去粉线且配有腰带的衣服带回监舍加班劳动。袁某某在劳动车间下达收工指令后，组织服刑人员整队、清点人数回监舍。

雷某某在服刑人员李某某和服刑人员刘某某的帮助下，使用一个白色拖筐将未擦完的五六十件配有腰带的衣服带回其监舍，加班至凌晨。次日凌晨3时许，监舍服刑人员发现，雷某某自缢身亡。服刑人员立即报案。

办案机关侦查技术人员接到报案后立即到达现场，进行现场勘查和调查访问。经初查，办案机关以管教干警袁某某涉嫌滥用职权罪，立为刑事案件。袁某某被办案机关采取了刑事拘留强制措施。事后，袁某某及其家属依法委托廖军民律师作为管教干警袁某某的侦查、审查起诉、审判三个阶段的辩护人。

二、辩护思路

（一）袁某某行为与雷某某死亡之间没有刑法上的因果关系

刑法上的因果关系，是指行为人的危害行为和所造成的危害结果之间的引起与被引起关系。它是客观的、必然的联系。不管人们是否理解它、是否认识它，因果关系都是一种客观存在，不以人们的主观意志为转移。刑法上的因果关系是一个归因过程，是一个事实问题，属于存在论范畴；而责任问题是一个归责过程，是一个评价问题，因而属于价值论的范畴。

该案中，办案机关运用因果关系时的错误在于把事实判断（归因）与价值判断（归责）相混淆，将归因与归责相混淆，抹杀了归因与归责的区分，甚至以归因代替归责，以为完成经验上的因果关系判断，就实现了刑法上的规范归责，这是将因果性与归责性相等同。正确运用刑法上的因果关系理论，应当将归因和归责分离；先归因，后归责。如果无法归因，即不存在因果关系，就无须归责了，直接认定无罪；如果可以归因，也不一定可以归责，还需要进行归责检验。

从逻辑上分析，若无 a 则无 b，那么，存在因果关系；若无 a 仍有 b，那么，就不存在因果关系。没有腰带，雷某某仍可以用衣服、被套、长裤结成绳索自杀。所以，袁某某的行为与雷某某的死亡之间没有刑法上的因果关系。

全国监狱每年都会发生犯人自杀事件，但都没有判例认定管教干警构成渎职罪。如果按照办案机关的逻辑，管教干警负有严格监管以保障犯人的人身安全之职责，在监狱这样戒备森严的地方，只要发生自杀事件，死了人，这就是危害结果，有危害结果，就可归因归责于管教干警。这种“以果求因”之逻辑倒推，是一种典型的客观归罪，这将导致全国监狱管教干警无往而不在犯罪风险之中。

（二）雷某某自杀的时间是在7月10日凌晨3时许，这不是袁某某的当班时间，袁某某当的是白班，不是晚班

江西省某某监狱《值班民警一日管理工作规范》第44条规定："值睡班民警要不定时地对夜间楼层值班罪犯的值班情况和分监区罪犯夜间休息情况进行检查。"雷某某自杀的时间是在7月10日凌晨3时许，这不是袁某某的当班时间，袁某某当的是白班，不是晚班。雷某某自杀的危害结果是袁某某意料之外的。

如果值晚班的民警能不定时巡查，也能发现隐患，制止雷某某的自杀行为。毕竟雷某某从当晚9点一直在205监舍加班。后来还有较长的时间在205监舍写完遗书，再用绳索挂在防盗窗上进行上吊自杀。205监舍的室内灯晚上是一直开着的，只要民警值晚班时稍加观察，就能发现雷某某自杀的苗头，制止雷某某自杀死亡的结果发生。

（三）该案事实不清、证据不足，在案证据存在大量疑点，不能排除合理怀疑

1. 现场勘查笔录的诸多疑点。

没有正确记录勘查的时间、经过，没有制作现场勘查图。这违背了《人民检察院刑事诉讼规则（试行）》第210条第2款，勘查现场，应当拍摄现场照片，勘查的情况应当写明笔录并制作现场图，由参加勘查的人和见证人签名。对重大案件的现场，应当录像。

没有合法的见证人签字。该现场勘查笔录违背了《人民检察院刑事诉讼规则（试行）》第211条"勘验时，人民检察院应当邀请二名与案件无关的见证人在场"的规定。该案见证人显示是刘红亮，但刘红亮是检察机关的检察人员，在该案多份笔录制作中以侦查人员的身份出现，见证程序明显违法，这种"既当运动员，又当裁判员的做法"不能保证现场勘查笔录的客观真实性、合法性、关联性。该现场勘查笔录不能作为该案定罪的依据。

照片明显是后补的，不能客观反映原始现场。除第一张是晚上拍

的，其他是白天补拍的。结尾部分的检察人员记载的雷某某可能因自缢（上吊）窒息死亡，这不是鉴定意见，更不是鉴定结论，不能作为鉴定意见使用。

2. 该案缺少法医鉴定意见这一关键证据，雷某某的死亡原因存疑，不能必然得出是死于自缢。

办案机关要查明死因，必须提供法医鉴定意见。案卷中，办案机关仅提供现场勘查笔录，在现场勘查笔录结尾部分记载的雷某某可能因自缢（上吊）窒息死亡，但这不是鉴定意见，也不能作为鉴定意见使用。雷某某的死亡原因这一关键证据办案机关不能提供，雷某某的死亡原因存疑，不能得出“死于自缢”这一唯一的结论。

曾某、朱某等同监舍10人的证言对雷某某脖子上物品，有的说绳子、有的说布条，没人说是腰带。

办案人员出示照片让证人辨认的程序违法。办案人员只出示一张照片，该组证人证言的客观真实性、合法性、关联性皆有问题。辨认程序违背了2012年最高人民检察院发布的《人民检察院刑事诉讼规则（试行）》的相关规定。

（四）袁某某的情节显著轻微危害不大，只是一般的违反党纪政纪的行为，不宜认定为刑事犯罪，可在党纪政纪方面进行处理

袁某某的情节显著轻微危害不大，不宜认定为刑事犯罪。袁某某的行为符合《刑法》第13条的规定，“情节显著轻微危害不大的，不认为是犯罪”。刑法是保障法，只有在穷尽其他法律法规，穷尽民事、商事、经济或行政处分手段仍然无法有效控制的情形下，才不得不发动刑罚这种最为严厉的手段，这才符合刑法的谦抑性原则。

袁某某参加监狱管理工作以来，勤勤恳恳、任劳任怨，多次立功受奖。袁某某因涉嫌滥用职权罪被立案后，干警们对监狱服刑人员管教时缩手缩脚，生怕监狱服刑人员出事。监狱与死者家属沟通，雷某某家属对监狱处置雷某某之死的善后工作也表示理解，没有意见。

三、裁判结果

×法院一审判决，被告人袁某某无罪。一审宣判后，控辩双方均未上诉。

×法院在一审判决中认为：滥用职权罪是指国家机关工作人员故意逾越职权或者不履行职责，致使公共财产、国家和人民利益遭受重大损失的行为。滥用职权行为与造成的损失之间必须具有刑法上的因果关系。认定被告人有罪的证据必须确实、充分，所认定事实必须排除合理怀疑。结合该案，被告人袁某某违反规定指使服刑人员黄某某让死者雷某某将未完成的生产任务即将配有“腰带”的衣服带进监舍加班，雷某某使用带进监舍加班的衣服上的“腰带”上吊自缢并死亡，根据办案机关提供的相关证据和庭审查明的事实，死者雷某某系因平日被同监舍服刑犯人黄某某羞辱、殴打并失去生活勇气才产生自杀念头，并使用腰带自缢，其生前患有严重糖尿病、高血压，但是案发后死者雷某某的尸体在未进行死亡原因法医鉴定的情况下被火化，故死者雷某某真实的死亡原因不排除雷某某在自缢过程中其他并发症并发致死的合理怀疑，故该案被告人袁某某虽然实施了滥用职权的行为，但办案机关指控该行为与死者雷某某死亡是否存在刑法上的因果关系，事实不清、证据不足，该案证据不能达到确实充分，不能认定被告人袁某某有罪，办案机关指控被告人袁某某犯滥用职权罪事实不清、证据不足，指控的犯罪不能成立，法院不予支持。对被告人袁某某及其辩护人辩称袁某某的行为不构成滥用职权罪的辩护意见，法院予以采纳。对被告人袁某某的辩护人辩称该案缺少法医鉴定意见这一关键证据，雷某某的死亡原因存疑，不能必然得出是死于自缢的辩护意见，经查属实，法院对辩护人的意见予以采纳。

×法院依照《刑事诉讼法》第 49 条、第 53 条、第 195 条第 3 项之规定，判决被告人袁某某无罪。

四、经验总结

（一）辩护律师实地踏勘，走访现场，积极申请取保候审

该案被告是某监狱的正式在编干警，在接受其家属委托后，辩护人立即与某监狱领导沟通，在履行合法手续后，辩护人第一时间赶赴案发现场，进行实地踏勘，走访相关人员，了解案情，掌握第一手资料。

根据该案实际情况，辩护人认为某某监狱干警袁某某符合取保候审条件，积极向办案机关申请，建议将刑事拘留措施变更为取保候审。经过辩护人积极沟通，办案机关在刑事拘留期限即将结束时，对袁某某变更措施为取保候审，将袁某某释放。

（二）提交律师书面意见，多次上门沟通，善用类案佐证

在侦查、审查起诉、审判阶段，辩护人分别多次向办案机关提交书面律师意见，提出滥用职权罪以“致使公共财产、国家和人民利益遭受重大损失”为结果要件。滥用职权的行为与“重大损失”之间必须具备刑法上的因果关系。刑法上的因果关系不是条件要素在时间上的先后关系，办案机关不能作扩张理解。

例如，N 市某酒店装修发生火灾，装修人员违规切割起火，致 10 人死亡，13 人受伤。该起火灾中，N 市文化局负责审批娱乐经营许可证职责、某市工商局负责审批营业执照职责、某市辖区派出所负责特种行业管理职责、某市公安消防科负责消防安全审批和日常检查等职责。如果扩张理解，那么，文化局、工商局、派出所、公安消防等部门的负责人都应当定渎职罪，因为如果这些部门加强事前审批、事中检查、事后整改，特别是如能加强日常检查，就能防止装修人员违规切割行为，就能防止最终造成的火灾，防止该事故致使 10 人死亡的特别严重的危害后果。但 N 市办案机关没有对这些部门及相关负责人立为渎职案件，只是作出党纪、政纪处分。

（三）物证缺失，死因不明，职权不清，法院宣告无罪

办案机关证据卷中没有尸检报告，没有查明死者死亡原因。被害人生前患有严重糖尿病、高血压，案发后尸体在未进行死亡原因法医鉴定的情况下被火化，故死者雷某某真实的死亡原因不排除雷某某在自缢过程中其他并发症并发致死的合理怀疑，这是办案机关指控的硬伤。

雷某某自杀的时间是在 7 月 10 日凌晨 3 时许，这不是袁某某的当班时间。袁某某的职责是白班看守，不是晚班看守，晚班看守另有值班干警负责。雷某某自杀出乎袁某某意料和职责，这也是律师的重要辩点。

综上所述，律师抓住了案件中的关键物证缺失，死因不明，职权不清，办案机关指控被告人袁某某犯滥用职权罪事实不清、证据不足这几个要点，指控的犯罪不成立，最终，法院作出宣告无罪之判决。

后　记

为加强刑事专业技能与办案经验的交流，展现赣鄱刑辩律师的风采，打造江西刑事辩护的品牌，江西省律协面向全省律师征集刑事辩护的经典案例，并编写了《有效辩护——江西刑事辩护经典案例》一书。

经验源于实践，反过来又指导实践，代理案件亦是如此。承办律师在办案后对案件进行反思、分析和总结，一点点积累，一步步完善，形成各自办案经验。本书收集44篇辩护成功案例，正文内容分别为案情简介、辩护思路、处理结果与经验总结，贴近律师实务，对刑事业务办理有实际指导价值。

各设区市律师协会、厅直律师事务所工作委员会认真组织、广泛发动律师积极参与征集活动，统一收集、统一检测、统一报送；省律协组织人员初选后，由学者、检法专家评选出44篇优秀案例，对上述组织和人员予以诚挚的感谢。当然，还要特别感谢柏少金、张代平、谢智勇、涂国虎、范卫权、温辉、周孝灿、胡彬、方军等诸多刑辩律师，是他们提供了一个个典型、精彩的案例，让我们有更多机会感受各式各样案件的“疑难杂症”；还有幕后的校对者们，是你们一遍又一遍的“挑剔”，才让本案例集更加完善。本书在统稿审阅过程中，得到了法律出版社的大力支持，在此表示衷心的感谢。

由于编写时间较为仓促，本书难免有疏漏和不足之处，恳请广大读者批评指正。

周兴武写于南昌

2023年9月